dtv

C. G. Jung hat sich zeit seines Lebens mit der Typologie der Strukturen und Funktionen der menschlichen Psyche befaßt. Seine Typenlehre zählt zu den Grundfesten seines Gesamtwerks. Dabei extrapoliert er die beiden Grundeinstellungen des Menschen, die als Extraversion und als Introversion grundsätzlich verschieden sind, je nach dem, ob die seelischen Energien (Libido) vorwiegend nach außen, auf Objekte, oder nach innen, auf das Selbst, gerichtet sind. Dieser Unterschied in den extravertierten und den introvertierten Typus ordnet er die vier »Funktionen« Denken, Fühlen, Empfinden, Intuition zu und erreicht so eine bei aller idealtypischen Vereinfachung operative Differenzierung. C. G. Jung fügt seine Typologie in die Beschreibung des Individuationsprozesses ein: Im Bewußtwerden der beiden Grundtypen und der vier Funktionen kann das Individuum zu seiner Ganzheit finden. Die Jungsche Typenlehre ist kein System, den Menschen zu schematisieren und statistisch zu diagnostizieren, sondern ein Weg, sich in dem stets im Fluß befindlichen Entwicklungsprozeß zu orientieren, Verständnis für sich selbst, aber auch für seine Mitmenschen zu finden.

Carl Gustav Jung wurde am 26. Juli 1875 in Kesswil in der Schweiz geboren. Er studierte Medizin und arbeitete von 1900 bis 1909 an der psychiatrischen Klinik der Universität Zürich (Burghölzli). 1905 bis 1913 war er Dozent an der Universität Zürich, 1933 bis 1942 Titularprofessor an der ETH und 1943 Ordentlicher Professor für Psychologie in Basel. Jung gehört mit Sigmund Freud und Alfred Adler zu den drei Wegbereitern der modernen Tiefenpsychologie. Er entwickelte nach der Trennung von Sigmund Freud (1913) die eigene Schule der Analytischen Psychologie. C. G. Jung starb am 6. Juni 1961 in Küsnacht.

C. G. Jung

Typologie

Deutscher Taschenbuch Verlag

C. G. Jung-Taschenbuchausgabe in elf Bänden
Herausgegeben von Lorenz Jung
auf der Grundlage der Ausgabe
›Gesammelte Werke‹

Die Beziehungen zwischen dem Ich und dem Unbewußten (35170)
Antwort auf Hiob (35171)
Typologie (35172)
Traum und Traumdeutung (35173)
Synchronizität, Akausalität, Okkultismus (35174)
Archetypen (35175)
Wirklichkeit der Seele (35176)
Psychologie und Religion (35177)
Die Psychologie der Übertragung (35178)
Seelenprobleme der Gegenwart (35179)
Wandlungen und Symbole der Libido (35180)

C. G. Jung-Taschenbuchausgabe in elf Bänden als Kassette (59049)

Februar 1990
8. Auflage Mai 2006
Deutscher Taschenbuch Verlag GmbH & Co. KG, München
www.dtv.de
© 1971–1990 Walter-Verlag AG, Olten
Umschlagkonzept: Balk & Brumshagen
Umschlagbild: ›Das Tempelviertel von Pert‹ (1928, 200 (T 10) –
Aquarell und Feder auf Gips- und Lackgrundierung auf Gaze,
mit Gouache und Feder eingefasst, auf Karton) von Paul Klee
(Sprengel Museum Hannover/VG Bild-Kunst, Bonn 2006)
Gesamtherstellung: Druckerei C. H. Beck, Nördlingen
Gedruckt auf säurefreiem, chlorfrei gebleichtem Papier
Printed in Germany
ISBN-13: 978-3-423-35172-0
ISBN-10: 3-423-35172-1

Inhalt

Einleitung zu ›Psychologische Typen‹ (1921)   7
Psychologische Typologie (1936) 13
Allgemeine Beschreibung der Typen (1921) 27
  1. Einleitung 27
  2. Der extravertierte Typus 30
     a) Die allgemeine Einstellung des Bewußtseins 30
     b) Die Einstellung des Unbewußten 34
     c) Die Besonderheiten der psychologischen Grundfunk-
        tionen in der extravertierten Einstellung 39
  3. Der introvertierte Typus 71
     a) Die allgemeine Einstellung des Bewußtseins 71
     b) Die Einstellung des Unbewußten 75
     c) Die Besonderheiten der psychologischen Grundfunk-
        tionen in der introvertierten Einstellung 77
Psychologische Typen (1923) 105
Definitionen (1921) 119
Schlußwort zu ›Psychologische Typen‹ (1921) 195

Bibliographie der genannten Werke 203
Quellennachweis 206
Übersicht der Ausgabe ›Gesammelte Werke‹ von C. G. Jung . 207
Namenregister 212

Einleitung zu ›Psychologische Typen‹ (1921)

> Plato und Aristoteles! Das sind nicht bloß die zwei Systeme, sondern auch die Typen zweier verschiedener Menschennaturen, die sich seit undenklicher Zeit, unter allen Kostümen, mehr oder minder feindselig entgegenstehen. Vorzüglich das ganze Mittelalter hindurch, bis auf den heutigen Tag, wurde solchermaßen gekämpft, und dieser Kampf ist der wesentlichste Inhalt der christlichen Kirchengeschichte. Von Plato und Aristoteles ist immer die Rede, wenn auch unter anderem Namen. Schwärmerische, mystische, platonische Naturen offenbaren aus den Abgründen ihres Gemütes die christlichen Ideen und die entsprechenden Symbole. Praktische, ordnende, aristotelische Naturen bauen aus diesen Ideen und Symbolen ein festes System, eine Dogmatik und einen Kultus. Die Kirche umschließt endlich beide Naturen, wovon die einen sich meistens im Klerus und die andern im Mönchstum verschanzen, aber sich unablässig befehden.
>
> Heinrich Heine:
> Über Deutschland seit Luther

Bei meiner praktischen ärztlichen Arbeit mit nervösen Patienten ist mir schon lange aufgefallen, daß es neben den vielen individuellen Verschiedenheiten der menschlichen Psychologie auch *typische Unterschiede* gibt, und zwar fielen mir zunächst *zwei Typen* auf, die ich als *Introversions- und Extraversionstypus* bezeichnete.

Wenn wir einen menschlichen Lebensverlauf betrachten, so sehen wir, wie die Schicksale des einen mehr bedingt sind durch die Objekte seiner Interessen, während die Schicksale eines andern mehr durch sein eigenes Inneres, durch sein Subjekt bedingt sind. Da wir nun alle etwas mehr nach dieser oder jener Seite abweichen, so sind wir natürlicherweise geneigt, alles jeweils im Sinne unseres eigenen Typus zu verstehen.

Ich erwähne diesen Umstand schon hier, um möglichen Mißverständnissen vorzubeugen. Begreiflicherweise erschwert dieser Umstand den Versuch einer allgemeinen Beschreibung der Typen beträchtlich. Ich muß beim Leser schon ein großes Wohlwollen voraussetzen, wenn ich hoffen will, richtig verstanden zu werden. Es wäre relativ einfach, wenn jeder Leser von sich wüßte, zu welcher Kategorie er selber zählt. Es ist aber oft sehr schwierig herauszufinden, ob jemand zu diesem oder jenem Typus gehört, besonders, wenn man selber in Frage kommt. Das Urteil in bezug auf die eigene Persönlichkeit ist ja immer außerordentlich getrübt. Diese subjektiven Urteilstrübungen sind darum so besonders häufig, weil jedem ausgesprocheneren Typus eine besondere *Tendenz zur Kompensation der Einseitigkeit seines Typus* innewohnt, eine Tendenz, die biologisch zweckmäßig ist, da sie das seelische Gleichgewicht zu erhalten strebt. Durch die Kompensation entstehen sekundäre Charaktere oder *Typen*, welche ein äußerst schwierig zu enträtselndes Bild darbieten, so schwierig, daß man selbst geneigt ist, die Existenz der Typen überhaupt zu leugnen und nur noch an individuelle Verschiedenheiten zu glauben.

Ich muß diese Schwierigkeiten hervorheben, um eine gewisse Eigentümlichkeit meiner späteren Darstellung zu rechtfertigen: Es möchte nämlich scheinen, als ob der einfachste Weg der wäre, zwei konkrete Fälle zu beschreiben und zergliedert nebeneinander zu stellen. Jeder Mensch aber besitzt beide Mechanismen, den der Extraversion sowohl wie den der Introversion, und nur das relative Überwiegen des einen oder des andern macht den Typus aus. Man müßte daher schon stark retouchieren, um das nötige Relief in das Bild zu bringen, was auf einen mehr oder weniger frommen Betrug hinausliefe. Dazu kommt, daß die psychologische Reaktion eines Menschen ein dermaßen kompliziertes Ding ist, daß meine Darstellungsfähigkeit wohl kaum hinreichen würde, um ein absolut richtiges Bild davon zu geben. Ich muß mich daher notgedrungenerweise darauf beschränken, die Prinzipien darzustellen, die ich aus der Fülle der beobachteten Einzeltatsachen abstrahiert habe. Es handelt sich dabei um keine deductio a priori, wie es etwa den Anschein haben könnte, sondern um eine deduktive Darstellung empirisch gewonnener Einsichten. Diese Einsichten sind, wie ich hoffe, ein klärender Beitrag zu einem Dilemma, das nicht nur in der analytischen Psychologie, sondern auch in andern Wissenschaftsgebieten und ganz besonders auch in den persönlichen Beziehungen der Menschen untereinander zu Mißverständnis und Zwiespalt geführt hat und immer noch führt. Daraus erklärt sich, warum die Existenz von zwei verschiedenen Typen eine eigentlich schon längst bekannte Tatsache ist, die in dieser oder jener Form, sei es dem Menschenkenner, sei es der grübelnden Reflexion des Denkers, aufgefallen ist, oder der Intuition Goethes zum Beispiel als das umfassende Prinzip der *Systole* und *Diastole* sich dargestellt hat. Die Namen und Begriffe, unter denen der Mechanismus der Introversion und der Extraversion gefaßt wurde, sind recht verschieden und jeweils dem Standpunkt des individuellen Beobachters angepaßt. Trotz der Verschiedenheit der Formulierungen leuchtet immer wieder das Gemeinsame in der Grundauffassung hervor, nämlich eine Bewegung des Interesses auf das Objekt hin in dem einen Falle und eine Bewegung des Interesses vom Objekt weg zum Subjekt und zu dessen eigenen psychologischen Vorgängen im andern Falle. Im ersteren Falle wirkt das Objekt wie ein Magnet auf die Tendenzen des Subjekts, es zieht sie an und bedingt das Subjekt in hohem Maße, ja, es entfremdet sogar das Subjekt sich selber und verändert dessen Qualitäten im Sinne einer Angleichung an das Objekt so sehr, daß man meinen könnte, das Objekt sei von höherer und in letzter Linie von ausschlaggebender Bedeutung für das Subjekt, und als sei es gewissermaßen eine absolute Bestimmung und ein besonderer Sinn von Leben und Schicksal, daß das Subjekt sich ganz an das Objekt aufgebe. Im letzteren Falle dagegen ist und bleibt das Subjekt das Zentrum aller Interessen. Man könnte sagen, es scheine, als ob in letzter Linie alle Lebensenergie das Subjekt suche und darum stets verhindere, daß das Objekt einen irgendwie übermächtigen Einfluß erhalte. Es scheint, als ob die Energie vom Objekt wegfließe, als ob das Subjekt der Magnet sei, der das Objekt an sich ziehen wolle.

Es ist nicht leicht, dieses gegensätzliche Verhalten zum Objekt in einer leicht faßlichen und klaren Weise zu charakterisieren, und die Gefahr ist groß, zu ganz paradoxen Formulierungen zu gelangen, welche mehr Verwirrung als Klarheit stiften. Ganz allgemein könnte man den introvertierten Standpunkt als denjenigen bezeichnen, der unter allen Umständen das Ich und den subjektiven psychologischen Vorgang dem Objekt und dem objektiven Vorgang überzuordnen oder doch wenigstens dem Objekt gegenüber zu behaupten sucht. Diese Einstellung gibt daher dem Subjekt einen höheren Wert als dem Objekt. Dementsprechend steht das Objekt immer auf einem tieferen Wertniveau, es hat sekundäre Bedeutung, ja, es steht gelegentlich nur als das äußere, objektive Zeichen eines subjektiven Inhaltes, etwa als Verkörperung einer Idee, wobei aber die Idee das Wesentliche ist; oder es ist der Gegenstand eines Gefühls, wobei aber das Gefühlserlebnis die Hauptsache ist und nicht das Objekt in seiner realen Individualität. Der extravertierte Standpunkt dagegen ordnet das Subjekt dem Objekt unter, wobei dem Objekt der überragende Wert zukommt. Das Subjekt hat stets sekundäre Bedeutung; der subjektive Vorgang erscheint bisweilen bloß als störendes oder überflüssiges Anhängsel objektiver Geschehnisse. Es ist klar, daß die Psychologie, die aus diesen gegensätzlichen Standpunkten hervorgeht, in zwei total verschiedene Orientierungen zerfallen muß. Der eine sieht alles unter dem Gesichtswinkel seiner Auffassung, der andere unter dem des objektiven Geschehens.

Diese gegensätzlichen Einstellungen sind zunächst nichts anderes als gegensätzliche Mechanismen: ein diastolisches Herausgehen an das Objekt und ein Ergreifen desselben, und ein systolisches Konzentrieren und Loslösen der Energie von den ergriffenen Objekten. Jeder Mensch besitzt beide Mechanismen als Ausdruck seines natürlichen Lebensrhythmus, den Goethe wohl nicht zufällig mit den physiologischen Begriffen der Herztätigkeit bezeichnet hat. Eine rhythmische Abwechslung beider psychischen Tätigkeitsformen dürfte dem normalen Lebensverlauf entsprechen. Die komplizierten äußeren Bedingungen, unter denen wir leben, sowohl wie die vielleicht noch komplizierteren Bedingungen unserer individuellen psychischen Disposition erlauben aber selten einen gänzlich ungestörten Ablauf der psychischen Lebenstätigkeit. Äußere Umstände und innere Disposition begünstigen sehr oft den einen Mechanismus und beschränken oder hindern den andern. Daraus entsteht natürlicherweise ein Überwiegen des einen Mechanismus. Wird dieser Zustand in irgendeiner Weise chronisch, so entsteht daraus ein *Typus*, nämlich eine habituelle Einstellung, in welcher der eine Mechanismus dauernd vorherrscht, allerdings ohne den andern je völlig unterdrücken zu können, denn er gehört unbedingt zur psychischen Lebenstätigkeit. Es kann daher niemals ein in dem Sinne reiner Typus entstehen, daß er durchaus nur den einen Mechanismus besäße bei völliger Atrophie des andern. Eine typische Einstellung bedeutet immer bloß das relative Überwiegen des einen Mechanismus.

Mit der Konstatierung der Introversion und Extraversion war zunächst eine Möglichkeit gegeben, zwei umfangreiche Gruppen von psychologischen Individuen zu unterscheiden. Jedoch ist diese Gruppierung von so oberflächlicher und allgemeiner Natur, daß sie nicht mehr als eine so allgemeine Unterscheidung erlaubt. Eine genauere Untersuchung jener individuellen Psychologien, die in die eine oder andere Gruppe fallen, ergibt sofort große Unterschiede zwischen den einzelnen Individuen, die doch derselben Gruppe angehören. Wir müssen daher einen weiteren Schritt tun, um bezeichnen zu können, worin die Unterschiede der zu einer bestimmten Gruppe gehörenden Individuen bestehen. Es hat sich nun meiner Erfahrung gezeigt, daß ganz allgemein die Individuen sich unterscheiden lassen nicht nur nach der universellen Verschiedenheit von Extra- und Introversion, sondern auch nach den einzelnen psychologischen Grundfunktionen. In dem gleichen Maße nämlich, wie äußere Umstände sowohl wie innere Disposition ein Vorherrschen von Extraversion veranlassen, begünstigen sie auch das Vorherrschen einer bestimmten Grundfunktion im Individuum. Als Grundfunktionen, das heißt als Funktionen, die sich sowohl genuin wie auch essentiell von andern Funktionen unterscheiden, ergaben sich meiner Erfahrung das *Denken*, das *Fühlen*, das *Empfinden* und das *Intuieren*. Herrscht eine dieser Funktionen habituell vor, so entsteht ein entsprechender Typus. Ich unterscheide daher einen Denk-, einen Fühl-, einen Empfindungs- und einen intuitiven Typus. *Jeder dieser Typen kann außerdem introvertiert oder extravertiert sein*, je nach seinem Verhalten zum Objekt in der Weise, wie oben geschildert wurde. Ich habe diese hier auseinandergesetzte Unterscheidung in zwei vorläufigen Mitteilungen über die psychologischen Typen nicht durchgeführt, sondern den Denktypus mit dem Introvertierten und den Fühltypus mit dem Extravertierten identifiziert.[1] Diese Vermischung hat sich einer vertieften Bearbeitung des Problems gegenüber als unhaltbar erwiesen. Zur Vermeidung von Mißverständnissen möchte ich daher den Leser bitten, die hier durchgeführte Unterscheidung im Auge zu behalten. Um die in solch komplizierten Dingen unbedingt erforderliche Klarheit zu sichern, habe ich das letzte Kapitel dieses Buches der Definition meiner psychologischen Begriffe gewidmet.

---

[1] Zur Frage der psychologischen Typen, GW 6. Die Psychologie der unbewußten Prozesse, 1917, S. 58 (Neuausgabe: Über die Psychologie des Unbewußten, GW 7).

Psychologische Typologie (1936)

Es ist ein schon in der frühen Wissenschaftsgeschichte bekanntes Unternehmen des nachdenklichen Verstandes gewesen, zwischen den Polen der absoluten Ähnlichkeit und Unähnlichkeit menschlicher Wesen Zwischenstufen einzuschalten, sogenannte Typen, oder – wie man sie früher nannte – Temperamente, welche Gleichheit und Ungleichheit in gesetzmäßige Formen faßten. Es waren im Altertum vor allem die Ärzte, welche jenes Ordnungsprinzip, das Empedokles auf das Chaos der Naturdinge angewendet hatte, nämlich die vier Elemente, Feuer, Luft, Wasser, Erde, in Verbindung mit den Eigenschaften, die ebenfalls der griechischen Naturphilosophie entstammen, nämlich trocken, warm, feucht, kalt, auf menschliches Wesen übertrugen und damit dessen verwirrende Vielgestalt in geordnete Gruppen zu bannen suchten. Unter diesen Ärzten war es vor allem Galen, der mit dieser Lehre die Wissenschaft von der Krankheit und vom kranken Menschen auf ungefähr 1800 Jahre hinaus beeinflußte. Noch verraten die alten Namen der Temperamente ihre »humoralpathologische« Herkunft: melancholisch = schwarzgallig, phlegmatisch = schleimig (phlegma heißt zwar Brand, Entzündung; »Schleim« wurde als Entzündungsprodukt aufgefaßt), sanguinisch von sanguis (Blut), cholerisch = »gelbe« Galle. Unsere moderne Auffassung von »Temperament« ist allerdings viel psychologischer geworden, denn die »Seele« hat sich uns in 2000jähriger Entwicklung in hohem Maße von der Vorstellung einer Verbindung mit kalten und heißen, schleimigen und galligen Säften losgemacht. Nicht einmal die Ärzte würden heute ein Temperament, das heißt eine gewisse Art von Gemütszustand oder Erregbarkeit, unmittelbar mit der Beschaffenheit der Blut- und Gewebeflüssigkeit in eins setzen, obschon ihr Handwerk und die Beschäftigung mit dem Menschen unter dem Gesichtswinkel seiner körperlichen Krankheit sie öfters als den Laien in Versuchung führt, die Seele als ein abhängiges, sensibles Endorgan der Drüsenphysiologie zu betrachten. Die »humores« der heutigen Ärzte sind allerdings nicht mehr die antiken »Körpersäfte«, sondern die subtilen Hormone, welche das »Gemüt« als einen Inbegriff von temperamentmäßigen, emotionalen Reaktionen in weitgehendem Maße beeinflussen. Die körperliche Gesamtveranlagung, die sogenannte Konstitution im weitesten Sinne hat mit dem seelischen Temperament in der Tat sehr viel zu tun, so viel sogar, daß man es den Ärzten nicht verdenken kann, wenn sie die seelische Erscheinung vorzugsweise als vom Körper abhängig betrachten. Irgendwo ist Seele ja lebendiger Körper, und lebendiger Körper ist beseelter Stoff; irgendwie und irgendwo gibt es eine unerkennbare Einheit von Seele und Körper, welche ebensowohl körperlich wie seelisch erforscht werden müßte, das heißt, diese Einheit müßte dem Forscher ebensosehr vom Körper abhängen wie vom Seelischen. Die materialistische Ansicht gab dem Körper das Vorrecht und versetzte die Seele in den Rang einer zweitklassigen, abgeleiteten Erscheinung und erkannte ihr nicht mehr Wesenhaftigkeit zu als diejenige eines sogenannten »Epiphänomens«. Was an sich eine gute Arbeitshypothese ist, nämlich die Annahme, daß seelische Erscheinung von körperlichen Vorgängen bedingt sei, wird im Materialismus zum philosophischen Übergriff. Jede ernsthafte Wissenschaft vom lebendigen Organismus wird diesen Übergriff ablehnen; denn einerseits steht ihr die Tatsache, daß der lebendige Stoff ein noch unenträtseltes Geheimnis enthält, stets vor Augen, und andererseits kann ihre Sachlichkeit nicht leugnen, daß ein für uns völlig unüberbrückbarer Gegensatz zwischen stofflicher und seelischer Erscheinung besteht, wobei das Seelische nicht weniger geheimnisvoll ist als das Körperliche.

Der materialistische Übergriff ist erst in der Neuzeit möglich geworden, nachdem die Auffassung von der Seele sich gegenüber der antiken Anschauung durch viele Jahrhunderte hindurch in der Richtung der Verselbständigung und Abstraktion entwickelt hatte. Die Antike konnte Körper und Seele noch zusammenschauen als eine ungetrennte Einheit, weil eben der heidnische Mensch jener primitiven Urzeit näher stand, wo noch kein moralischer Riß durch die Persönlichkeit ging und wo der Mensch sich noch als ungeteilte Einheit in kindlicher Unschuld und Unverantwortlichkeit erleben konnte. Ägypten erfreute sich noch der ungeheuren Naivität des negativen Schuldbekenntnisses: »Ich habe nicht hungern lassen. Ich habe nicht weinen gemacht. Ich habe nicht gemordet« und so weiter. Homerische Helden weinten, lachten, rasten, überlisteten und töteten in einer Naturwelt voll göttlicher und menschlicher Selbstverständlichkeit, und die Olympische Götterfamilie amüsierte sich in unsterblicher Unverantwortlichkeit.

Auf dieser frühen, vorphilosophischen Stufe lebt und erlebt der Mensch, ergriffen von seinen Gemütszuständen. Nur was das Gemüt in Wallung versetzt, was sein Herz klopfen macht und seine Atmung beschleunigt oder hemmt, was seine Eingeweide stört, das gilt ihm als »seelisch«. Daher lokalisiert er die Seele vorzugsweise in der Gegend des Zwerchfells (phrenes = Gemüt) und des Herzens. Erst die Philosophen beginnen, der Vernunft den Sitz im Kopfe anzuweisen. Es gibt Neger, deren »Gedanken« wesentlich im Bauche lokalisiert sind, und Pueblo-Indianer »denken« im

Herzen (»Nur Verrückte denken im Kopf«). Auf dieser Stufe ist Bewußtsein Ergriffenheit und Erlebnis der Einheit. Aber eben dieses Volk der Heiterkeit und der Tragödie hat, als es zu denken anfing, jene Spaltung ersonnen, für welche Nietzsche den alten Zarathustra glaubte verantwortlich machen zu müssen, nämlich die Erfindung der Gegensatzpaare, die Trennung von Gerade und Ungerade, von Oben und Unten, von Gut und Böse. Sie war das Werk der alten Pythagoräer, und ihre Lehre von der sittlichen Verantwortung und der metaphysischen Folgenschwere der Sünde drang im Laufe der Jahrhunderte durch die allgemeine Verbreitung der orphisch-pythagoräischen Mysterien in breiteste Schichten des Volkes. Schon Platon gebraucht das Gleichnis vom weißen und schwarzen Pferde für die Schwierigkeit und Gegensätzlichkeit der menschlichen Seele, und die Mysterien verkündeten noch früher die Lehre vom Jenseitslohn für die Guten und von Höllenstrafen für die Bösen. Es handelte sich dabei nicht etwa um psychologische Spitzfindigkeiten »hinterweltlicher« Philosophen oder um Winkelmystizismus, war doch der Pythagoräismus schon im sechsten vorchristlichen Jahrhundert in Graecia magna etwas wie eine Staatsreligion. Auch starben seine Gedanken und Mysterien nicht aus, sondern feierten eine philosophische Auferstehung im zweiten Jahrhundert vor unserer Zeitrechnung, wo sie sogar den stärksten Einfluß auf die alexandrinische Geisteswelt ausübten. Ihr Zusammenstoß mit der jüdischen Prophetie führte dann zu dem, was man als den Anfang der christlichen Weltreligion bezeichnet.

Aus dem hellenistischen Synkretismus ging nun eine Typisierung der Menschen hervor, welche der ärztlichen Humoralpsychologie völlig fremd gegenübersteht, nämlich Zwischenstufen zwischen den parmenideischen Polen des Lichten und des Dunkeln, des Oberen und des Unteren. Es ist dies die Unterscheidung der Menschen in hylikoi, psychikoi und pneumatikoi, das heißt in stoffliche, seelische und geistige Individuen. Diese Einteilung ist nun keine naturwissenschaftliche Formulierung von Ähnlichkeit und Verschiedenheit mehr, sondern ein kritisches Wertsystem, das sich nicht auf natürliche Erscheinungsweisen, sondern auf Bestimmungen von ethisch-mystisch-philosophischer Art beruft. Obschon diese Auffassung nicht gerade »christlich« ist, so gehört sie doch schon dem paulinischen Urchristentum an. Ihr Vorhandensein an sich schon ist ein nicht zu unterschätzender Beweis für die Spaltung der ursprünglichen Einheit des nur erlebenden, emotional ergriffenen Menschen. Nachdem er zuvor nur ein lebendig Vorhandenes, Erfahrenes und Erfahrendes ohne nachdenkliche Analyse seines Woher und Wohin war, ist der Mensch nun plötzlich begabt und konfrontiert mit drei schicksalsschweren, moralisch verbindlichen Faktoren, Körper, Seele und Geist. Durch die Geburt schon war es wohl entschieden, ob er in der Hyle oder im Pneuma oder in der unentschiedenen Mitte sein Dasein beschließen werde. Die im hellenischen Geist angelegte Spaltung war nun akut geworden und hatte die Folge, daß ein bedeutungsvoller Akzent auf das Seelisch-Geistige fiel, wodurch dieses von der naturhaften Körperlichkeit unvermeidlich abgetrennt und verselbständigt wurde. Alle höchsten und letzten Ziele lagen in der moralischen Bestimmung und in einem geistigen, überweltlichen Endzustand, und die Trennung von der Hyle weitete sich zum Gegensatz zwischen Welt und Geist aus. Damit wurde die ursprüngliche, milde Weisheit der pythagoräischen Gegensatzpaare zu einem leidenschaftlichen moralischen Konflikt. Nichts ist so geeignet, Bewußtheit und Wachheit herauszufordern, wie eine Entzweiung mit sich selbst. Man könnte sich schlechterdings kein anderes und wirkungsvolleres Mittel denken, um eine ganze Menschheit aus dem unverantwortlichen und unschuldsvollen Halbschlafzustand ursprünglicher Geistesverfassung aufzuwecken und in einen Zustand bewußter Verantwortlichkeit überzuführen.

Man nennt diesen Vorgang Kulturentwicklung. Auf alle Fälle handelt es sich um eine Entwicklung des Unterscheidungs- und Urteilsvermögens, des Bewußtseins schlechthin. Mit der Steigerung der Erkenntnis und der Kritik waren die Grundlagen geschaffen für die ganze spätere Entwicklung des menschlichen Geistes im Sinne der intellektuellen Leistungsfähigkeit. Das geistige Produkt, welches die Leistung der Antike unzweideutig in jeder Hinsicht übertrifft, ist die Wissenschaft. Durch sie wurde der Riß zwischen Mensch und Natur insofern überbrückt, als der Mensch von der Natur zwar unterschieden, aber eben gerade dadurch auch wieder richtig in den Naturzusammenhang eingeordnet wurde. Seine metaphysische Sonderstellung zwar ging dabei in die Brüche, wofern sie nicht durch den Glauben an die hergebrachte Religion festgehalten wurde – woraus sich der bekannte Gegensatz zwischen »Glauben und Wissen« ergab. Auf alle Fälle bedeutete die Naturwissenschaft eine großartige Rechtfertigung der Hyle, und in diesem Sinne war der Materialismus sogar ein Akt geschichtlicher Gerechtigkeit.

Ein ganz wesentliches Erfahrungsgebiet aber, nämlich das der menschlichen Seele selber, blieb für die allerlängste Zeit metaphysisches Reservat, obschon seit der Aufklärungszeit die ernsthaften Versuche sich zunehmend mehrten, das seelische Wesen der wissenschaftlichen Betrachtung zu erschließen. Man fing tastend mit den Sinnesempfindungen an und wagte sich allmählich auf das Gebiet der Assoziationen; eine Richtung, die schließlich zur Experimentalpsychologie führte und eigentlich in der Wundtschen *physiologischen Psychologie* gipfelte. Eine mehr beschreibende Psychologie, mit der die Ärzte bald in Fühlung traten, entwickelte sich in Frankreich. Ich nenne Namen wie Taine, Ribot und P. Janet. Für diese wissenschaftlichen Versuche war die Auflösung des Seelischen in Einzel-Mechanismen oder -Vorgänge kennzeichnend. Diesen Bestrebungen gegenüber traten Einzelne für etwas ein, das man heute als Ganzheitsbetrachtung bezeichnen würde. Es scheint, als ob diese Richtung aus der Biographik stamme, insbesondere aus dem, was eine frühere Zeit, die auch ihr Gutes hatte, eine »curiöse« Lebensbeschreibung zu nennen pflegte. Ich denke in diesem Zusammenhang an den verdienstvollen Justinus Kerner und seine Seherin von Prevorst, auch an den älteren Blumhardt und seine Gottliebin Dittus. Um aber geschichtlich gerecht zu sein, müßte ich des Mittelalters und der Acta Sanctorum nicht vergessen. Auf dieser Linie aber gehen jene wissenschaftlichen Bestrebungen der Gegenwart, die sich an die Namen William James, Freud und Flournoy knüpfen. James und sein Freund, der Schweizer Théodore Flournoy, haben den Versuch gemacht, die Gesamtheit der seelischen Erscheinung zu beschreiben und sie aus der Gesamtheit zu beurteilen. Auch Freud, als Arzt, geht von der Ganzheit und Unteilbarkeit der menschlichen Persönlichkeit aus, auferlegte sich aber zeitentsprechende Beschränkungen im Sinne von (Trieb-) Mechanismen und Einzelvorgängen. Auch engte er das Bild des Menschen auf die Ganzheit einer wesentlich »bürgerlichen« Kollektivperson ein, wodurch eine weltanschaulich einseitige Sinndeutung entstand. Freud erlag leider der ärztlichen Versuchung, in humoralpsychologischer Weise die seelische Erscheinung auf den Körper zurückzuführen, und zudem nicht ohne rebellische Geste gegen das metaphysische Reservat, vor dem er etwas wie eine heilige Scheu empfand.

Gegenüber dem der Antike entstammenden Konstitutionsgedanken, dem Freud insofern erlegen ist, als er nach einem richtigen psychologischen Anfang theoretisch wieder alles in den körperlich bedingten Trieb zurückverwandeln wollte, gehe ich von der Annahme einer Eigengesetzlichkeit der Seele aus. Obschon Seele und Körper irgendwo eine Einheit sind, so sind sie doch in ihrem offenkundigen Wesen dermaßen verschieden, daß wir gar nicht anders können, als der Seele ebensogut wie dem Körper eine eigene Wesenhaftigkeit zuzuschreiben. Solange wir jene Einheit in keinerlei Weise kennen, bleibt uns auch gar nichts anderes übrig, als Körper und Seele getrennt zu untersuchen und zunächst so zu behandeln, als ob sie voneinander, wenigstens in ihrer Struktur, unabhängig wären. Daß sie es nicht sind, sehen wir ja tagtäglich.

Wenn wir uns aber dabei aufhalten wollten, so würden wir auch nie in der Lage sein, irgend etwas über die Seele überhaupt auszumachen.

Nehmen wir nun an, daß die Seele Eigengesetzlichkeit habe, so befreien wir uns von der – vorderhand – unlösbaren Aufgabe, alles Seelische auf ein bestimmtes Körperliches zurückzuführen. Wir können dann die Erscheinungsweisen der Seele für Ausdrücke ihres eigenen Wesens nehmen und versuchen, Gesetzmäßigkeiten oder Typen festzustellen. Wenn ich also von psychologischer Typologie spreche, so handelt es sich um die Formulierung seelischer Strukturelemente und nicht um eine Beschreibung seelischer Ausstrahlungen eines gewissen Konstitutionstypus. Auf der letzteren Linie bewegen sich zum Beispiel Kretschmers Untersuchungen über Körperbau und Charakter.

Den Versuch einer rein psychologischen Typisierung habe ich ausführlich dargestellt in meinem Werke ›Psychologische Typen‹. Die Grundlage meiner Untersuchung war eine damals 20jährige ärztliche Tätigkeit, die mich mit Menschen aus allen Ständen und aus aller Herren Ländern zusammenbrachte. Wenn man als junger Arzt anfängt, so hat man noch klinische Krankheitsbilder und Diagnosen im Kopfe. Im Laufe der Jahre aber häufen sich Eindrücke ganz anderer Art, nämlich eine ungeheure Mannigfaltigkeit von menschlichen Individuen, eine chaotisch variierte Fülle von Einzelfällen, deren besondere Lebensumstände und besonderer Charakter Krankheitsbilder hervorbringen, die, wenn man überhaupt noch Lust dazu verspürt, nur mit mehr oder weniger Zwang in eine klinische Diagnose gepreßt werden können. Daß man aber die Störung so oder so benennen kann, erscheint völlig belanglos neben dem überwältigenden Eindruck der Tatsache, daß die sogenannten klinischen Krankheitsbilder weit eher mimische oder schauspielerische Äußerungen bestimmter Charaktere sind. Die krankhafte Problematik, um die sich alles dreht, hat mit einem klinischen Krankheitsbild sozusagen überhaupt nichts zu tun, sondern ist Ausdruck und Wesen des Charakters. Auch die sogenannten Komplexe als »Kernelemente« von Neurosen sind insofern belanglos, als sie bloße Folgeerscheinung einer gewissen Charakterdisposition sind. Am leichtesten läßt sich dies im Verhältnis des Kranken zu seiner elterlichen Familie zeigen. Er hat zum Beispiel vier Geschwister, er ist weder das erste noch das letzte Kind, hat die gleiche Erziehung und die gleichen Bedingungen gehabt wie seine Geschwister. Aber er ist krank, und die andern sind gesund. Seine Untersuchung zeigt, daß eine ganze Reihe von Einflüssen, unter denen auch seine Geschwister standen, ja sogar litten, auf ihn allein krankmachend gewirkt haben, wenigstens anscheinend. In

Wirklichkeit sind diese Einflüsse auch bei ihm keine eigentlichen Ursachen, sondern herausgestellte Scheinerklärungen. Die wirkliche Ursache der Neurose liegt dagegen in der eigentümlichen Art und Weise, wie der Kranke die Umwelteinflüsse aufgenommen und verarbeitet hat.

Durch die Vergleichung vieler Fälle wurde es mir allmählich klar, daß es offenbar zwei grundsätzlich verschiedene, allgemeine Einstellungen geben müsse, welche die Menschen in zwei Gruppen teilen würden, wenn die ganze Menschheit aus lauter relativ hochdifferenzierten Individuen bestünde. Da das aber offenbar nicht der Fall ist, so kann man nur sagen, daß diese Einstellungsverschiedenheit überhaupt nur dann deutlich beobachtet werden kann, wenn es sich um eine verhältnismäßig differenzierte Persönlichkeit handelt, mit andern Worten, daß die Einstellungsverschiedenheit erst von einem gewissen Grade der Differenzierung an beobachtbar wird und praktische Bedeutung erlangt. Bei Kranken dieser Art handelt es sich fast in der Regel um Menschen, die vom familiären Typus abweichen und infolgedessen nicht mehr genügende Sicherheit in der anererbten Instinktgrundlage finden. Die Instinktunsicherheit ist einer der wesentlichen Gründe für die Entwicklung einer gewohnheitsmäßigen, in letzter Linie aber durch Vererbung bedingten oder begünstigten einseitigen Einstellung.

Diese beiden verschiedenen Grundhaltungen habe ich als *Extraversion* und *Introversion* bezeichnet. Die Extraversion ist gekennzeichnet durch Hinwendung zum äußeren Objekt, Aufgeschlossenheit und Bereitwilligkeit gegenüber dem äußeren Vorgang, Verlangen, sowohl auf diesen einzuwirken, wie sich von diesem bewirken zu lassen, Lust und Bedürfnis, dabei zu sein und mitzutun, Fähigkeit, Betrieb und Lärm jeglicher Art zu ertragen, ja als lustvoll zu empfinden, schließlich stetige Aufmerksamkeit auf die Beziehung zur Umwelt, Pflege und Unterhaltung von Freund- und Bekanntschaften ohne allzu peinliche Auslese, große Wichtigkeit, wie und ob man auf die Umgebung wirkt, daher starke Neigung zur eigenen Schaustellung. Weltanschauung und Ethik sind dementsprechend in der Regel möglichst kollektiver Natur mit starker Betonung des Altruismus, und das Gewissen hängt in hohem Maße von der Umgebungsmeinung ab. Moralische Bedenklichkeit fängt hauptsächlich dann an, wenn andere »drum wissen«. Religiöse Überzeugungen sind gewissermaßen von einem Mehrheitsbeschluß bedingt.

Das eigene Subjekt liegt, wenn irgend möglich, im Dunkeln. Man verhüllt es auch vor sich selber mit Unbewußtheit. Die Abneigung, die eigenen Motive einer kritischen Prüfung zu unterziehen, ist ausgesprochen. Man hat keine Geheimnisse, die man nicht schon längst mit andern geteilt hätte. Sollte einem trotzdem etwas Uneingestehbares zugestoßen sein, so zieht man das Vergessen vor. Was immer den kollektiv zur Schau getragenen Optimismus und Positivismus kränken könnte, wird vermieden. Was man denkt, beabsichtigt und handelt, wird mit Überzeugung und Wärme vorgeführt.

Das seelische Leben dieses Typus spielt sich gewissermaßen außerhalb seiner selbst, in seiner Umgebung ab. Er lebt in und mit andern; der Umgang mit sich selber aber ist ihm unheimlich. Dort scheinen Gefahren zu lauern, welche man besser mit Betrieb übertönt. Hat er aber doch einen »Komplex«, so flüchtet er sich davor in die Öffentlichkeit und läßt sich von seiner Umgebung mehrmals täglich bestätigen, daß alles mit ihm in Ordnung sei.

Wenn er nicht zu betriebsam, zu vordrängerisch und zu oberflächlich ist, so ist er offenkundig und unterstrichen ein nützliches Mitglied der menschlichen Gesellschaft.

Ich muß mich im Rahmen eines kurzen Aufsatzes mit dieser mehr andeutenden, allgemeinen Skizzierung begnügen. Sie soll ja schließlich dem Leser bloß soviel Vorstellungsstoff vermitteln, damit er sich unter *Extraversion* etwas denken kann, was er mit seiner eigenen Menschenkenntnis in Beziehung zu setzen vermag. Ich habe absichtlich die Schilderung der Extraversion vorangestellt, denn diese Haltung ist allgemein bekannt; der Extravertierte lebt nicht nur in dieser Haltung, er führt sie seinen Mitmenschen auch aus Prinzip vor. Sie entspricht überdies gewissen Idealen und moralischen Forderungen.

Die *Introversion* dagegen, welche sich nicht dem Objekt, sondern dem Subjekt zuwendet und sich eben gerade nicht am Objekt orientiert, ist nicht ohne weiteres durchschaubar. Der Introvertierte kommt nämlich nicht entgegen, sondern ist wie auf einem ständigen Rückzug vor dem Objekt begriffen. Er ist dem äußeren Vorgang gegenüber verschlossen, tut nicht mit, hat eine ausgesprochene Gemeinschaftsunlust, sobald er sich unter zu vielen Menschen befindet. In größeren Versammlungen fühlt er sich einsam und verloren. Je mehr auf ihn eindringt, desto größer wird sein Widerstand dagegen. Er liebt das »Dabeisein« keineswegs, ebensowenig enthusiastisches Mittun und Nachahmung. Was er tut, wird er auf seine Art tun, indem er äußere Beeinflussung weitgehend ausschaltet. Sein Auftreten neigt zur Ungeschicklichkeit, er erscheint deshalb oft gehemmt, und es passiert ihm häufig, daß er durch eine gewisse schroffe oder verdrossene Unzugänglichkeit oder durch eine unzeitgemäße Bedenklichkeit die Leute vor den Kopf stößt. Seine besseren Eigenschaften behält er in erster Linie für sich, und nicht allzuselten tut er alles, um sie zu verheimlichen.

Er ist leicht mißtrauisch, eigensinnig, leidet oft an Minderwertigkeitsgefühlen und ist aus diesem Grunde auch neidisch. Seine
Ängstlichkeit gegenüber dem Objekt beruht nicht etwa auf
Furchtsamkeit, sondern darauf, daß es ihm negativ, aufdränge-
risch, überwältigend oder sogar bedrohlich erscheint. Er vermutet
daher gerne schlechte Motive, hat eine ewige Angst, er könnte sich
lächerlich machen, ist in der Regel persönlich sehr empfindlich
und umgibt sich daher mit einer Stacheldrahthecke, die oft so dicht
und undurchdringlich ist, daß er selber lieber alles andere täte als
dahinter sitzen. Er wendet gegenüber der Welt ein ausgedehntes
Sicherungssystem an, das aus Skrupulosität, Pedanterie, Sparsam-
keit, Sorgfältigkeit, ängstlicher Gewissenhaftigkeit, Vorsicht, peinlicher Korrektheit, Höflichkeit und einem immer wachen Mißtrauen besteht. Sein Weltbild ermangelt der rosigen Töne, denn er
ist kritisch und findet in jeder Suppe ein Haar. Unter normalen
Umständen ist er pessimistisch und besorgt, denn Welt und
Menschheit sind nicht gut, sondern erdrücken und überwältigen
den Einzelnen, der sich nie in ihrem Schoße aufgenommen fühlt.
Er nimmt aber auch die Welt nicht an, jedenfalls nicht unmittelbar,
sondern es muß alles zuerst an seinen kritischen Maßstäben gemessen und bewertet werden. Schließlich wird nur das angenommen,
was man aus so und so vielen subjektiven Gründen zum Eigenen
machen kann.

Der Umgang mit sich selbst ist ihm Vergnügen. Seine eigene
Welt ist ein sicherer Hafen, ein ängstlich gehüteter ummauerter
Garten, vor aller Öffentlichkeit und zudringlicher Neugier gebor-
gen. Seine eigene Gesellschaft ist ihm die beste. In seiner Welt, in
der sich nur das verändert, was er verändert, fühlt er sich wohl.
Seine beste Leistung ist das, was er mit eigenen Mitteln, aus eigenem Antrieb und in eigener Art und Weise hervorbringt. Gelingt
es ihm, nach einem längeren und oft mühevollen Assimilations-
prozeß ein Fremdes zum Eigenen zu machen, so kann er damit
etwas Treffliches leisten. Menge, Majorität, öffentliche Meinung
und allgemeiner Enthusiasmus überzeugen ihn nie, sie veranlassen
ihn bloß, sich noch mehr in seine unangreifbare Schale zu verkrie-
chen.

Seine Beziehungen zu Menschen werden nur da warm, wo die
Sicherheit garantiert ist, das heißt, wo man das schützende Mißtrauen ablegen kann. Allzuoft kann man das aber nicht tun, infolgedessen beschränkt sich der Freundes- und Bekanntenkreis auf
die kleinstmögliche Zahl. So spielt sich auch das seelische Leben
dieses Typus ganz im subjektiven Innern ab und bleibt der Umwelt verborgen. Entstehen aber in dieser Innenwelt irgendwelche
Konflikte oder Schwierigkeiten, so werden Türen und Fenster ge-

schlossen. Man schließt sich mit dem Komplex ein bis zur völligen
Verschlossenheit und Isolierung.

Trotz dieser Eigentümlichkeiten ist der Introvertierte keineswegs ein der Gesellschaft Verlorener. Sein Rückzug auf sich selbst
bedeutet keine endgültige Absage an die Welt, sondern ein Aufsuchen der Ungestörtheit, aus welcher heraus es ihm allein möglich
ist, seinen Beitrag an das Leben der Gesellschaft zu leisten.

Dieser Typus Mensch ist vielen Mißverständnissen ausgesetzt,
nicht mit Unrecht, denn er lädt diese förmlich ein. Er ist auch nicht
ganz davon freizusprechen, daß er ein geheimes Vergnügen an der
Mystifikation hat, und daß das Mißverstandenwerden ihm Genug-
tuung bereitet, denn es bestätigt wieder einmal seine pessimistische
Weltauffassung. Unter diesen Umständen ist es durchaus begreiflich, daß man ihm Kälte, Stolz, Eigensinn, Egoismus, Eigendün-
kel, Verbohrtheit und so weiter vorwirft und ihn ermahnend darauf hinweist, daß Hingebung an die Ziele der Gesellschaft, Welt-
aufgeschlossenheit, wagemutige Bereitwilligkeit und selbstloses
Vertrauen in das, was alle bewegt, wahrhafte Tugenden und Kennzeichen eines gesunden und tatkräftigen Lebens seien.

Der Introvertierte weiß zwar, daß es solche Tugenden und vielleicht auch irgendwo (aber nicht in seiner Bekanntschaft) gottbe-
gnadete Menschen gibt, welche sich des ungeschmälerten Besitzes
solcher idealer Eigenschaften erfreuen. Seine Selbstkritik und die
Bewußtheit seiner Motive hat ihm aber die Illusion, daß er solcher
Tugenden fähig wäre, schon längst zerstört, und sein angstge-
schärfter Mißtrauensblick hat ihn noch stets bei seiner Umgebung
das Eselsohr, das unter dem Löwenfell hervorguckt, entdecken
lassen. Welt und Menschheit sind ihm Störung und Gefahr, aber
keine Gültigkeit, an der er sich im letzten Grunde orientieren
könnte. Gültig ist ihm allein seine subjektive Welt, von der er
sogar bisweilen, wenn er verblendet ist, glaubt, daß sie die objektive sei. Man könnte diesen Menschen ohne weiteres des schlimmsten Subjektivismus, ja sogar eines krankhaften Individualismus
anklagen, wenn es über allen Zweifel hinaus sicherstünde, daß es
nur die eine objektive Welt gibt. Diese Wahrheit ist aber kein
Axiom, sondern bloß eine halbe Wahrheit, deren andere Hälfte
darin besteht, daß die Welt auch das ist, als was sie von Menschen,
in letzter Linie vom Einzelnen, gesehen wird. Es gibt nämlich
überhaupt keine Welt ohne das erkennende Subjekt. Dieses ist, so
klein und so unscheinbar es auch sein mag, jeweils der andere
Pfeiler der Brücke des Weltphänomens. Die Berufung auf das Subjekt hat daher denselben Betrag an Gültigkeit wie die Berufung auf
die sogenannte objektive Welt, denn sie gründet sich auf die seelische Gegebenheit schlechthin. Diese aber ist eine Wirklichkeit,

deren Gesetze ihr eigentümlich und nicht bloß sekundärer Natur sind.

Die beiden Einstellungen, Extraversion und Introversion, sind Gegensätze, die sich überall geltend machen, und nicht zum Geringsten in der menschlichen Geistesgeschichte. Die daraus sich ergebende Problematik hat Friedrich Schiller schon sehr weitgehend geahnt. Sie liegt seinen Briefen ›Über die ästhetische Erziehung des Menschen‹[1] zugrunde. Da ihm aber der Begriff des Unbewußten noch unbekannt war, so gelang es ihm nicht, eine befriedigende Lösung zu finden. Und Philosophen, die am ehesten berufen wären, dieser Frage näherzutreten, lieben es nicht, ihre Denkfunktion einer grundsätzlichen psychologischen Kritik zu unterwerfen, und halten sich deshalb von solchen Erörterungen ferne. Es dürfte aber ohne weiteres einleuchtend sein, daß eine solche Gegensätzlichkeit der seelischen Haltung den größten Einfluß auf den philosophischen Standpunkt ausübt.

Für den Extravertierten ist das Objekt a priori interessant und anziehend, wie für den Introvertierten das Subjekt beziehungsweise die seelische Gegebenheit. Man kann dafür den Ausdruck »numinaler Akzent« verwenden, womit formuliert werden soll, daß für den Extravertierten die positive Bedeutungs- und Wertqualität in erster Linie auf das Objekt fällt, weshalb dieses dann von vornherein in allen seelischen Vorgängen die vorherrschende, bedingende und richtunggebende Rolle spielt, wie umgekehrt für den Introvertierten das Subjekt.

Der numinale Akzent entscheidet aber nicht nur zwischen Subjekt und Objekt, sondern wählt auch jene Bewußtseinsfunktion aus, deren man sich vorzugsweise bedient. Ich unterscheide vier Funktionen, nämlich *Empfindung, Denken, Gefühl* und *Intuition.* Der Empfindungsvorgang stellt im wesentlichen fest, daß etwas ist, das Denken, was es bedeutet, das Gefühl, was es wert ist, und die Intuition ist Vermuten und Ahnen über das Woher und das Wohin. Empfinden und Ahnen bezeichne ich als irrationale Funktionen, indem sich beide auf das schlechthin Vorkommende und Gegebene richten. Denken und Fühlen hingegen sind als Urteilsfunktionen rational. Die Empfindung als fonction du réel schließt insofern die gleichzeitige intuitive Betätigung aus, als diese sich nicht um das gegenwärtige Sein, sondern vielmehr um dessen nicht sinnenfällige Möglichkeiten kümmert und sich darum nicht allzusehr von der gegenwärtigen Wirklichkeit darf beeinflussen lassen. Gleichermaßen steht das Denken im Gegensatz zum Fühlen, da

---

[1] ›Über Schillers Ideen zum Typenproblem‹, in: Psychologische Typen, GW 6, §§ 96 ff.

das Denken sich nicht durch Gefühlswerte ablenken oder beeinflussen lassen kann, und ebenso das Gefühl durch zu viel Nachdenken meistens gekränkt wird. Die vier Funktionen bilden daher, wenn diagrammatisch angeordnet, ein Kreuz mit einer rationalen Achse, die senkrecht steht zur irrationalen Achse.

In den vier Orientierungsfunktionen ist natürlich nicht alles enthalten, was die bewußte Seele leistet. Wille und Gedächtnis beziehungsweise Erinnerung sind nicht in Betracht gezogen. Der Grund hiefür liegt darin, daß die Unterscheidung der vier Orientierungsfunktionen ein wesentlich empirisches Ergebnis der typischen Unterschiede funktionaler Einstellungen ist. Es gibt nämlich Menschen, bei denen der numinale Akzent auf das Empfinden, das heißt das Wahrnehmen der wirklichen Gegebenheiten fällt und diese zum ausschließlich bedingenden und richtunggebenden Prinzip erhebt. Es sind dies die Tatsachenmenschen, bei denen intellektuelles Urteil, Gefühl und Intuition vor der überragenden Bedeutung der ereignishaften Tatsache in den Hintergrund treten. Fällt aber der Akzent auf das Denken, so wird gegenüber der Tatsache ein Urteil reserviert, welches jener die eine oder andere Bedeutung zuerteilen wird. Und es wird ausschließlich von dieser abhängen, in welcher Art und Weise sich das Individuum mit dem Gegebenen abfindet. Ist nun das Gefühl numinal, so hängt die Anpassung ganz davon ab, welcher Gefühlswert einer Tatsache beigemessen wird. Kommt schließlich das numinale Primat der Intuition zu, so zählt die gegebene Wirklichkeit überhaupt nur, insofern sie Möglichkeiten zu enthalten scheint, denen dann das ganze Gewicht der Motivkraft zufällt, unbekümmert um das gegenwärtige wirkliche Sein.

Durch die jeweilige Lokalisation des numinalen Akzentes entstehen so vier Funktionstypen, die ich zuerst in meiner Erfahrung mit Menschen und erst viel später systematisch formuliert habe. Diese vier Typen verbinden sich in der praktischen Wirklichkeit stets mit dem Einstellungstypus, nämlich mit Extraversion oder Introversion, das heißt, die Funktionen erscheinen in extravertierter oder introvertierter Variation. Daraus entsteht also eine Anordnung von acht praktisch nachweisbaren Funktionstypen. Es ist natürlich unmöglich, im Rahmen eines Aufsatzes die eigentümliche Psychologie dieser Typen in ihrer bewußten und unbewußten Erscheinung darzustellen. Ich muß dafür auf meine oben erwähnte Untersuchung verweisen.

Die psychologische Typologie hat nun keineswegs den, an sich ziemlich belanglosen, Zweck, Menschen in Kategorien einzuteilen, sondern sie bedeutet vielmehr eine kritische Psychologie, welche eine methodische Untersuchung und Ordnung von seelischen Erfahrungsmaterialien ermöglichen soll. In erster Linie ist sie ein kritischer Apparat für den psychologischen Forscher, welcher zur Ordnung einer beinahe chaotischen Fülle individueller Erfahrungsmassen bestimmter Gesichtspunkte und Richtlinien bedarf. Man könnte in diesem Sinne die Typologie auch mit einem trigonometrischen Netz oder vielleicht noch eher mit kristallographischen Achsensystemen vergleichen. In zweiter Linie bedeutet die Typologie eine Hilfe zum Verständnis individueller Variationen und eine Orientierung über die hauptsächlich vorkommenden Möglichkeiten grundsätzlich unterscheidbarer psychologischer Standpunkte. Last not least bedeutet die Typologie auch ein wesentliches Mittel zur Bestimmung der persönlichen Gleichung des praktischen Psychologen, der durch eine genaue Kenntnis seiner differenzierten und minderwertigen Funktionen manchen folgenschweren Irrtum in der Beurteilung seiner Patienten vermeiden kann.

Das von mir in Vorschlag gebrachte, auf praktischer Erfahrung beruhende typologische System ist ein Versuch, der bisher vorherrschenden schrankenlosen individuellen Variation in der psychologischen Auffassungsbildung eine Grundlage und einen Rahmen zu geben. Beschränkende Bestimmungen irgendwelcher Art werden früher oder später im Gebiete unserer noch jungen Wissenschaft unumgänglich werden, denn einmal müssen sich die Psychologen auf gewisse, willkürlicher Deutung entzogene Grundlagen einigen, soll ihre Psychologie nicht ein unwissenschaftliches Zufallsgemenge individueller Meinungen bleiben.

Allgemeine Beschreibung der Typen (1921)

1. Einleitung

Im folgenden will ich versuchen, eine allgemeine Beschreibung der Psychologie der Typen zu geben. Zunächst soll dies geschehen für die beiden allgemeinen Typen, die ich als introvertiert und extravertiert bezeichnet habe. Im Anschluß werde ich dann noch versuchen, eine gewisse Charakteristik jener spezielleren Typen zu geben, deren Eigenart dadurch zustande kommt, daß das Individuum sich hauptsächlich mittels der bei ihm am meisten differenzierten Funktion anpaßt oder orientiert. Ich möchte erstere als *allgemeine Einstellungstypen*, die sich durch die Richtung ihres Interesses, ihrer Libidobewegung unterscheiden, letztere dagegen als *Funktionstypen* bezeichnen.

Die allgemeinen Einstellungstypen unterscheiden sich, wie von mir vielfach hervorgehoben wurde, durch ihre eigentümliche Einstellung zum Objekt. Der Introvertierte verhält sich dazu abstrahierend; er ist im Grunde genommen immer darauf bedacht, dem Objekt die Libido zu entziehen, wie wenn er einer Übermacht des Objektes vorzubeugen hätte. Der Extravertierte dagegen verhält sich positiv zum Objekt. Er bejaht dessen Bedeutung in dem Maße, daß er seine subjektive Einstellung beständig nach dem Objekt orientiert und darauf bezieht. Im Grunde genommen hat das Objekt für ihn nie genügend Wert, und darum muß dessen Bedeutung erhöht werden. Die beiden Typen sind dermaßen verschieden und ihr Gegensatz ist so auffällig, daß ihre Existenz auch dem Laien in psychologischen Dingen ohne weiteres einleuchtend ist, wenn man ihn einmal darauf aufmerksam gemacht hat. Jedermann kennt jene verschlossenen, schwer zu durchschauenden, oft scheuen Naturen, die den denkbar stärksten Gegensatz bilden zu jenen andern offenen, umgänglichen, öfters heiteren oder wenigstens freundlichen und zugänglichen Charakteren, die mit aller Welt auskommen oder auch sich streiten, aber doch in Beziehung dazu stehen, auf sie wirken und sie auf sich wirken lassen. Man ist natürlich geneigt, solche Unterschiede zunächst nur als individuelle Fälle eigenartiger Charakterbildung aufzufassen. Wer aber Gelegenheit hat, viele Menschen gründlich kennenzulernen, wird unschwer die Entdeckung machen, daß es sich bei diesem Gegensatz keineswegs um isolierte Individualfälle handelt, sondern vielmehr um typische Einstellungen, die weit allgemeiner sind, als eine beschränkte psychologische Erfahrung zunächst annehmen mußte. In der Tat handelt es sich um einen fundamentalen Gegensatz, der bald deutlicher, bald undeutlicher ist, immer aber sichtbar wird, wo es sich um Individuen von einigermaßen ausgesprochener Persönlichkeit handelt. Solche Menschen treffen wir nicht nur etwa unter den Gebildeten, sondern überhaupt in allen Bevölkerungsschichten an, weshalb sich unsere Typen ebensowohl beim gewöhnlichen Arbeiter und Bauern wie bei den Höchstdifferenzierten einer Nation nachweisen lassen. Auch der Unterschied des Geschlechtes ändert an dieser Tatsache nichts. Man findet die gleichen Gegensätze auch bei den Frauen aller Bevölkerungsschichten.

Eine derart allgemeine Verbreitung könnte wohl kaum vorkommen, wenn es sich um eine Angelegenheit des Bewußtseins, das heißt um eine bewußt und absichtlich gewählte Einstellung handelte. In diesem Falle wäre gewiß eine bestimmte, durch gleichartige Erziehung und Bildung zusammenhängende und dementsprechend lokal begrenzte Bevölkerungsschicht der hauptsächlichste Träger einer solchen Einstellung. Dem ist nun keineswegs so, sondern in geradem Gegenteil dazu verteilen sich die Typen anscheinend wahllos. In derselben Familie ist das eine Kind introvertiert, das andere extravertiert. Da der Einstellungstypus, diesen Tatsachen entsprechend, als allgemeines und anscheinend zufällig verteiltes Phänomen, keine Angelegenheit bewußten Urteils oder bewußter Absicht sein kann, so muß er wohl einem unbewußten, instinktiven Grunde sein Dasein verdanken. Der Typengegensatz muß daher, als ein allgemeines psychologisches Phänomen, irgendwie seine biologischen Vorläufer haben.

Die Beziehung zwischen Subjekt und Objekt ist, biologisch betrachtet, immer ein *Anpassungsverhältnis,* indem jede Beziehung zwischen Subjekt und Objekt modifizierende Wirkungen des einen auf das andere voraussetzt. Diese Modifikationen machen die Anpassung aus. Die typischen Einstellungen zum Objekt sind daher Anpassungsprozesse. Die Natur kennt zwei fundamental verschiedene Wege der Anpassung und der dadurch ermöglichten Fortexistenz der lebenden Organismen: Der eine Weg ist die gesteigerte Fruchtbarkeit bei relativ geringer Verteidigungsstärke und Lebensdauer des einzelnen Individuums; der andere Weg ist: Ausrüstung des Individuums mit vielerlei Mitteln der Selbsterhaltung bei relativ geringer Fruchtbarkeit. Dieser biologische Gegensatz scheint mir nicht bloß das Analogon, sondern auch die allgemeine Grundlage unserer beiden psychologischen Anpassungsmodi zu sein. Hier möchte ich mich auf einen allgemeinen Hinweis beschränken, auf die Eigenart des Extravertierten einerseits, sich beständig auszugeben und sich in alles hineinzuverbreiten, und auf die Tendenz des Introvertierten anderseits, sich gegen äußere Ansprüche zu verteidigen, sich möglichst aller Energieausgaben, die sich direkt auf das Objekt beziehen, zu enthalten, dafür aber sich selbst eine möglichst gesicherte und mächtige Position zu schaffen. Blakes Intuition hat die beiden darum nicht übel als den »prolific« und den »devouring type« bezeichnet.[1] Wie die allgemeine Biologie zeigt, sind beide Wege gangbar und in ihrer Weise erfolgreich, so auch die typischen Einstellungen. Was der eine durch massenhafte Beziehungen zuwege bringt, erreicht der andere durch ein Monopol.

Die Tatsache, daß gelegentlich schon Kinder in den ersten Lebensjahren die typische Einstellung mit Sicherheit erkennen lassen, nötigt zu der Annahme, daß es keineswegs der Kampf ums Dasein, so wie man ihn allgemein versteht, sein kann, der zu einer bestimmten Einstellung zwingt. Man könnte allerdings, und zwar mit triftigen Gründen, einwenden, daß auch das unmündige Kind, ja sogar der Säugling schon eine psychologische Anpassungsleistung unbewußter Natur zu machen habe, indem besonders die Eigenart der mütterlichen Einflüsse zu spezifischen Reaktionen beim Kinde führe. Dieses Argument kann sich auf unzweifelhafte Tatsachen berufen, wird aber hinfällig durch die Erwähnung der ebenso zweifellosen Tatsache, daß zwei Kinder derselben Mutter schon frühe den entgegengesetzten Typus aufweisen können, ohne daß auch nur im geringsten eine Änderung der Einstellung der Mutter nachzuweisen wäre. Obschon ich unter keinen Umständen die fast unabsehbare Wichtigkeit der elterlichen Einflüsse unterschätzen möchte, so nötigt diese Erfahrung trotzdem zum Schlusse, daß der ausschlaggebende Faktor in der Disposition des Kindes zu suchen ist. Es ist wohl in letzter Linie der individuellen Disposition zuzuschreiben, daß bei möglichster Gleichartigkeit der äußeren Bedingungen das eine Kind diesen, und das andere jenen Typus annimmt. Ich habe hiebei natürlich nur jene Fälle im Auge, welche unter normalen Bedingungen stehen. Unter abnormen Bedingungen, das heißt, wo es sich um extreme und daher abnorme Einstellungen bei Müttern handelt, kann den Kindern auch eine relativ gleichartige Einstellung aufgenötigt werden unter Vergewaltigung ihrer individuellen Disposition, die vielleicht einen andern Typus gewählt hätte, wenn keine abnormen äußeren Einflüsse störend eingegriffen hätten. Wo eine solche, durch äußeren Einfluß bedingte Verfälschung des Typus stattfindet, wird das Individuum später meistens neurotisch, und seine Heilung ist nur möglich durch Herausbildung der dem Individuum natürlicherweise entsprechenden Einstellung.

[1] Vgl. Das Typenproblem in der Dichtkunst, in: Psychologische Typen, GW 6, § 526.

Was nun die eigenartige Disposition betrifft, so weiß ich darüber nichts zu sagen, als daß es offenbar Individuen gibt, die entweder eine größere Leichtigkeit oder Fähigkeit haben oder denen es zuträglicher ist, auf die eine und nicht auf die andere Weise sich anzupassen. Dafür dürften unserer Kenntnis unzugängliche, in letzter Linie physiologische Gründe in Frage kommen. Daß es solche sein könnten, schien mir wahrscheinlich. Ich hatte die Erfahrung gemacht, daß eine Umkehrung des Typus das physiologische Wohlbefinden des Organismus unter Umständen schwer beeinträchtigen kann, indem sie meistens eine starke Erschöpfung verursacht.

2. Der extravertierte Typus

Aus Gründen der Übersichtlichkeit und Klarheit der Darstellung ist es nötig, bei der Beschreibung dieses und der folgenden Typen die Psychologie des Bewußtseins und des Unbewußten auseinander zu halten. Wir wenden uns daher zuerst der Beschreibung der *Bewußtseinsphänomene* zu.

a) Die allgemeine Einstellung des Bewußtseins

Wie bekannt, orientiert sich jedermann an den Daten, die ihm die Außenwelt vermittelt; jedoch sehen wir, daß dies in einer mehr oder weniger ausschlaggebenden Weise der Fall sein kann. Der eine läßt sich durch die Tatsache, daß es draußen kalt ist, sofort veranlassen, seinen Überzieher anzuziehen, der andere aber findet dies aus Gründen seiner Abhärtungsabsicht überflüssig; der eine bewundert den neuen Tenor, weil alle Welt ihn bewundert, der andere bewundert ihn nicht, nicht etwa darum, weil er ihm mißfiele, sondern weil er der Ansicht ist, was alle bewunderten, brauche noch lange nicht bewundernswert zu sein; der eine ordnet sich den gegebenen Verhältnissen unter, weil, wie die Erfahrung zeige, etwas anderes doch nicht möglich sei, der andere aber ist der Überzeugung, daß, wenn es schon tausendmal so gegangen sei, das tausendunderstemal ein neuer Fall vorliege und so weiter. Der erstere orientiert sich an den gegebenen äußeren Tatsachen, der letztere reserviert sich eine Ansicht, welche sich zwischen ihn und das objektiv Gegebene hineinschiebt. Wenn nun die Orientierung am Objekt und am objektiv Gegebenen vorwiegt in der Weise, daß die häufigsten und hauptsächlichsten Entschlüsse und Handlungen nicht durch subjektive Ansichten, sondern durch objektive Verhältnisse bedingt sind, so spricht man von einer extravertierten Einstellung. Ist diese habituell, so spricht man von einem extravertierten Typus. Wenn einer so denkt, fühlt und handelt, mit einem Wort, so lebt, wie es den objektiven Verhältnissen und ihren Anforderungen *unmittelbar* entspricht, im guten wie im schlechten Sinne, so ist er extravertiert. Er lebt so, daß ersichtlicherweise das Objekt als determinierende Größe in seinem Bewußtsein eine größere Rolle spielt als seine subjektive Ansicht. Gewiß hat er subjektive Ansichten, aber ihre determinierende Kraft ist geringer als die der äußeren objektiven Bedingungen. Er erwartet daher auch nie, in seinem eigenen Innern auf irgend welche unbedingten Faktoren zu stoßen, indem er solche nur außen kennt. In epimetheischer Weise erliegt sein Inneres dem äußeren Erfordernis, gewiß nicht ohne Kampf; aber das Ende fällt immer zugunsten der objektiven Bedingung aus. Sein ganzes Bewußtsein blickt nach außen, weil ihm die wichtige und ausschlaggebende Determination immer von außen zukommt. Sie kommt ihm aber so zu, weil er sie von dort erwartet. Aus dieser Grundeinstellung ergeben sich sozusagen alle Eigentümlichkeiten seiner Psychologie, insofern diese nicht entweder auf dem Primat einer bestimmten psychologischen Funktion oder auf individuellen Besonderheiten beruhen.

Interesse und Aufmerksamkeit folgen den objektiven Vorkommnissen, in erster Linie denen der nächsten Umgebung. Es sind nicht nur die Personen, sondern auch die Dinge, welche das Interesse fesseln. Dementsprechend richtet sich auch das *Handeln* nach den Einflüssen von Personen und Dingen. Es ist direkt auf objektive Daten und Determinationen bezogen und aus ihnen sozusagen erschöpfend erklärbar. Das Handeln ist in erkennbarer Weise auf objektive Verhältnisse bezogen. Insofern das Handeln nicht bloß reaktiv ist in bezug auf Reize der Umgebung, so hat es doch stets einen auf reale Verhältnisse anwendbaren Charakter und findet innerhalb der Schranken des objektiv Gegebenen genügenden und angemessenen Spielraum. Es hat keinerlei irgendwie ernsthafte Tendenzen, darüber hinauszugehen. Dasselbe gilt vom Interesse: Die objektiven Vorkommnisse sind von fast unerschöpflichem Reiz, so daß das Interesse normalerweise nie nach anderem verlangt. Die moralischen Gesetze des Handelns decken sich mit den entsprechenden Anforderungen der Sozietät respektive mit der allgemein geltenden moralischen Auffassung. Wäre die allgemein geltende Anschauung eine andere, so wären auch die subjektiven moralischen Leitlinien andere, ohne daß damit am psychologischen Gesamthabitus irgend etwas geändert wäre.

Diese strenge Bedingtheit durch objektive Faktoren bedeutet nun keineswegs, wie es etwa den Anschein erwecken könnte, eine völlige oder gar ideale Anpassung an die Lebensbedingungen überhaupt. Einer extravertierten Ansicht muß allerdings eine solche *Einpassung* in das objektiv Gegebene als eine völlige Anpassung erscheinen, denn dieser Ansicht ist ein anderes Kriterium überhaupt nicht gegeben. Es ist aber, von einem höheren Standpunkt aus, gar nicht gesagt, daß das objektiv Gegebene auch unter allen Umständen das Normale sei. Die objektiven Bedingungen können zeitgeschichtlich oder lokal abnorme sein. Ein Individuum, das in diese Verhältnisse eingepaßt ist, macht zwar den abnormen Stil der Umgebung mit, ist aber zugleich mit seiner ganzen Umgebung in einer abnormen Lage hinsichtlich der allgemein-gültigen Lebensgesetze. Der einzelne kann dabei allerdings florieren, aber nur solange, bis er mit seiner ganzen Umgebung an der Versündigung gegen die allgemeinen Lebensgesetze zugrunde geht. Diesen Untergang muß er mit derselben Sicherheit mitmachen, mit der er vorher dem objektiv Gegebenen eingepaßt war. Er hat Einpassung, aber nicht Anpassung, denn die Anpassung verlangt mehr als ein bloß reibungsloses Mitgehen mit den jeweiligen Bedingungen der unmittelbaren Umgebung. (Ich verweise auf Spittelers Epimetheus.) Sie verlangt eine Beobachtung jener Gesetze, welche allgemeiner sind als lokale und zeitgeschichtliche Bedingungen. Die bloße Einpassung ist die Beschränkung des normalen extravertierten Typus.

Seine »Normalität« verdankt der extravertierte Typus einerseits dem Umstande, daß er den gegebenen Verhältnissen relativ reibungslos eingepaßt ist und natürlicherweise keine andern Ansprüche hat, als die objektiv gegebenen Möglichkeiten auszufüllen, also zum Beispiel den Beruf zu ergreifen, der an dieser Stelle und zu dieser Zeit aussichtsreiche Möglichkeiten bietet, oder gerade das zu tun oder zu verfertigen, wessen die Umgebung momentan bedarf und was sie von ihm erwartet, oder sich aller Neuerungen zu enthalten, welche nicht durchaus auf der Hand liegen oder sonstwie über die Erwartung der Umgebung hinausgehen. Anderseits aber hat seine »Normalität« den Effekt, daß der Extravertierte die Tatsächlichkeit seiner subjektiven Bedürfnisse und Notwendigkeiten viel zu wenig in Rechnung zieht. Das ist nämlich sein schwacher Punkt; denn die Tendenz seines Typus geht dermaßen nach außen, daß leicht auch die sinnenfälligste aller subjektiven Tatsachen, nämlich das Befinden des Körpers, als zu wenig objektiv, als zu wenig »außen« nicht genügend in Betracht fällt, so daß die zum physischen Wohlbefinden unerläßliche Befriedigung elementarer Bedürfnisse nicht mehr zustande kommt. Infolgedessen leidet der Körper wie auch die Seele. Doch von diesem letzteren Umstand merkt der Extravertierte in der Regel wenig, desto mehr aber seine intime häusliche Umgebung. Fühlbar wird ihm der Gleichgewichtsverlust erst dann, wenn sich abnorme Körperempfindungen melden. Diese tastbare Tatsache kann er nicht übersehen. Es ist natürlich, daß er sie als konkret und »objektiv« ansieht, denn für seine Mentalität gibt es nun einmal nichts anderes – bei ihm. Bei andern sieht er die »Einbildung« sofort. Eine zu extravertierte Einstellung kann auch dermaßen rücksichtslos gegen das Subjekt werden, daß letzteres den sogenannten objektiven Anforderungen ganz aufgeopfert wird, zum Beispiel durch ein beständiges Vergrößern des Geschäftes, weil doch Bestellungen vorliegen und weil doch die Möglichkeiten, die sich aufgetan haben, ausgefüllt werden müssen.

Die Gefahr des Extravertierten ist, daß er in die Objekte hineingezogen wird und sich selbst darin ganz verliert. Die daraus entstehenden funktionellen (nervösen) oder wirklichen körperlichen Störungen haben eine kompensatorische Bedeutung, denn sie zwingen das Subjekt zu einer unfreiwilligen Selbstbeschränkung. Sind die Symptome funktionell, so können sie durch ihre eigentümliche Artung symbolisch die psychologische Situation ausdrücken, zum Beispiel bei einem Sänger, dessen Ruhm rasch eine gefährliche Höhe erreicht, die ihn zu unverhältnismäßigen Energieausgaben verführt, versagen aus nervöser Hemmung plötzlich die hohen Töne. Bei einem Manne, der sehr rasch aus bescheidensten Anfängen zu einer sehr einflußreichen und aussichtsvollen sozialen Stellung gelangt ist, stellen sich psychogen alle Symptome der Bergkrankheit ein. Ein Mann, der im Begriffe steht, eine von ihm vergötterte und maßlos überschätzte Frau von sehr zweifelhaftem Charakter zu heiraten, wird von einem nervösen Schlundkrampf befallen, der ihn zwingt, sich auf zwei Tassen Milch pro Tag zu beschränken, deren Aufnahme je drei Stunden erfordert. Damit ist er wirksam verhindert, seine Braut zu besuchen und kann sich nur noch mit der Ernährung seines Körpers beschäftigen. Ein Mann, der der Arbeitslast seines durch eigenen Verdienst enorm ausgedehnten Geschäftes nicht mehr gewachsen ist, wird von nervösen Durstanfällen heimgesucht, infolge deren er rasch einem hysterischen Alkoholismus verfällt.

Wie mir scheint, ist die weitaus häufigste Neurose des extravertierten Typus die Hysterie. Der hysterische Schulfall ist immer durch einen übertriebenen Rapport mit den Personen der Umgebung charakterisiert, ebenso ist die geradezu imitatorische Einpassung in die Verhältnisse eine bezeichnende Eigentümlichkeit. Ein Grundzug des hysterischen Wesens ist die beständige Tendenz, sich interessant zu machen und bei der Umgebung Eindrücke hervorzurufen. Ein Korrelat dazu ist die sprichwörtliche Suggestibilität, die Beeinflußbarkeit durch andere Personen. Eine unverkennbare Extraversion zeigt sich auch in der Mitteilsamkeit der Hysterischen, welche gelegentlich bis zur Mitteilung rein phantastischer Inhalte geht, woher der Vorwurf der hysterischen Lüge stammt. Der hysterische »Charakter« ist zunächst eine Übertreibung der normalen Einstellung, dann aber kompliziert durch kompensatorische Reaktionen von seiten des Unbewußten, welche der übertriebenen Extraversion entgegen die psychische Energie durch körperliche Störungen zur Introversion zwingen. Durch die Reaktion des Unbewußten entsteht eine andere Kategorie von Symptomen, die mehr introvertierten Charakter haben. Hieher gehört vor allen Dingen die krankhaft gesteigerte Phantasietätigkeit. Nach dieser allgemeinen Charakterisierung der extravertierten Einstellung wenden wir uns nun der Beschreibung der Veränderungen, welche die psychologischen Grundfunktionen durch die extravertierte Einstellung erleiden, zu.

b) Die Einstellung des Unbewußten

Es erscheint vielleicht befremdlich, wenn ich von einer »Einstellung des Unbewußten« spreche. Wie ich hinlänglich auseinandergesetzt habe, denke ich mir die Beziehung des Unbewußten zum Bewußtsein als kompensatorisch. Nach dieser Ansicht käme dem Unbewußten ebensowohl eine Einstellung zu wie dem Bewußtsein.

Ich habe im vorangehenden Abschnitt die Tendenz der extravertierten Einstellung zu einer gewissen Einseitigkeit hervorgehoben, nämlich die Vormachtstellung des objektiven Faktors im Ablauf des psychischen Geschehens. Der extravertierte Typus ist stets versucht, sich (anscheinend) zugunsten des Objektes wegzugeben und sein Subjekt dem Objekt zu assimilieren. Ich habe ausführlich auf die Konsequenzen, die sich aus der Übertreibung der extravertierten Einstellung ergeben können, hingewiesen, nämlich auf die schädliche Unterdrückung des subjektiven Faktors. Es steht demnach zu erwarten, daß eine psychische Kompensation der bewußten extravertierten Einstellung das subjektive Moment besonders betonen wird, das heißt, wir werden im Unbewußten eine stark egozentrische Tendenz nachzuweisen haben. Dieser Nachweis glückt der praktischen Erfahrung tatsächlich. Ich gehe hier auf das Kasuistische nicht ein, sondern verweise auf die folgenden Abschnitte, wo ich bei jedem Funktionstypus die charakteristische Einstellung des Unbewußten darzustellen versuche. Insofern es sich in diesem Abschnitt bloß um die Kompensation einer allgemeinen extravertierten Einstellung handelt, beschränke ich mich auf eine ebenso allgemeine Charakteristik der kompensierenden Einstellung des Unbewußten.

Die Einstellung des Unbewußten hat zu einer wirksamen Ergänzung der bewußten extravertierten Einstellung eine Art von introvertierendem Charakter. Es konzentriert die Energie auf das subjektive Moment, das heißt auf alle jene Bedürfnisse und Ansprüche, welche durch eine zu extravertierte bewußte Einstellung unterdrückt oder verdrängt sind. Es ist, wie schon aus dem vorangehenden Abschnitt einleuchten dürfte, leicht verständlich, daß eine Orientierung nach dem Objekt und dem objektiv Gegebenen eine Menge subjektiver Regungen, Meinungen, Wünsche und Notwendigkeiten vergewaltigt und jener Energie beraubt, die ihnen natürlicherweise zukommen sollte. Der Mensch ist ja keine Maschine, die man gegebenenfalls für ganz andere Zwecke umbauen kann und die dann in ganz anderer Weise ebenso regelmäßig funktioniert wie vorher. Der Mensch trägt immer seine ganze Geschichte und die Geschichte der Menschheit mit sich. Der historische Faktor aber stellt ein vitales Bedürfnis dar, dem eine weise Ökonomie entgegenkommen muß. Das Bisherige muß im Neuen irgendwie zu Worte kommen und mitleben. Die gänzliche Assimilation an das Objekt stößt daher auf den Protest der unterdrückten Minorität des Bisherigen und des von Anfang an Gewesenen. Aus dieser ganz allgemeinen Überlegung ist es leicht verständlich, weshalb die unbewußten Ansprüche des extravertierten Typus einen eigentlich primitiven und infantilen, selbstischen Charakter haben. Wenn Freud vom Unbewußten sagt, daß es »nur wünschen« könne, so gilt dies in hohem Maße für das Unbewußte des extravertierten Typus. Die Einpassung in und die Assimilation an das objektiv Gegebene verhindert die Bewußtmachung unzulänglicher subjektiver Regungen. Diese Tendenzen (Gedanken, Wünsche, Affekte, Bedürfnisse, Gefühle und so weiter) nehmen entsprechend dem Grade ihrer Verdrängung regressiven Charakter an, das heißt, sie werden, je weniger sie anerkannt sind, desto infantiler und archaischer. Die bewußte Einstellung beraubt sie ihrer relativ disponibeln Energiebesetzungen und beläßt ihnen nur das an Energie, was sie ihnen nicht nehmen kann. Dieser Rest, der immerhin noch von nicht zu unterschätzender Stärke ist, ist das, was man als ursprünglichen Instinkt bezeichnen muß. Der Instinkt kann durch willkürliche Maßnahmen eines einzelnen Individuums nicht ausgerottet werden, dazu bedürfte es vielmehr der langsamen organischen Umwandlung vieler Generationen, denn der Instinkt ist der energetische Ausdruck einer bestimmten organischen Anlage.

So bleibt schließlich bei jeder unterdrückten Tendenz ein erheblicher Energiebetrag, der der Instinktstärke entspricht, stehen und bewahrt seine Wirksamkeit, obgleich er durch Energieberaubung unbewußt wurde. Je vollkommener die bewußte extravertierte Einstellung ist, desto infantiler und archaischer ist die unbewußte Einstellung. Es ist bisweilen ein das Kindische weit überschreitender und an das Ruchlose streifender brutaler Egoismus, welcher die unbewußte Einstellung charakterisiert. Hier finden wir jene Inzestwünsche, die Freud beschreibt, in vollster Blüte. Es ist selbstverständlich, daß diese Dinge gänzlich unbewußt sind und auch dem Auge des laienhaften Beobachters verborgen bleiben, solange die extravertierte bewußte Einstellung keinen höheren Grad erreicht. Kommt es aber zu einer Übertreibung des bewußten Standpunktes, so tritt auch das Unbewußte symptomatisch zutage, das heißt, der unbewußte Egoismus, Infantilismus und Archaismus verliert seinen ursprünglichen kompensatorischen Charakter, indem er in mehr oder weniger offene Opposition gegen die bewußte Einstellung tritt. Dies geschieht zunächst in einer absurden Übertreibung des bewußten Standpunktes, welche zu einer Unterdrückung des Unbewußten dienen soll, die aber in der Regel mit einer reductio ad absurdum der bewußten Einstellung endet, das heißt mit einem Zusammenbruch. Die Katastrophe kann eine objektive sein, indem die objektiven Zwecke allmählich in subjektive verfälscht werden. So hatte sich zum Beispiel ein Buchdrucker in zwei Jahrzehnte langer harter Arbeit vom bloßen Angestellten zum selbständigen Besitzer eines sehr ansehnlichen Geschäftes emporgearbeitet. Das Geschäft dehnte sich immer mehr und mehr aus, und er geriet mehr und mehr hinein, indem er allmählich alle seine Nebeninteressen darin aufgehen ließ. Dadurch wurde er aufgeschluckt, und dies gereichte ihm in folgender Weise zum Verderben: unbewußt wurden zur Kompensation seiner ausschließlichen Geschäftsinteressen gewisse Erinnerungen aus seiner Kindheit lebendig. Damals hatte er nämlich eine große Freude am Malen und Zeichnen. Anstatt daß er nun diese Fähigkeit als balancierende Nebenbeschäftigung an und für sich aufgenommen hätte, kanalisierte er sie in sein Geschäft und begann von einer »künstlerischen« Ausgestaltung seiner Produkte zu phantasieren. Unglücklicherweise wurden die Phantasien Wirklichkeit: Er begann tatsächlich nach seinem eigenen primitiven und infantilen Geschmack zu produzieren, mit dem Erfolg, daß nach wenigen Jahren sein Geschäft zugrunde gerichtet war. Er hat nach einem unserer »Kulturideale« gehandelt, wonach der tatkräftige Mann alles auf den einen Endzweck konzentrieren muß. Er ging aber zu weit und verfiel der Macht subjektiver, infantiler Ansprüche.

Die katastrophale Lösung kann aber auch subjektiver Art sein, nämlich in Gestalt eines nervösen Zusammenbruches. Ein solcher kommt immer dadurch zustande, daß die unbewußte Gegenwirkung die bewußte Aktion schließlich zu lähmen vermag. In diesem Fall drängen sich die Ansprüche des Unbewußten kategorisch dem Bewußtsein auf und erregen dadurch einen unheilvollen Zwiespalt, der sich meistens darin äußert, daß die Leute entweder nicht mehr wissen, was sie eigentlich wollen und zu nichts mehr Lust haben, oder zu viel auf einmal wollen und zu viel Lust haben, aber zu unmöglichen Dingen. Die aus Kulturgründen öfters notwendige Niederhaltung der infantilen und primitiven Ansprüche führt leicht zur Neurose oder zum Mißbrauch von narkotischen Stoffen, wie Alkohol, Morphium, Kokain und so weiter. In noch schwereren Fällen endet der Zwiespalt mit Selbstmord. Es ist eine hervorstechende Eigentümlichkeit der unbewußten Tendenzen, daß sie nämlich in dem Maße, als sie durch *bewußte Nichtanerkennung* ihrer Energien beraubt werden, einen destruktiven Charakter annehmen, und das, sobald sie aufhören, kompensatorisch zu sein. Sie hören aber dann auf, kompensatorisch zu wirken, wenn sie jenen Tiefstand erreicht haben, der einem Kulturniveau entspricht, welches mit dem unsrigen absolut unverträglich ist. Von diesem Augenblick an bilden die unbewußten Tendenzen einen der bewußten Einstellung in jeder Hinsicht entgegengesetzten Block, dessen Existenz zum offenen Konflikt führt.

Die Tatsache, daß die Einstellung des Unbewußten die des Bewußtseins kompensiert, kommt im allgemeinen im psychischen Gleichgewicht zum Ausdruck. Eine normale extravertierte Einstellung bedeutet natürlich niemals, daß das Individuum nun immer und überall sich nach dem extravertierten Schema benimmt. Unter allen Umständen werden bei demselben Individuum viele psychologische Geschehnisse, wo der Mechanismus der Introversion in Frage kommt, zu beobachten sein. Extravertiert nennen wir einen Habitus ja nur, wenn der Mechanismus der Extraversion vorwiegt. In diesem Falle ist dann stets die am meisten differenzierte psychische Funktion in extravertierter Anwendung, während die minderdifferenzierten Funktionen sich in introvertierter Anwendung befinden, daß heißt, die höherwertige Funktion ist am meisten bewußt und unterliegt der Bewußtseinskontrolle und der bewußten Absicht am völligsten, während die minderdifferenzierten Funktionen auch weniger bewußt, respektive zum Teil unbewußt sind und in weit geringerem Maße bewußter Willkür unterworfen sind. Die höherwertige Funktion ist immer der Ausdruck der bewußten Persönlichkeit, ihre Absicht, ihr Wille und ihre Leistung, während die minderdifferenzierten Funktionen zu den Dingen gehören, die einem passieren. Es brauchen nicht gerade lapsus linguae oder calami oder sonstige Versehen zu sein, sondern sie können auch halben oder dreiviertels Absichten entspringen, indem die minderdifferenzierten Funktionen auch geringere Bewußtheit besitzen. Ein klassisches Beispiel hiefür ist der extravertierte Fühltypus, der sich eines ausgezeichneten Gefühlsrapportes mit seiner Umgebung erfreut, dem es aber passiert, gelegentlich Urteile von unübertrefflicher Taktlosigkeit zu äußern. Diese Urteile entspringen seinem minderdifferenzierten und minderbewußten Denken, das nur zum Teil unter seiner Kontrolle steht und zudem ungenügend auf das Objekt bezogen ist, daher kann es als in hohem Maße rücksichtslos wirken.

Die minderdifferenzierten Funktionen in der extravertierten Einstellung verraten stets eine außerordentlich subjektive Bedingtheit von ausgesprochener Egozentrizität und persönlicher Voreingenommenheit, womit sie ihren nahen Zusammenhang mit dem Unbewußten erweisen. In ihnen tritt das Unbewußte beständig zutage. Man darf sich überhaupt nicht vorstellen, daß das Unbewußte dauernd unter so und so vielen Überlagerungen begraben liege und gewissermaßen nur durch eine mühsame Tiefbohrung entdeckt werden könne. Das Unbewußte fließt im Gegenteil beständig in das bewußte psychologische Geschehen ein, und zwar in so hohem Maße, daß es dem Beobachter bisweilen schwer fällt zu entscheiden, welche Charaktereigenschaften der bewußten und welche der unbewußten Persönlichkeit zuzurechnen sind. Diese Schwierigkeit tritt hauptsächlich ein bei Personen, die sich in etwas reichlicherem Maße als andere ausdrücken. Es hängt natürlich auch sehr ab von der Einstellung des Beobachters, ob er mehr den bewußten oder den unbewußten Charakter einer Persönlichkeit erfaßt. Im allgemeinen wird ein urteilend eingestellter Beobachter eher den bewußten Charakter erfassen, während ein wahrnehmend eingestellter Beobachter mehr durch den unbewußten Charakter beeinflußt sein wird; denn das Urteil interessiert sich mehr für die bewußte Motivierung des psychischen Geschehens, während die Wahrnehmung mehr das bloße Geschehen registriert. Insofern wir aber Wahrnehmung und Urteil in gleichem Maße verwenden, kann es leicht geschehen, daß uns eine Persönlichkeit zugleich als introvertiert und extravertiert vorkommt, ohne daß wir zunächst anzugeben wüßten, welcher Einstellung die höherwertige Funktion zugehört. In solchen Fällen kann nur eine gründliche Analyse der Funktionseigenschaften zu einer gültigen Auffassung verhelfen. Dabei ist zu beachten, welche Funktion der Bewußtseinskontrolle und -motivation gänzlich unterstellt ist, und welche Funktionen den Charakter des Zufälligen und Spontanen haben. Die erstere Funktion ist immer höher differenziert als die letzteren, die zudem etwas infantile und primitive Eigenschaften besitzen. Gelegentlich macht die erstere Funktion den Eindruck der Normalität, während letztere etwas Abnormes oder Pathologisches an sich haben.

c) Die Besonderheiten der psychologischen Grundfunktionen in der extravertierten Einstellung

Das Denken

Infolge der extravertierten Gesamteinstellung orientiert sich das Denken nach dem Objekt und den objektiven Daten. Diese Orientierung des Denkens ergibt eine ausgesprochene Eigentümlichkeit.

Das Denken überhaupt wird einerseits aus subjektiven, in letzter Linie unbewußten Quellen gespeist, anderseits aus den durch die Sinnesperzeptionen vermittelten objektiven Daten. Das extravertierte Denken ist in höherem Maße von diesen letzteren Faktoren bestimmt als von den ersteren. Das Urteil setzt immer einen Maßstab voraus; für das extravertierte Urteil ist hauptsächlich der von objektiven Verhältnissen entlehnte Maßstab der gültige und bestimmende, gleichgültig, ob er direkt durch eine objektive, sinnlich wahrnehmbare Tatsache, oder durch eine objektive Idee dargestellt wird, denn eine objektive Idee ist ebenfalls etwas äußerlich Gegebenes und von außen Entlehntes, auch wenn sie subjektiv gebilligt wird. Das extravertierte Denken braucht daher keineswegs ein rein konkretes Tatsachendenken zu sein, sondern kann ebensowohl auch ein rein ideelles Denken sein, insofern nur nachgewiesen ist, daß die Ideen, mit denen gedacht wird, in höherem Maße von außen entlehnt, das heißt durch Tradition, Erziehung und Bildungsgang vermittelt sind. Das Kriterium der Beurteilung, ob ein Denken extravertiert sei, besteht also zunächst in der Frage, nach welchem Maßstab sich das Urteilen richtet, ob er von außen vermittelt oder ob er subjektiven Ursprungs ist.

Ein weiteres Kriterium ist die Richtung des Schließens, nämlich die Frage, ob das Denken vorzüglich eine Richtung nach außen habe oder nicht. Die Beschäftigung des Denkens mit konkreten Gegenständen ist kein Beweis für seine extravertierte Natur, denn ich kann mich denkend mit einem konkreten Gegenstande beschäftigen, indem ich mein Denken von ihm abstrahiere oder indem ich mein Denken durch ihn konkretisiere. Wenn auch mein Denken mit konkreten Dingen beschäftigt ist und insofern als extravertiert bezeichnet werden könnte, so bleibt es doch fraglich und charakteristisch, welche Richtung das Denken einschlagen wird, nämlich ob es in seinem weiteren Verlauf wiederum zu objektiven Gegebenheiten, zu äußeren Tatsachen oder allgemeinen, bereits gegebenen Begriffen führe oder nicht. Für das praktische Denken des Kaufmanns, des Technikers, des naturwissenschaftlichen Forschers ist die Richtung auf das Objekt ohne weiteres ersichtlich. Beim Denken des Philosophen kann daher ein Zweifel entstehen, wenn die Richtung seines Denkens auf Ideen abzielt. In diesem Falle muß einerseits untersucht werden, ob diese Ideen lediglich Abstraktionen aus Erfahrungen am Objekte sind und somit nichts anderes darstellen als höhere Kollektivbegriffe, welche eine Summe objektiver Tatsachen in sich begreifen; anderseits muß untersucht werden, ob diese Ideen (wenn sie nämlich nicht als Abstraktionen aus unmittelbaren Erfahrungen ersichtlich sind) etwa durch Tradition überkommen oder der geistigen Umwelt entlehnt sind. Ist diese Frage zu bejahen, so gehören solche Ideen ebenfalls in die Kategorie objektiver Gegebenheiten, und somit ist auch dieses Denken als extravertiert zu bezeichnen.

Obschon ich mir vorgenommen habe, das Wesen des introvertierten Denkens nicht hier, sondern in einem späteren Abschnitt darzustellen, so erscheint es mir doch unerläßlich, schon hier einige Angaben darüber zu machen. Denn wenn man sich genau überlegt, was ich eben über das extravertierte Denken sagte, so kann man unschwer zum Schluß gelangen, daß ich damit wohl überhaupt alles meine, was man unter Denken versteht. Ein Denken, das weder auf objektive Tatsachen noch auf allgemeine Ideen ziele, verdiene, könnte man sagen, nicht »Denken« genannt zu werden. Ich bin mir dessen bewußt, daß unsere Zeit und ihre vorzüglichen Repräsentanten nur den extravertierten Typus des Denkens kennen und anerkennen. Dieses rührt einesteils daher, daß in der Regel alles Denken, das an der Oberfläche der Welt sichtbar wird – in Form von Wissenschaft und Philosophie oder auch von Kunst –, entweder direkt vom Objekte stammt oder in die allgemeinen Ideen mündet. Aus beiderlei Gründen erscheint es, wenn auch nicht immer als evident, so doch im wesentlichen als verstehbar und mithin als relativ gültig. In diesem Sinne läßt sich sagen, daß eigentlich nur der extravertierte Intellekt, nämlich eben der, der sich am objektiv Gegebenen orientiert, bekannt sei.

Nun aber gibt es – und damit komme ich auf den introvertierten Intellekt zu sprechen – auch eine ganz andere Art des Denkens, der man sogar schwerlich diese Bezeichnung versagen kann, nämlich eine Art, die sich weder an der unmittelbaren objektiven Erfahrung noch an allgemeinen und objektiv vermittelten Ideen orientiert. Ich gelange zu dieser andern Art des Denkens auf fol-

gende Weise: Wenn ich mich mit einem konkreten Objekte oder
mit einer allgemeinen Idee gedanklich befasse, und zwar in der
Weise, daß die Richtung meines Denkens in letzter Linie wieder
zu meinen Gegenständen zurückführt, so ist dieser intellektuelle
Vorgang nicht der einzige psychische Prozeß, der momentan in
mir stattfindet. Ich sehe ab von allen möglichen Empfindungen
und Gefühlen, die sich neben meinem Gedankengang mehr oder
weniger störend bemerkbar machen, und hebe hervor, daß mein
vom objektiv Gegebenen ausgehender und zum Objektiven hin-
strebender Gedankengang auch beständig in Beziehung zum Subjekt steht. Diese Beziehung ist eine conditio sine qua non, denn
ohne sie fände überhaupt kein Gedankengang statt. Wenn schon
mein Gedankengang so viel wie nur möglich sich nach dem objektiv Gegebenen richtet, so ist es doch *mein* subjektiver Gedankengang, der die Einmischung des Subjektiven weder vermeiden noch
ihrer entraten kann. Wenn ich schon darnach trachte, meinem
Gedankengang in jeder Hinsicht objektive Richtung zu geben, so
kann ich doch den subjektiven Parallelvorgang und dessen durch-
gehende Anteilnahme nicht hindern, ohne meinem Gedankengang
das Lebenslicht auszublasen. Dieser subjektive Parallelvorgang hat
die natürliche und nur mehr oder weniger vermeidbare Tendenz,
das objektiv Gegebene zu subjektivieren, das heißt an das Subjekt
zu assimilieren. Fällt nun der Hauptakzent auf den subjektiven
Vorgang, so entsteht jene andere Art des Denkens, die dem extravertierten Typus gegenübersteht, nämlich die am Subjekt und am
subjektiv Gegebenen orientierte Richtung, die ich als introvertiert
bezeichne. Aus dieser andern Orientierung entsteht ein Denken,
das weder von objektiven Tatsachen determiniert, noch auf objektiv Gegebenes gerichtet ist, ein Denken also, das von subjektiv
Gegebenem ausgeht und auf subjektive Ideen oder Tatsachen subjektiver Natur sich richtet. Ich will hier nicht weiter auf dieses
Denken eingehen, sondern nur sein Vorhandensein feststellen, um
damit das den extravertierten Gedankengang notwendig ergänzende Stück zu geben und so sein Wesen zu klären.

Das extravertierte Denken kommt somit nur dadurch zustande,
daß der objektiven Orientierung ein gewisses Übergewicht zufällt.
Dieser Umstand ändert nichts an der Logik des Denkens, sondern
er macht bloß jenen von James als Temperamentfrage aufgefaßten
Unterschied zwischen den Denkern aus. Mit der Orientierung
nach dem Objekt ist, wie gesagt, am Wesen der Denkfunktion
nichts geändert, wohl aber an seiner Erscheinung. Da es sich am
objektiv Gegebenen orientiert, so erscheint es als an das Objekt
gebannt, als ob es ohne die äußere Orientierung gar nicht bestehen
könnte. Es erscheint quasi im Gefolge äußerer Tatsachen, oder es

scheint seine Höhe erreicht zu haben, wenn es in eine allgemein-
gültige Idee einmünden kann. Es scheint stets durch objektiv Gegebenes bewirkt zu sein und seine Schlüsse nur mit dessen Zustimmung ziehen zu können. Es erweckt daher den Eindruck der Un-
freiheit und bisweilen der Kurzsichtigkeit trotz aller Behendigkeit
in dem von objektiven Grenzen beschränkten Raume.

Was ich hier beschreibe, ist der bloße Eindruck der Erscheinung
des extravertierten Denkens auf den Beobachter, der bereits schon
deshalb auf einem andern Standpunkt stehen muß, weil er sonst
die Erscheinung des extravertierten Denkens gar nicht beobachten
könnte. Infolge seines andern Standpunktes sieht er auch bloß die
Erscheinung und nicht deren Wesen. Wer aber im Wesen dieses
Denkens selber drin steht, vermag wohl sein Wesen, nicht aber
seine Erscheinung zu erfassen. Die Beurteilung nach der bloßen
Erscheinung kann dem Wesen nicht gerecht werden, daher sie
meist entwertend ausfällt. Dem Wesen nach aber ist dieses Denken
nicht minder fruchtbar und schöpferisch als das introvertierte
Denken, nur dient sein Können andern Zielen als dieses. Dieser
Unterschied wird dann besonders fühlbar, wenn das extravertierte
Denken sich eines Stoffes, der ein spezifischer Gegenstand des
subjektiv orientierten Denkens ist, bemächtigt. Dieser Fall tritt
ein, wenn zum Beispiel eine subjektive Überzeugung analytisch
aus objektiven Tatsachen oder als Folge und Ableitung aus objektiven Ideen erklärt wird. Noch offenkundiger für unser naturwis-
senschaftlich orientiertes Bewußtsein aber wird der Unterschied
der beiden Denkarten, wenn das subjektiv orientierte Denken den
Versuch macht, objektiv Gegebenes in objektiv nicht gegebene
Zusammenhänge zu bringen, das heißt einer subjektiven Idee zu
unterstellen. Beides wird als Übergriff empfunden, und dabei tritt
dann jene Schattenwirkung hervor, welche die beiden Denkarten
aufeinander haben. Das subjektiv orientierte Denken erscheint
dann als reine Willkür, das extravertierte Denken dagegen als plat-
te und banale Inkommensurabilität. Deshalb befehden sich die
beiden Standpunkte unaufhörlich.

Man könnte meinen, dieser Streit wäre dadurch leicht zu beendi-
gen, daß man die Gegenstände subjektiver von denjenigen objektiver Natur reinlich schiede. Diese Scheidung ist leider ein Ding der
Unmöglichkeit, obschon nicht wenige sie durchzuführen versucht
haben. Und wenn diese Scheidung auch möglich wäre, so wäre sie
ein großes Unheil, indem beide Orientierungen an sich einseitig
und nur von beschränkter Gültigkeit sind, und darum eben ihrer
gegenseitigen Beeinflussung bedürfen. Wenn das objektiv Gegebene das Denken in irgendwie höherem Maße unter seinen Einfluß
bringt, so sterilisiert es das Denken, indem letzteres zu einem

bloßen Anhängsel des objektiv Gegebenen erniedrigt wird, so daß es in keinerlei Hinsicht mehr imstande ist, sich vom objektiv Gegebenen bis zur Herstellung eines abgezogenen Begriffes zu befreien. Der Prozeß des Denkens beschränkt sich dann auf ein bloßes »Nachdenken«, nicht etwa im Sinne von »Überlegung«, sondern im Sinne von bloßer Imitation, die im wesentlichen durchaus nichts anderes besagt, als was im objektiv Gegebenen allbereits ersichtlich und unmittelbar vorlag. Ein solcher Denkprozeß führt natürlich zum objektiv Gegebenen unmittelbar zurück, aber niemals darüber hinaus, also nicht einmal zum Anschluß der Erfahrung an eine objektive Idee; und umgekehrt, wenn dieses Denken eine objektive Idee zum Gegenstand hat, so wird es nicht imstande sein, die praktische Einzelerfahrung zu erreichen, sondern es wird in einem mehr oder weniger tautologischen Zustand verharren. Hiefür liefert die materialistische Mentalität einleuchtende Beispiele.

Wenn das extravertierte Denken infolge einer verstärkten Determination durch das Objekt dem objektiv Gegebenen unterliegt, so verliert es sich einerseits gänzlich in der Einzelerfahrung und erzeugt eine Anhäufung unverdauter empirischer Materialien. Die bedrückende Masse mehr oder weniger zusammenhangloser Einzelerfahrungen schafft einen Zustand gedanklicher Dissoziation, der in der Regel auf der andern Seite eine psychologische Kompensation erfordert. Diese besteht in einer ebenso einfachen wie allgemeinen Idee, welche dem aufgehäuften, aber innerlich unverbundenen Ganzen einen Zusammenhang geben, oder wenigstens die Ahnung eines solchen vermitteln soll. Passende Ideen zu diesem Zweck sind etwa »Materie« oder »Energie«. Hängt aber das Denken nicht in erster Linie zu viel an äußeren Tatsachen, sondern an einer überkommenen Idee, so entsteht aus Kompensation der Armut dieses Gedankens eine um so eindrucksvollere Anhäufung von Tatsachen, die eben einseitig nach einem relativ beschränkten und sterilen Gesichtspunkt gruppiert sind, wobei regelmäßig viel wertvollere und sinnreichere Aspekte der Dinge gänzlich verloren gehen. Die schwindelerregende Fülle der sogenannten wissenschaftlichen Literatur unserer Tage verdankt zu einem leider hohen Prozentsatz ihre Existenz dieser falschen Orientierung.

Der extravertierte Denktypus

Wie die Erfahrung zeigt, haben die psychologischen Grundfunktionen in einem und demselben Individuum selten oder so gut wie nie alle dieselbe Stärke oder denselben Entwicklungsgrad. In der Regel überwiegt die eine oder andere Funktion sowohl an Stärke wie an Entwicklung. Wenn nun dem Denken das *Primat* unter den psychologischen Funktionen zufällt, das heißt, wenn das Individuum seine Lebensleistung hauptsächlich unter der Führung denkender Überlegung vollbringt, so daß alle irgendwie wichtigen Handlungen aus intellektuell gedachten Motiven hervorgehen oder doch wenigstens der Tendenz gemäß hervorgehen sollten, so handelt es sich um einen *Denktypus*. Ein solcher Typus kann introvertiert oder extravertiert sein. Wir beschäftigen uns hier zunächst mit dem *extravertierten Denktypus*.

Dieser wird also, der Definition gemäß, ein Mensch sein, der das Bestreben hat – natürlich nur, insofern er ein reiner Typus ist –, seine gesamte Lebensäußerung in die Abhängigkeit von intellektuellen Schlüssen zu bringen, die sich in letzter Linie stets am objektiv Gegebenen, entweder an objektiven Tatsachen oder allgemein gültigen Ideen orientieren. Dieser Typus verleiht nicht nur sich selber, sondern auch seiner Umgebung gegenüber der objektiven Tatsächlichkeit respektive ihrer objektiv orientierten intellektuellen Formel die ausschlaggebende Macht. An dieser Formel wird gut und böse gemessen, wird schön und häßlich bestimmt. Richtig ist alles, was dieser Formel entspricht, unrichtig, was ihr widerspricht, und zufällig, was indifferent neben ihr herläuft. Weil diese Formel dem Weltsinn entsprechend erscheint, so wird sie auch zum Weltgesetz, das immer und überall zur Verwirklichung gelangen muß, im einzelnen sowohl wie im allgemeinen. Wie der extravertierte Denktypus sich seiner Formel unterordnet, so muß es auch seine Umgebung tun zu ihrem eigenen Heile, denn wer es nicht tut, ist unrichtig, er widerstrebt dem Weltgesetz, ist daher unvernünftig, unmoralisch und gewissenlos. Seine Moral verbietet dem extravertierten Denktypus, Ausnahmen zu dulden. Sein Ideal muß unter allen Umständen Wirklichkeit werden, denn es ist, wie es ihm erscheint, reinste Formulierung objektiver Tatsächlichkeit und muß daher auch allgemein gültige Wahrheit sein, unerläßlich zum Heil der Menschheit. Dies nicht etwa aus Nächstenliebe, sondern vom höheren Gesichtspunkt der Gerechtigkeit und Wahrheit aus. Alles, was in seiner eigenen Natur dieser Formel als widersprechend empfunden wird, ist bloß Unvollkommenheit, ein zufälliges Versagen, das bei nächster Gelegenheit ausgemerzt sein wird, oder wenn dies nicht gelingt, so ist es eben krankhaft. Wenn die Toleranz mit dem Kranken, Leidenden und Abnormen einen Bestandteil der Formel bilden sollte, so wird dafür eine spezielle Einrichtung getroffen, zum Beispiel Rettungsanstalten, Spitäler, Gefängnisse, Kolonien etc., respektive Pläne und Entwürfe dazu. Zur wirklichen Ausführung reicht das Motiv der Gerechtigkeit und Wahrheit in der Regel nicht aus, es bedarf dazu noch der wirklichen Nächstenliebe, die mehr mit dem Gefühl zu tun hat als mit einer intellektuellen Formel. Das »man sollte eigentlich« oder »man müßte« spielt eine große Rolle. Ist die Formel aber weit genug, so kann dieser Typus als Reformator, als öffentlicher Ankläger und Gewissensreiniger oder als Propagator wichtiger Neuerungen eine dem sozialen Leben äußerst nützliche Rolle spielen. Je enger aber die Formel ist, desto mehr wird dieser Typus zum Nörgler, Vernünftler und selbstgerechten Kritiker, der sich und andere in ein Schema pressen möchte. Damit sind zwei Endpunkte angegeben, zwischen denen sich die Mehrzahl dieser Typen bewegt.

Entsprechend dem Wesen der extravertierten Einstellung sind die Wirkungen und Äußerungen dieser Persönlichkeiten um so günstiger oder besser, je weiter außen sie liegen. Ihr bester Aspekt findet sich an der Peripherie ihrer Wirkungssphäre. Je tiefer man in ihren Machtbereich eindringt, desto mehr machen sich ungünstige Folgen ihrer Tyrannei bemerkbar. An der Peripherie pulsiert noch anderes Leben, das die Wahrheit der Formel als schätzenswerte Zugabe zum übrigen empfindet. Je tiefer man aber in den Machtbereich der Formel eintritt, desto mehr stirbt alles Leben ab, das der Formel nicht entspricht. Am meisten bekommen die eigenen Angehörigen die übeln Folgen einer extravertierten Formel zu kosten, denn sie sind die ersten, die unerbittlich damit beglückt werden. Am allermeisten aber leidet darunter das Subjekt selber, und damit kommen wir nun zur andern Seite der Psychologie dieses Typus.

Der Umstand, daß es keine intellektuelle Formel je gegeben hat, noch je geben wird, welche die Fülle des Lebens und seiner Möglichkeiten in sich fassen und passend ausdrücken könnte, bewirkt eine Hemmung respektive Ausschließung anderer wichtiger Lebensformen und Lebensbetätigungen. In erster Linie werden es bei diesem Typus alle vom Gefühl abhängigen Lebensformen sein, welche der Unterdrückung verfallen, also zum Beispiel ästhetische Betätigungen, der Geschmack, der Kunstsinn, die Pflege der Freundschaft und so weiter. Irrationale Formen, wie religiöse Erfahrungen, Leidenschaften und dergleichen sind oft bis zur völligen Unbewußtheit ausgetilgt. Diese unter Umständen außerordentlich wichtigen Lebensformen fristen ein zum größten Teil unbewußtes Dasein. Obschon es Ausnahmemenschen gibt, die ihr ganzes Leben einer bestimmten Formel zum Opfer bringen können, so sind doch die meisten nicht imstande, eine solche Ausschließlichkeit auf die Dauer zu leben. Früher oder später – je nach äußeren Umständen und innerer Veranlagung – werden sich die durch die intellektuelle Einstellung verdrängten Lebensformen in-

direkt bemerkbar machen, indem sie die bewußte Lebensführung
stören. Erreicht diese Störung einen erheblichen Grad, so spricht
man von einer Neurose. In den meisten Fällen kommt es allerdings
nicht so weit, indem das Individuum instinktiv einige präventive
Milderungen der Formel sich gestattet, allerdings mittels einer passenden vernünftigen Einkleidung. Damit ist ein Sicherheitsventil
geschaffen.

Infolge der relativen oder gänzlichen Unbewußtheit der von der
bewußten Einstellung ausgeschlossenen Tendenzen und Funktionen bleiben diese in einem relativ unentwickelten Zustand stecken.
Sie sind gegenüber der bewußten Funktion minderwertig. Insoweit sie unbewußt sind, bleiben sie mit den übrigen Inhalten des
Unbewußten verschmolzen, wodurch sie einen bizarren Charakter
annehmen. Insoweit sie bewußt sind, spielen sie eine sekundäre
Rolle, wenn schon sie für das psychologische Gesamtbild von be-
trächtlicher Bedeutung sind. Von der vom Bewußtsein ausgehen-
den Hemmung sind in erster Linie die Gefühle betroffen, denn sie
widersprechen am ehesten einer starren intellektuellen Formel, daher sie auch am intensivsten verdrängt werden. Ganz ausgeschaltet
kann keine Funktion werden, sondern bloß erheblich entstellt.
Soweit sich die Gefühle willkürlich formen und unterordnen lassen, müssen sie die intellektuelle Bewußtseinseinstellung unter-
stützen und ihren Absichten sich anpassen. Dies ist aber nur bis zu
einem gewissen Grade möglich; ein Teil des Gefühls bleibt unbot-
mäßig und muß deshalb verdrängt werden. Gelingt die Verdrängung, so entschwindet es dem Bewußtsein und entfaltet dann unter
der Schwelle des Bewußtseins eine den bewußten Ansichten zuwi-
derlaufende Tätigkeit, welche unter Umständen Effekte erzielt,
deren Zustandekommen dem Individuum ein völliges Rätsel ist. So
wird zum Beispiel der bewußte, oft außerordentliche Altruismus
durchkreuzt von einer heimlichen, dem Individuum selber verborgenen Selbstsucht, welche im Grunde genommen uneigennützigen
Handlungen den Stempel der Eigennützigkeit aufdrückt. Reine
ethische Absichten können das Individuum in kritische Situationen führen, wo es bisweilen mehr als bloß den Anschein hat, als ob
ganz andere als ethische Motive ausschlaggebend wären. Es sind
freiwillige Retter oder Sittenwächter, welche plötzlich selber als
rettungsbedürftig oder als kompromittiert erscheinen. Ihre Ret-
tungsabsicht führt sie gerne zum Gebrauche von Mitteln, die geeignet sind, eben das herbeizuführen, was man vermeiden wollte.
Es gibt extravertierte Idealisten, welche ihrem Ideal dermaßen zur
Verwirklichung zum Heile der Menschen verhelfen wollen, daß sie
selbst vor Lügen und sonstigen unredlichen Mitteln nicht zurück-
schrecken. Es gibt in der Wissenschaft mehrere peinliche Beispiele,

wo hochverdiente Forscher aus tiefster Überzeugung von der Wahrheit und Allgemeingültigkeit ihrer Formel Fälschungen von Belegen zugunsten ihres Ideals begangen haben. Dies nach der Formel: Der Zweck heiligt die Mittel. Nur eine minderwertige Gefühlsfunktion, die unbewußt verführend am Werke ist, kann solche Verirrungen bei sonst hochstehenden Menschen bewirken. Die Minderwertigkeit des Gefühls bei diesem Typus äußert sich auch noch in anderer Weise. Die bewußte Einstellung ist, wie es der vorherrschenden sachlichen Formel entspricht, mehr oder weniger unpersönlich, oft in dem Maße, daß die persönlichen Interessen erheblich darunter leiden. Ist die bewußte Einstellung extrem, so fallen alle persönlichen Rücksichten fort, auch solche gegen die eigene Person. Die eigene Gesundheit wird vernachlässigt, die soziale Position gerät in Verfall, die eigene Familie wird oft in ihren vitalsten Interessen vergewaltigt, gesundheitlich, finanziell und moralisch geschädigt, alles im Dienste des Ideals. Auf alle Fälle leidet die persönliche Anteilnahme am andern, insofern dieser nicht zufällig ein Förderer derselben Formel ist. Es kommt daher nicht selten vor, daß die engere Familie, zum Beispiel gerade die eigenen Kinder einen solchen Vater nur als grausamen Tyrannen kennen, während die weitere Umgebung vom Ruhme seiner Menschlichkeit widerhallt. Nicht etwa trotz, sondern gerade wegen der hohen Unpersönlichkeit der bewußten Einstellung sind die Gefühle unbewußt außerordentlich persönlich empfindlich und verursachen gewisse heimliche Vorurteile, namentlich eine gewisse Bereitschaft, zum Beispiel eine objektive Opposition gegen die Formel als ein persönliches Übelwollen zu mißverstehen, oder stets eine negative Voraussetzung von den Qualitäten anderer zu machen, um deren Argumente im voraus zu entkräften, natürlich zum Schutz der eigenen Empfindlichkeit. Durch die unbewußte Empfindlichkeit wird sehr oft der Ton der Sprache verschärft, zugespitzt, aggressiv. Insinuationen kommen häufig vor. Die Gefühle haben den Charakter des Nachträglichen und Nachhinkenden, wie es einer minderwertigen Funktion entspricht. Daher besteht eine ausgesprochene Anlage zum Ressentiment. So großzügig die individuelle Aufopferung für das intellektuelle Ziel auch sein mag, so kleinlich mißtrauisch, launisch und konservativ sind die Gefühle. Alles Neue, das nicht in der Formel schon enthalten ist, wird durch einen Schleier von unbewußtem Haß angesehen und dementsprechend beurteilt. Es ist um die Mitte des vorigen Jahrhunderts vorgekommen, daß ein wegen seiner Menschenfreundlichkeit berühmter Mediziner einen Assistenten fortzuschicken drohte, weil dieser ein Thermometer gebrauchte; denn die Formel lautete: Das Fieber erkennt man am Pulse. Ähnliche Fälle gibt es bekanntlich eine Menge.

Je stärker die Gefühle verdrängt sind, desto schlimmer und heimlicher beeinflussen sie das Denken, das sonst in tadelloser Verfassung sein kann. Der intellektuelle Standpunkt, der vielleicht um seines ihm tatsächlich zukommenden Wertes willen auf eine allgemeine Anerkennung Anspruch erheben dürfte, erfährt durch den Einfluß der unbewußten persönlichen Empfindlichkeit eine charakteristische Veränderung: er wird dogmatisch-starr. Die Selbstbehauptung der Persönlichkeit wird auf ihn übertragen. Die Wahrheit wird ihrer natürlichen Wirkung nicht mehr überlassen, sondern durch die Identifikation des Subjektes mit ihr wird sie behandelt wie ein empfindsames Püppchen, dem ein böser Kritiker ein Leid angetan hat. Der Kritiker wird heruntergerissen, womöglich noch mit persönlichen Invektiven, und kein Argument ist unter Umständen schlecht genug, um nicht verwendet zu werden. Die Wahrheit muß vorgeführt werden, bis es dem Publikum anfängt klar zu werden, daß es sich offenbar weniger um die Wahrheit, als um ihren persönlichen Erzeuger handelt.

Der Dogmatismus des intellektuellen Standpunktes erfährt bisweilen durch die unbewußte Einmischung der unbewußten persönlichen Gefühle noch weitere eigentümliche Veränderungen, welche weniger auf dem Gefühl sensu strictiori beruhen, als vielmehr auf der Beimischung von andern unbewußten Faktoren, die mit dem verdrängten Gefühl im Unbewußten verschmolzen sind. Obschon die Vernunft selber beweist, daß jede intellektuelle Formel nur eine beschränkt gültige Wahrheit sein und deshalb niemals einen Anspruch auf Alleinherrschaft erheben kann, so nimmt die Formel praktisch doch ein solches Übergewicht an, daß alle andern Standpunkte und Möglichkeiten neben ihr in den Hintergrund treten. Sie ersetzt jede allgemeinere, unbestimmtere und daher bescheidenere und wahrere Weltanschauung. Sie tritt daher auch an die Stelle jener allgemeinen Anschauung, die man als Religion bezeichnet. Dadurch wird die Formel zur Religion, auch wenn sie dem Wesen nach nicht im geringsten mit etwas Religiösem zu tun hat. Damit gewinnt sie auch den der Religion wesentlichen Charakter der Unbedingtheit. Sie wird sozusagen zum intellektuellen Aberglauben. Alle jene psychologischen Tendenzen jedoch, die durch sie verdrängt werden, sammeln sich als Gegenposition im Unbewußten an und bewirken Anwandlungen von Zweifel. Zur Abwehr der Zweifel wird die bewußte Einstellung fanatisch, denn Fanatismus ist nichts anderes als überkompensierter Zweifel. Diese Entwicklung führt schließlich zu einer überbetonten Position und zur Ausbildung einer absolut gegensätzlichen unbewußten Position, welche zum Beispiel im Gegensatz zum bewußten Rationalismus äußerst irrational, im Gegensatz zur modernen Wissenschaftlichkeit des bewußten Standpunktes äußerst archaisch und abergläubisch ist. Infolgedessen passieren dann jene aus der Geschichte der Wissenschaften bekannten bornierten und lächerlichen Ansichten, über die viele hochverdiente Forscher schließlich gestolpert sind. Manchmal verkörpert sich die unbewußte Seite bei einem solchen Mann in einer Frau.

Dieser dem Leser gewiß wohlbekannte Typus findet sich nach meiner Erfahrung hauptsächlich bei Männern, wie überhaupt das Denken eine Funktion ist, die beim Manne weit eher zur Vorherrschaft geeignet ist als bei der Frau. Wenn bei Frauen das Denken zur Herrschaft gelangt, so handelt es sich, soweit ich sehen kann, wohl meistens um ein Denken, das im Gefolge einer überwiegend *intuitiven* Geistestätigkeit steht.

Das Denken des extravertierten Denktypus ist *positiv,* das heißt, es erschafft. Es führt entweder zu neuen Tatsachen oder zu allgemeinen Auffassungen disparater Erfahrungsmaterialien. Sein Urteil ist im allgemeinen *synthetisch.* Auch wenn es zerlegt, so baut es auf, indem es immer über die Auflösung hinausgeht zu einer neuen Zusammensetzung, zu einer andern Auffassung, die das Zerlegte in anderer Weise wieder vereinigt, oder indem es dem gegebenen Stoff etwas weiteres hinzufügt. Man könnte diese Art des Urteils daher auch im allgemeinen als *prädikativ* bezeichnen. Jedenfalls ist es charakteristisch, daß es niemals absolut entwertend oder destruktiv ist, sondern immer einen zerstörten Wert durch einen andern ersetzt. Diese Eigenschaft kommt daher, daß das Denken eines Denktypus sozusagen der Kanal ist, in dem seine Lebensenergie hauptsächlich fließt. Das stetig fortschreitende Leben manifestiert sich in seinem Denken, wodurch sein Gedanke progressiven, zeugenden Charakter erhält. Sein Denken ist nicht stagnierend oder gar regressiv. Diese letzteren Eigenschaften nimmt aber das Denken an, wenn ihm das Primat im Bewußtsein nicht zukommt. Da es in diesem Fall relativ bedeutungslos ist, so mangelt ihm auch der Charakter einer positiven Lebenstätigkeit. Es folgt andern Funktionen nach; es wird epimetheisch, indem es quasi zum Treppenwitz wird, der sich stets damit begnügt, das Vorangegangene und bereits Geschehene ruminierend nachzudenken, es zu zergliedern und zu verdauen. Da in diesem Fall das Schöpferische in einer andern Funktion liegt, so ist das Denken nicht mehr progressiv, sondern stagnierend. Sein Urteil nimmt einen ausgesprochenen *Inhärenzcharakter* an, das heißt, es beschränkt sich ganz auf den Umfang seines vorliegenden Stoffes, ihn nirgends überschreitend. Es begnügt sich mit mehr oder weniger abstrakter Konstatierung, ohne dem Erfahrungsstoffe einen Wert zu erteilen, der nicht bereits von vornherein in ihm läge. Das Inhärenzurteil des extravertierten Denkens ist am Objekte orientiert, das heißt, seine Konstatierung erfolgt immer im Sinne einer objektiven Bedeutung der Erfahrung. Es bleibt daher nicht nur unter dem orientierenden Einfluß des objektiv Gegebenen, sondern es bleibt sogar im Banne der einzelnen Erfahrung und sagt über diese nichts aus, was nicht schon bereits durch sie gegeben ist. Man kann dieses Denken leicht beobachten bei Leuten, die es nicht unterlassen können, hinter einen Eindruck oder eine Erfahrung eine vernünftige und zweifellos sehr gültige Bemerkung zu setzen, die aber in nichts über den gegebenen Umfang der Erfahrung hinausgeht. Eine solche Bemerkung besagt im Grunde nur: »Ich habe es verstanden, ich kann es nachdenken.« Aber dabei hat es auch sein Bewenden. Ein solches Urteil bedeutet höchstens die Einreihung einer Erfahrung in einen objektiven Zusammenhang, wobei aber die Erfahrung schon ohne weiteres, als in diesen Rahmen gehörig, ersichtlich ist.

Besitzt aber eine andere Funktion als das Denken das Bewußtseinsprimat in einem irgendwie höheren Grade, so nimmt das Denken, soweit es dann überhaupt bewußt ist und soweit es sich nicht in direkter Abhängigkeit von der vorherrschenden Funktion befindet, *negativen* Charakter an. Soweit das Denken der vorherrschenden Funktion untergeordnet ist, kann es allerdings als positiv erscheinen, aber eine nähere Untersuchung kann unschwer nachweisen, daß es einfach die vorherrschende Funktion nachspricht, sie mit Argumenten stützt, oft in unverkennbarem Widerspruch mit den dem Denken eigenen Gesetzen der Logik. Dieses Denken fällt also für unsere vorliegende Betrachtung fort. Wir beschäftigen uns vielmehr mit der Beschaffenheit jenes Denkens, das sich dem Primat einer andern Funktion nicht unterordnen kann, sondern seinem eigenen Prinzip treu bleibt. Die Beobachtung und Untersuchung dieses Denkens ist schwierig, weil es im konkreten Fall stets mehr oder weniger verdrängt ist durch die Einstellung des Bewußtseins. Es muß daher meistens erst aus den Hintergründen des Bewußtseins hervorgeholt werden, wenn es nicht zufälligerweise in einem unbewachten Moment einmal an die Oberfläche kommt. Meist muß man es mit der Frage hervorlocken: »Aber was denken Sie denn eigentlich, im Grunde genommen und so ganz bei Ihnen, von der Sache?« Oder man muß sogar zu einer List greifen und die Frage etwa so formulieren: »Was denken Sie denn, daß *ich* von dieser Sache denke?« Diese letztere Form muß nämlich dann gewählt werden, wenn das eigentliche Denken unbewußt und darum projiziert ist. Das Denken, das auf diese Weise an die Oberfläche des Bewußtseins gelockt wird, hat charakteristische Eigenschaften, um derentwillen ich es eben als *negativ* bezeichne. Sein

Habitus ist am besten gekennzeichnet durch die beiden Worte »nichts als«. Goethe hat dieses Denken in der Figur des Mephistopheles personifiziert. Vor allem zeigt es die Tendenz, den Gegenstand seines Urteilens auf irgendeine Banalität zurückzuführen und ihn seiner eigenen selbständigen Bedeutung zu entkleiden. Dies geschieht dadurch, daß er als in Abhängigkeit von einer andern banalen Sache befindlich dargestellt wird. Ergibt sich zwischen zwei Männern ein Konflikt von anscheinend sachlicher Natur, so sagt das negative Denken: »Cherchez la femme.« Verficht oder propagiert jemand eine Sache, so frägt das negative Denken nicht nach der Bedeutung der Sache, sondern: »Wieviel verdient er dabei?« Das Moleschott zugeschriebene Wort: »Der Mensch ist, was er ißt«, gehört ebenfalls in dieses Kapitel, wie noch viele andere Aussprüche und Anschauungen, die ich nicht wörtlich anzuführen brauche.

Das Destruktive dieses Denkens sowohl wie seine gegebenenfalls beschränkte Nützlichkeit bedarf wohl keiner weiteren Erklärung. Es gibt nun aber noch eine andere Form des negativen Denkens, die man auf den ersten Blick wohl kaum als solche erkennen würde, und das ist das *theosophische* Denken, das sich heute rapide in allen Weltteilen ausbreitet, vielleicht als eine Reaktionserscheinung auf den Materialismus der unmittelbar vorausgegangenen Epoche. Das theosophische Denken ist anscheinend keineswegs reduktiv, sondern erhöht alles zu transzendenten und weltumfassenden Ideen. Ein Traum zum Beispiel ist nicht mehr ein bescheidener Traum, sondern ein Erlebnis auf einer »andern Ebene«. Die vorderhand noch unerklärbare Tatsache der Telepathie erklärt sich sehr einfach durch »Vibrationen«, die von einem zum andern gehen. Eine gewöhnliche nervöse Störung ist sehr einfach dadurch erklärt, daß dem »Astralkörper« etwas zugestoßen ist. Gewisse anthropologische Eigentümlichkeiten der atlantischen Küstenbewohner erklären sich leicht durch den Untergang der Atlantis und so weiter. Man braucht nur ein theosophisches Buch zu öffnen, um von der Erkenntnis erdrückt zu werden, daß alles schon erklärt ist und daß die »Geisteswissenschaft« überhaupt keine Rätsel mehr übrig gelassen hat. Diese Art des Denkens ist im Grunde genommen ebenso negativ wie das materialistische Denken. Wenn letzteres die Psychologie als chemische Veränderungen der Ganglienzellen oder als ein Ausstrecken und Zurückziehen der Zellfortsätze oder als innere Sekretion auffaßt, so ist dies genau so abergläubisch wie die Theosophie. Der einzige Unterschied liegt darin, daß der Materialismus auf die uns geläufige Physiologie reduziert, während die Theosophie alles auf Begriffe der indischen Metaphysik bringt. Wenn man den Traum auf einen überladenen Magen zu-

rückführt, so ist damit doch der Traum nicht erklärt, und wenn
man die Telepathie als »Vibration« erklärt, so ist damit ebensowenig gesagt. Denn was ist »Vibration«? Beide Erklärungsmodi sind
nicht nur impotent, sondern sie sind auch destruktiv, indem sie
eine ernsthafte Erforschung des Problems dadurch verhindern,
daß sie durch eine Scheinerklärung das Interesse von der Sache
abziehen und in ersterem Fall dem Magen und in letzterem Fall
den imaginären Vibrationen zuwenden. Beide Denkarten sind steril und sterilisierend. Die negative Qualität rührt davon her, daß
dieses Denken so unbeschreiblich billig ist, daß heißt arm an zeu-
gender und schöpferischer Energie. Es ist ein Denken im Schlepp-
tau anderer Funktionen.

Das Fühlen

Das Fühlen in der extravertierten Einstellung orientiert sich nach
dem objektiv Gegebenen, das heißt, das Objekt ist die unerläßliche
Determinante der Art des Fühlens. Es befindet sich in Übereinstimmung mit objektiven Werten. Wer immer das Gefühl nur als
einen subjektiven Tatbestand kennt, wird das Wesen des extravertierten Fühlens nicht ohne weiteres verstehen, denn das extravertierte Fühlen hat sich vom subjektiven Faktor möglichst befreit
und sich dafür ganz dem Einfluß des Objektes unterworfen. Auch
wo es sich anscheinend von der Qualität des konkreten Objektes
als unabhängig erweist, steht es dennoch im Banne traditioneller
oder sonstwie allgemeingültiger Werte. Ich kann mich zum Prädikat »schön« oder »gut« gedrängt fühlen, nicht weil ich aus subjek-
tivem Gefühl das Objekt »schön« oder »gut« fände, sondern weil
es *passend* ist, es »schön« oder »gut« zu nennen; und zwar passend
insofern, als ein gegenteiliges Urteil die allgemeine Gefühlssitua-
tion irgendwie stören würde. Bei einem solchen passenden Gefühlsurteil handelt es sich keineswegs um eine Simulation oder gar
um eine Lüge, sondern um einen Akt der Einpassung. So kann
zum Beispiel ein Gemälde als »schön« bezeichnet werden, weil ein
in einem Salon aufgehängtes, mit einem bekannten Namen signier-
tes Gemälde allgemein als »schön« vorausgesetzt wird, oder weil
das Prädikat »häßlich« die Familie des glücklichen Besitzers kränken könnte, oder weil auf seiten des Besuchers die Intention vorhanden ist, eine angenehme Gefühlsatmosphäre zu erzeugen, wozu es notwendig ist, daß alles als angenehm gefühlt wird. Solche
Gefühle sind nach Maßgabe objektiver Determinanten gerichtet.
Sie sind als solche genuin und stellen die gesamte sichtbare Fühlfunktion dar. Genau wie das extravertierte Denken sich subjektiver Einflüsse soviel wie möglich entledigt, so muß auch das extra-

vertierte Fühlen einen gewissen Differenzierungsprozeß durchlaufen, bis es von jeder subjektiven Zutat entkleidet ist. Die durch den Gefühlsakt erfolgenden *Bewertungen* entsprechen entweder direkt den objektiven Werten oder wenigstens gewissen traditionellen und allgemein verbreiteten Wertmaßstäben.

Dieser Art des Fühlens ist es zum großen Teil zuzuschreiben, warum so viele Leute ins Theater oder ins Konzert oder in die Kirche gehen und zwar mit richtig abgemessenen positiven Gefühlen. Ihm sind auch die Moden zu verdanken, und – was weit wertvoller ist – die positive und verbreitete Unterstützung sozialer, philantropischer und sonstiger Kulturunternehmungen. In diesen Dingen erweist sich das extravertierte Fühlen als schöpferischer Faktor. Ohne dieses Fühlen ist zum Beispiel eine schöne und harmonische Geselligkeit undenkbar. Insoweit ist das extravertierte Fühlen eine ebenso wohltätige, vernünftig wirkende Macht wie das extravertierte Denken. Diese heilsame Wirkung geht aber verloren, sobald das Objekt einen übertriebenen Einfluß gewinnt. In diesem Fall nämlich zieht das zu extravertierte Fühlen die Persönlichkeit zu viel ins Objekt, das heißt, das Objekt assimiliert die Person, wodurch der persönliche Charakter des Fühlens, der seinen Hauptreiz ausmacht, verloren geht. Dadurch wird nämlich das Gefühl kalt, sachlich und unglaubwürdig. Es verrät geheime Absicht, jedenfalls erweckt es solchen Verdacht beim unbefangenen Beobachter. Es macht nicht mehr jenen angenehmen und erfrischenden Eindruck, der ein genuines Fühlen stets begleitet, sondern man wittert Pose oder Schauspielerei, wenn schon vielleicht die egozentrische Absicht noch ganz unbewußt ist. Ein solch übertrieben extravertiertes Fühlen erfüllt zwar ästhetische Erwartungen, aber es spricht nicht mehr zum Herzen, sondern bloß noch zu den Sinnen, oder – noch schlimmer – bloß noch zum Verstande. Es kann zwar eine Situation ästhetisch ausfüllen, es beschränkt sich aber darauf und wirkt nicht darüber hinaus. Es ist steril geworden. Schreitet dieser Prozeß weiter, so entwickelt sich eine merkwürdig widerspruchsvolle Dissoziation des Fühlens: Es bemächtigt sich jeglichen Objektes mit gefühlsmäßigen Bewertungen, und es werden zahlreiche Beziehungen angeknüpft, die einander innerlich widersprechen. Da dergleichen gar nicht möglich wäre, wenn ein einigermaßen betontes Subjekt vorhanden wäre, so werden auch die letzten Reste eines wirklich persönlichen Standpunktes unterdrückt. Das Subjekt wird dermaßen aufgesogen in die einzelnen Fühlprozesse, daß der Beobachter den Eindruck erhält, als ob nur noch ein Prozeß des Fühlens und kein Subjekt des Fühlens mehr vorhanden sei. Das Fühlen in diesem Zustande hat seine ursprüngliche menschliche Wärme ganz eingebüßt, es macht den Eindruck der Pose, des Flatterhaften, des Unzuverlässigen und in schlimmeren Fällen den Eindruck des Hysterischen.

Der extravertierte Fühltypus

Insofern das Gefühl unbestreitbar eine sichtbarere Eigentümlichkeit der weiblichen Psychologie ist als das Denken, so finden sich auch die ausgesprochensten Fühltypen beim weiblichen Geschlecht. Wenn das extravertierte Fühlen das Primat besitzt, so sprechen wir von einem extravertierten Fühltypus. Die Beispiele, die mir bei diesem Typus vorschweben, betreffen fast ohne Ausnahme Frauen. Diese Art Frau lebt nach der Richtschnur ihres Gefühls. Ihr Gefühl hat sich infolge der Erziehung zu einer eingepaßten und der Bewußtseinskontrolle unterworfenen Funktion entwickelt. In Fällen, die nicht extrem liegen, hat das Gefühl persönlichen Charakter, obschon das Subjektive bereits in höherem Maße unterdrückt wurde. Die Persönlichkeit erscheint daher als in die objektiven Verhältnisse eingepaßt. Die Gefühle entsprechen den objektiven Situationen und den allgemein gültigen Werten. Dies zeigt sich nirgends deutlicher als in der sogenannten Liebeswahl. Der »passende« Mann wird geliebt, nicht irgend ein anderer; er ist passend, nicht etwa, weil er dem subjektiven verborgenen Wesen der Frau durchaus zusagte – das weiß sie meistens gar nicht –, sondern weil er in puncto Stand, Alter, Vermögen, Größe und Respektabilität seiner Familie allen vernünftigen Anforderungen entspricht. Man könnte natürlich eine solche Formulierung leicht als ironisch und entwertend ablehnen, wenn ich nicht der vollen Überzeugung wäre, daß das Liebesgefühl dieser Frau ihrer Wahl auch vollkommen entspricht. Es ist echt und nicht etwa vernünftige Mache. Solcher »vernünftigen« Ehen gibt es unzählige, und es sind keineswegs die schlechtesten. Solche Frauen sind gute Gefährtinnen ihrer Männer und gute Mütter, solange ihre Männer oder Kinder die landesübliche psychische Konstitution besitzen. »Richtig« fühlen kann man nur dann, wenn nichts anderes das Gefühl stört. Nichts stört aber das Fühlen so sehr wie das Denken. Es ist daher ohne weiteres begreiflich, daß das Denken bei diesem Typus möglichst unterdrückt wird. Damit soll nun keineswegs gesagt sein, daß eine solche Frau überhaupt nicht denke; im Gegenteil, sie denkt vielleicht sehr viel und sehr klug, aber ihr Denken ist niemals sui generis, sondern ein epimetheisches Anhängsel ihres Fühlens. Was sie nicht fühlen kann, kann sie auch bewußt nicht denken. »Ich kann doch nicht denken, was ich nicht fühle«, sagte mir einmal eine Patientin in entrüstetem Tone. Soweit es das Gefühl erlaubt, kann sie sehr gut denken, aber jeder noch so logische Schluß, der zu einem das Gefühl störenden Ergebnis führen könnte, wird a limine abgelehnt. Er wird einfach nicht gedacht. Und so wird alles, was objektiver Bewertung entsprechend gut ist, geschätzt oder geliebt; übriges scheint bloß außerhalb ihrer selbst zu existieren.

Dieses Bild ändert sich aber, wenn die Bedeutung des Objektes einen noch höheren Grad erreicht. Wie ich bereits oben erläuterte, erfolgt dann eine solche Assimilation des Subjektes an das Objekt, daß das Subjekt des Fühlens mehr oder weniger untergeht. Das Fühlen verliert den persönlichen Charakter, es wird Fühlen an sich, und man gewinnt den Eindruck, als ob sich die Persönlichkeit gänzlich in das jeweilige Gefühl auflöse. Da nun im Leben beständig Situationen miteinander abwechseln, welche verschiedene oder sogar miteinander kontrastierende Gefühlstöne auslösen, so löst sich die Persönlichkeit in ebenso viele verschiedene Gefühle auf. Man ist das eine Mal dies, das andere Mal etwas ganz anderes – anscheinend; denn in Wirklichkeit ist eine derartige Mannigfaltigkeit der Persönlichkeit etwas Unmögliches. Die Basis des Ich bleibt doch immerhin sich selber identisch und tritt deshalb in eine deutliche Opposition zu den wechselnden Gefühlszuständen. Infolgedessen fühlt der Beobachter das zur Schau getragene Gefühl nicht mehr als einen persönlichen Ausdruck des Fühlenden, sondern vielmehr als eine Alteration seines Ich, also eine Laune. Je nach dem Grade der Dissoziation zwischen dem Ich und dem jeweiligen Gefühlszustand treten mehr oder weniger Zeichen des Uneinsseins mit sich selber auf, das heißt, die ursprünglich kompensierende Einstellung des Unbewußten wird zur manifesten Opposition. Dies zeigt sich zunächst in einer übertriebenen Gefühlsäußerung, zum Beispiel in lauten und aufdringlichen Gefühlsprädikaten, die aber eine gewisse Glaubwürdigkeit vermissen lassen. Sie klingen hohl und überzeugen nicht. Sie lassen im Gegenteil bereits die Möglichkeit erkennen, daß damit ein Widerstand überkompensiert wird und daß darum ein solches Gefühlsurteil auch ganz anders lauten könnte. Und wenig später lautet es auch anders. Die Situation braucht sich nur um ein weniges zu ändern, um sofort eine ganz entgegengesetzte Bewertung desselben Objektes auf den Plan zu rufen. Das Ergebnis einer solchen Erfahrung ist, daß der Beobachter weder das eine noch das andere Urteil ernst nehmen kann. Er fängt an, sich sein eigenes Urteil zu reservieren. Da es nun aber diesem Typus vor allem darauf ankommt, einen intensiven Gefühlsrapport mit der Umgebung herzustellen, so werden verdoppelte Anstrengungen nötig, um die Reserve der Umgebung zu überwinden. Dies verschlimmert die Situation auf dem Wege des circulus vitiosus. Je stärker die Gefühlsbeziehung zum Objekt betont wird, desto mehr nähert sich die unbewußte Opposition der Oberfläche.

Wir haben bereits gesehen, daß der extravertierte Fühltypus am meisten sein Denken unterdrückt, weil eben das Denken am ehesten geeignet ist, das Fühlen zu stören. Aus diesem Grunde schließt ja auch das Denken, wenn es zu irgendwie reinen Resultaten gelangen will, am allermeisten das Fühlen aus, denn nichts ist so geeignet, das Denken zu stören und zu verfälschen, wie die Gefühlswerte. Das Denken des extravertierten Fühltypus ist daher, insofern es eine selbständige Funktion ist, verdrängt. Wie ich bereits erwähnte, ist es nicht ganz verdrängt, sondern nur, insofern seine unerbittliche Logik zu Schlüssen zwingt, die dem Gefühl nicht passen. Es ist aber zugelassen als Diener des Gefühls oder besser gesagt als sein Sklave. Sein Rückgrat ist gebrochen, es kann sich nicht selber, seinem eigenen Gesetze gemäß, durchführen. Da es nun aber doch eine Logik und unerbittlich richtige Schlüsse gibt, so geschehen sie auch irgendwo, aber außerhalb des Bewußtseins, nämlich im Unbewußten. Darum ist der unbewußte Inhalt dieses Typus in allererster Linie ein eigenartiges Denken. Dieses Denken ist infantil, archaisch und negativ. Solange das bewußte Fühlen den persönlichen Charakter bewahrt, oder mit andern Worten: solange die Persönlichkeit nicht von den einzelnen Gefühlszuständen aufgeschluckt wird, verhält sich das unbewußte Denken kompensierend. Wenn aber die Persönlichkeit sich dissoziiert und sich in einzelne, einander widersprechende Gefühlszustände auflöst, so geht die Identität des Ich verloren, das Subjekt wird unbewußt. Indem das Subjekt aber ins Unbewußte gerät, assoziiert es sich mit dem unbewußten Denken und verhilft dadurch dem unbewußten Denken zu gelegentlicher Bewußtheit. Je stärker die bewußte Gefühlsbeziehung ist und je mehr sie darum das Gefühl »ent-icht«, desto stärker wird auch die unbewußte Opposition. Dies äußert sich darin, daß gerade um die am höchsten bewerteten Objekte sich unbewußte Gedanken ansammeln, welche den Wert dieser Objekte erbarmungslos herunterreißen. Das Denken im Stile des »Nichts als« ist hier durchaus am Platze, denn es zerstört die Übermacht des an Objekte geketteten Gefühls.

Das unbewußte Denken erreicht die Oberfläche in Form von Einfällen, oft obsedierender Natur, deren allgemeiner Charakter immer negativ und entwertend ist. Es gibt darum bei Frauen von diesem Typus Momente, wo die schlimmsten Gedanken sich gerade an diejenigen Objekte heften, welche das Gefühl am höchsten wertet. Das negative Denken bedient sich aller infantilen Vorurteile oder Vergleiche, die geeignet sind, den Gefühlswert in Zweifel zu setzen, und es zieht alle primitiven Instinkte heran, um die Gefühle für »nichts als« erklären zu können. Es ist mehr eine Seitenbemerkung, wenn ich hier erwähne, daß auf diese Weise auch das kollektive Unbewußte, die Gesamtheit der primordialen Bilder, herangezogen wird, aus deren Bearbeitung sich dann wieder die Möglichkeit einer Regeneration der Einstellung auf einer andern Basis ergibt.

Die hauptsächlichste Neurosenform dieses Typus ist die Hysterie mit ihrer charakteristischen infantil-sexuellen unbewußten Vorstellungswelt.

Zusammenfassung der rationalen Typen

Ich bezeichne die beiden vorausgegangenen Typen als rationale oder urteilende Typen, weil sie charakterisiert sind durch das Primat vernünftig urteilender Funktionen. Es ist ein allgemeines Merkmal beider Typen, daß ihr Leben in hohem Maße dem vernünftigen Urteil unterstellt ist. Wir haben allerdings zu berücksichtigen, ob wir dabei vom Standpunkt der subjektiven Psychologie des Individuums sprechen oder vom Standpunkt des Beobachters, der von außen wahrnimmt und urteilt. Dieser Beobachter könnte nämlich leicht zu einem entgegengesetzten Urteil gelangen, und zwar dann, wenn er intuitiv bloß das Vorkommende erfaßt und darnach urteilt. Das Leben dieses Typus in seiner Gesamtheit ist ja niemals allein vom vernünftigen Urteil abhängig, sondern auch in beinahe ebenso hohem Maße von der unbewußten Unvernünftigkeit. Wer nun allein das Vorkommende beobachtet, ohne sich um den inneren Haushalt des Bewußtseins des Individuums zu kümmern, kann leicht in höherem Maße von der Unvernünftigkeit und Zufälligkeit gewisser unbewußter Äußerungen des Individuums betroffen sein als von der Vernunftmäßigkeit seiner bewußten Absichten und Motivationen. Ich gründe daher mein Urteil auf das, was das Individuum als seine bewußte Psychologie empfindet. Ich gebe aber zu, daß man ebenso gut eine solche Psychologie gerade umgekehrt auffassen und darstellen könnte. Ich bin auch überzeugt, daß ich, falls ich selber eine andere individuelle Psychologie besäße, die rationalen Typen in umgekehrter Weise vom Unbewußten her als irrational beschreiben würde. Dieser Umstand erschwert die Darstellung und Verständlichkeit psychologischer Tatbestände in nicht zu unterschätzender Weise und erhöht die Möglichkeit von Mißverständnissen ins Ungemessene. Die Diskussionen, die sich aus diesen Mißverständnissen ergeben, sind in der Regel hoffnungslos, denn man spricht aneinander vorbei. Diese Erfahrung war für mich ein Grund mehr, mich in meiner Darstellung auf die subjektiv bewußte Psychologie des Individuums zu gründen, weil man dadurch wenigstens einen bestimmten objektiven Anhalt hat, der gänzlich wegfällt, wenn man eine psychologische Gesetzmäßigkeit auf das Unbewußte gründen wollte. In diesem Fall nämlich könnte das Objekt gar nicht mehr mitsprechen, denn es weiß von allem andern mehr als vom eigenen Unbewußten. Das Urteil wäre damit dem Beobachter, dem Subjekt, allein anheimgestellt – eine sichere Gewähr dafür, daß er sich auf seine eigene individuelle Psychologie gründen und diese dem Beobachteten aufdrängen wird. Dieser Fall liegt meines Erachtens sowohl in der Freudschen, wie in der Adlerschen Psychologie vor. Das Individuum ist damit ganz dem Gutfinden des urteilenden Beobachters ausgeliefert. Dies kann aber nicht der Fall sein, wenn die bewußte Psychologie des Beobachteten zur Basis genommen wird. In diesem Fall ist er der Kompetente, weil er allein seine bewußten Motive kennt.

Die Vernünftigkeit der bewußten Lebensführung dieser beiden Typen bedeutet eine bewußte Ausschließung des Zufälligen und Nichtvernunftgemäßen. Das vernünftige Urteil repräsentiert in dieser Psychologie eine Macht, welche das Ungeordnete und Zufällige des realen Geschehens in bestimmte Formen zwingt oder wenigstens zu zwingen versucht. Damit wird einerseits unter den Lebensmöglichkeiten eine bestimmte Auswahl geschaffen, indem bewußt nur das Vernunftgemäße angenommen wird, und anderseits wird die Selbständigkeit und der Einfluß derjenigen psychischen Funktionen, welche der Wahrnehmung des Vorkommenden dienen, wesentlich beschränkt. Diese Beschränkung der Empfindung und Intuition ist natürlich keine absolute. Diese Funktionen existieren wie überall, nur unterliegen ihre Produkte der Wahl des vernünftigen Urteils. Die absolute Stärke der Empfindung zum Beispiel ist nicht ausschlaggebend für die Motivation des Handelns, sondern das Urteil.

Die wahrnehmenden Funktionen teilen also in gewissem Sinne das Schicksal des Fühlens im Falle des ersten Typus und das des Denkens im zweiten Falle. Sie sind relativ verdrängt und daher in minderdifferenziertem Zustand. Dieser Umstand gibt dem Unbewußten unserer beiden Typen ein eigenartiges Gepräge: was die Menschen bewußt und absichtlich tun, ist vernunftgemäß (*ihrer* Vernunft gemäß!); was ihnen aber passiert, entspricht dem Wesen infantil-primitiver Empfindungen einerseits und anderseits ebensolchen Intuitionen. Was unter diesen Begriffen zu verstehen ist, versuche ich in den folgenden Abschnitten darzustellen. Jedenfalls ist das, was diesen Typen passiert, irrational (natürlich von ihrem Standpunkt aus gesehen!). Da es nun sehr viele Menschen gibt, die mehr aus dem leben, was ihnen passiert, als aus dem, was sie aus vernünftiger Absicht tun, so kann leicht der Fall eintreten, daß ein solcher Mensch unsere beiden Typen nach sorgfältiger Analyse als irrational bezeichnen würde. Man muß ihm zugeben, daß nicht allzu selten das Unbewußte eines Menschen einen weit stärkeren Eindruck macht als sein Bewußtsein und daß seine Taten oft bedeutend schwerer wiegen, als seine vernünftigen Motivationen.

Die Vernünftigkeit der beiden Typen ist objektiv orientiert, vom objektiv Gegebenen abhängig. Ihre Vernünftigkeit entspricht dem, was kollektiv als vernünftig gilt. Subjektiv gilt ihnen nichts anderes vernünftig, als was allgemein als vernünftig angesehen wird. Aber auch die Vernunft ist zum guten Teil subjektiv und individuell. In unserem Fall ist dieser Teil verdrängt, und zwar um so mehr, je größer die Bedeutung des Objektes ist. Das Subjekt und die subjektive Vernunft sind daher immer von der Verdrängung bedroht, und wenn sie ihr verfallen, so geraten sie unter die Herrschaft des Unbewußten, das in diesem Falle sehr unangenehme Eigentümlichkeiten besitzt. Von seinem Denken sprachen wir bereits. Dazu kommen primitive Empfindungen, die sich als Empfindungszwang äußern, zum Beispiel in Form einer abnormen, zwangsmäßigen Genußsucht, die alle möglichen Formen annehmen kann, und primitive Intuitionen, welche den Betroffenen und ihrer Umgebung direkt zur Qual werden können. Alles Unangenehme und Peinliche, alles Widerwärtige, Häßliche oder Schlechte, wird herausgewittert oder hineinvermutet, und meistens handelt es sich dabei um halbe Wahrheiten, welche wie nichts anderes geeignet sind, Mißverständnisse giftigster Art zu erzeugen. Aus der starken Beeinflussung durch die opponierenden unbewußten Inhalte ergibt sich notwendigerweise auch eine häufige Durchbrechung der bewußten Vernunftregel, nämlich eine auffallende Bindung an Zufälligkeiten, die entweder vermöge ihrer Empfindungsstärke oder vermöge ihrer unbewußten Bedeutung einen zwingenden Einfluß erlangen.

Das Empfinden

In der extravertierten Einstellung ist das Empfinden vorwiegend durch das Objekt bedingt. Als Sinnesperzeption ist das Empfinden natürlicherweise vom Objekt abhängig. Es ist aber ebenso natürlicherweise auch vom Subjekt abhängig, daher es auch ein subjektives Empfinden gibt, welches seiner Art nach vom objektiven Empfinden durchaus verschieden ist. In der extravertierten Einstellung ist der subjektive Anteil des Empfindens, insoweit dessen bewußte Verwendung in Frage kommt, gehemmt oder verdrängt. Ebenso ist das Empfinden als irrationale Funktion relativ verdrängt, wenn Denken oder Fühlen das Primat besitzen, das heißt, es funktioniert bewußt bloß in dem Maße, als die bewußte, urteilende Einstellung die zufälligen Wahrnehmungen zu Bewußtseinsinhalten werden läßt, mit andern Worten, sie realisiert. Die Sinnesfunktion sensu strictiori ist natürlich absolut, es wird zum Beispiel alles gesehen und gehört, soweit dies physiologisch möglich ist, aber nicht alles erreicht jenen Schwellenwert, welchen eine Perzeption besitzen muß, um auch apperzipiert zu werden. Dies ändert sich, wenn keine andere Funktion das Primat besitzt, als das Empfinden selber. In diesem Falle wird aus der Objektempfindung nichts ausgeschlossen und nichts verdrängt (mit Ausnahme des subjektiven Anteils, wie schon erwähnt). Das Empfinden wird vorzugsweise durch das Objekt determiniert, und diejenigen Objekte, welche die stärkste Empfindung auslösen, sind für die Psychologie des Individuums ausschlaggebend. Dadurch entsteht eine ausgesprochen *sinnliche Bindung* an die Objekte. Das Empfinden ist daher eine vitale Funktion, die mit dem stärksten Lebenstrieb ausgerüstet wird. Insofern Objekte Empfindungen auslösen, gelten sie und werden auch, insoweit dies durch Empfindungen überhaupt möglich ist, völlig in das Bewußtsein aufgenommen, ob sie nun dem vernünftigen Urteil passen oder nicht. Ihr Wertkriterium ist einzig die durch ihre objektiven Eigenschaften bedingte Empfindungsstärke. Infolgedessen treten alle objektiven Vorgänge ins Bewußtsein, insofern sie überhaupt Empfindungen auslösen. Es sind aber nur konkrete, sinnlich wahrnehmbare Objekte oder Vorgänge, welche in der extravertierten Einstellung Empfindungen erregen, und zwar ausschließlich solche, die jedermann überall und zu allen Zeiten als konkret empfinden würde. Das Individuum wird daher nach rein sinnenfälliger Tatsächlichkeit orientiert. Die urteilenden Funktionen stehen unterhalb der konkreten Tatsache der Empfindung und haben daher die Eigenschaften der minderdifferenzierten Funktionen, das heißt also eine gewisse Negativität mit infantil-archaischen Zügen. Am stärksten von der Verdrängung betroffen ist natürlich die der Empfindung entgegengesetzte Funktion, nämlich die unbewußte Wahrnehmung, die Intuition.

Der extravertierte Empfindungstypus

Es gibt keinen andern menschlichen Typus, der an Realismus dem extravertierten Empfindungstypus gleichkäme. Sein objektiver Tatsachensinn ist außerordentlich entwickelt. Er häuft in seinem Leben reale Erfahrungen am konkreten Objekt, und je ausgesprochener er ist, desto weniger macht er Gebrauch von seiner Erfahrung. Sein Erlebnis wird in gewissen Fällen überhaupt nicht zu dem, was den Namen »Erfahrung« verdiente. Was er empfindet, dient ihm höchstens als Wegleitung zu neuen Empfindungen, und alles, was etwa Neues in den Kreis seiner Interessen eintritt, ist auf dem Wege der Empfindung erworben und soll zu diesem Zwecke dienen. Insofern man einen ausgesprochenen Sinn für reine Tatsächlichkeit als sehr vernünftig aufzufassen geneigt ist, wird man solche Menschen als vernünftig preisen. Sie sind es aber in Wirklichkeit keineswegs, indem sie der Empfindung des irrationalen Zufalls genau so unterworfen sind, wie der des rationalen Vorkommens. Ein solcher Typus – vielfach handelt es sich anscheinend um Männer – meint natürlich nicht, der Empfindung »unterworfen« zu sein. Er wird diesen Ausdruck vielmehr als ganz unzutreffend belächeln, denn für ihn ist Empfindung konkrete Lebensäußerung; sie bedeutet ihm eine Fülle wirklichen Lebens. Seine Absicht geht auf den konkreten Genuß, ebenso seine Moralität. Denn das wahre Genießen hat seine besondere Moral, seine besondere Mäßigkeit und Gesetzmäßigkeit, seine Selbstlosigkeit und Opferwilligkeit. Er braucht keineswegs ein sinnlicher Rohling zu sein, sondern kann sein Empfinden zu größter ästhetischer Reinheit differenzieren, ohne daß er auch in der abstraktesten Empfindung jemals seinem Prinzip der objektiven Empfindung untreu würde. Wulfens[2] Cicerone des rücksichtslosen Lebensgenusses ist das ungeschminkte Selbstbekenntnis eines derartigen Typus. Das Buch erscheint mir unter diesem Gesichtswinkel als lesenswert.

Auf niederer Stufe ist dieser Typus der Mensch der tastbaren Wirklichkeit, ohne Neigung zu Reflexionen und ohne Herrscherabsichten. Sein stetiges Motiv ist, das Objekt zu empfinden, Sensationen zu haben und womöglich zu genießen. Er ist kein unliebenswürdiger Mensch, im Gegenteil, er ist häufig von erfreulicher und lebendiger Genußfähigkeit, bisweilen ein lustiger Kumpan, bisweilen ein geschmackvoller Ästhet. Im ersteren Fall hängen die großen Probleme des Lebens ab von einem mehr oder weniger guten Mittagstisch, im letzteren gehören sie zum guten Geschmack. Wenn er empfindet, so ist für ihn alles Wesentliche gesagt und erfüllt. Nichts kann mehr als konkret und wirklich sein; Vermutungen daneben oder darüber hinaus sind nur zugelassen, insofern sie die Empfindung verstärken. Sie brauchen diese keineswegs im angenehmen Sinn zu verstärken, denn dieser Typus ist nicht ein gewöhnlicher Lüstling, sondern er will nur die stärkste Empfindung, die er seiner Natur nach immer von außen empfan-

---

[2] Wulfen: Der Genußmensch. Ein Cicerone im rücksichtslosen Lebensgenuß, 1911.

gen muß. Was von innen kommt, erscheint ihm als krankhaft und verwerflich. Insofern er denkt und fühlt, reduziert er immer auf objektive Grundlagen, das heißt auf Einflüsse, die vom Objekt kommen, unbekümmert auch um die stärkste Beugung der Logik. Tastbare Wirklichkeit läßt ihn unter allen Umständen aufatmen. In dieser Beziehung ist er von unerwarteter Leichtgläubigkeit. Ein psychogenes Symptom wird er unbedenklich auf den tiefen Barometerstand beziehen, die Existenz eines psychischen Konfliktes dagegen erscheint ihm als abnorme Träumerei. Seine Liebe gründet sich unzweifelhaft auf die sinnenfälligen Reize des Objektes. Insofern er normal ist, ist er der gegebenen Wirklichkeit auffallend eingepaßt, auffallend darum, weil es immer sichtbar ist. Sein Ideal ist die Tatsächlichkeit, er ist rücksichtsvoll in dieser Beziehung. Er hat keine Ideen-Ideale, darum auch keinen Grund, sich irgendwie gegen die tatsächliche Wirklichkeit fremd zu verhalten. Das drückt sich in allen Äußerlichkeiten aus. Er kleidet sich gut, seinen Umständen entsprechend, man ißt und trinkt gut bei ihm, man sitzt bequem oder man begreift wenigstens, daß sein verfeinerter Geschmack einige Ansprüche an seine Umgebung stellen darf. Er überzeugt sogar, daß gewisse Opfer dem Stil zuliebe sich entschieden lohnen.

Je mehr aber die Empfindung überwiegt, so daß das empfindende Subjekt hinter der Sensation verschwindet, desto unerfreulicher wird dieser Typus. Er entwickelt sich entweder zum rohen Genußmenschen oder zum skrupellosen, raffinierten Ästheten. So unerläßlich ihm dann das Objekt wird, so sehr wird es auch als etwas, das in und durch sich selbst besteht, entwertet. Es wird ruchlos vergewaltigt und ausgepreßt, indem es überhaupt nur noch als Anlaß zur Empfindung gebraucht wird. Die Bindung an das Objekt wird aufs Äußerste getrieben. Dadurch aber wird auch das Unbewußte aus der kompensatorischen Rolle in die offene Opposition gedrängt. Vor allem machen sich die verdrängten Intuitionen geltend in Form von Projektionen auf das Objekt. Die abenteuerlichsten Vermutungen entstehen; handelt es sich um ein Sexualobjekt, so spielen Eifersuchtsphantasien eine große Rolle, ebenso Angstzustände. In schwereren Fällen entwickeln sich Phobien aller Art und besonders Zwangssymptome. Die pathologischen Inhalte sind von einem bemerkenswerten Irrealitätscharakter, häufig moralisch und religiös gefärbt. Es entwickelt sich oft eine spitzfindige Rabulistik, eine lächerlich-skrupulöse Moralität und eine primitive, abergläubische und »magische« Religiosität, die auf abstruse Riten zurückgreift. Alle diese Dinge stammen aus den verdrängten, minderdifferenzierten Funktionen, welche in solchen Fällen dem Bewußtsein schroff gegenüberstehen und um

so auffallender in Erscheinung treten, als sie auf den absurdesten
Voraussetzungen zu beruhen scheinen, ganz im Gegensatz zum
bewußten Tatsachensinn. Die ganze Kultur des Fühlens und Denkens erscheint in dieser zweiten Persönlichkeit in eine krankhafte
Primitivität verdreht; Vernunft ist Vernünftelei und Haarspalterei,
Moral ist öde Moralisiererei und handgreiflicher Pharisäismus, Religion ist absurder Aberglauben, das Ahnungsvermögen, diese vor-
nehme Gabe des Menschen, ist persönliche Tüftelei, Beschnuppe-
rung jeder Ecke, und geht, statt ins Weite, ins Engste allzumensch-
licher Kleinlichkeit.

Der spezielle Zwangscharakter der neurotischen Symptome
stellt das unbewußte Gegenstück dar zur bewußten moralischen
Zwangslosigkeit einer bloß empfindenden Einstellung, welche
vom Standpunkt des rationalen Urteils aus wahllos das Vorkommende aufnimmt. Wenn schon die Voraussetzungslosigkeit des
Empfindungstypus keineswegs absolute Gesetz- und Schranken-
losigkeit bedeutet, so fällt bei ihm doch die ganz wesentliche Beschränkung durch das Urteil weg. Das rationale Urteil aber stellt
einen bewußten Zwang dar, den sich der rationale Typus anscheinend freiwillig auferlegt. Dieser Zwang befällt den Empfindungstypus vom Unbewußten her. Zudem bedeutet die Objektbindung
des rationalen Typus eben wegen der Existenz eines Urteils niemals so viel wie jene unbedingte Beziehung, die der Empfindungstypus zum Objekt hat. Wenn seine Einstellung eine abnorme Einseitigkeit erreicht, so ist er daher in Gefahr, ebenso sehr dem Grif-
fe des Unbewußten zu verfallen, wie er bewußt am Objekte hängt.
Ist er einmal neurotisch geworden, so ist es auch viel schwieriger,
ihn in vernünftiger Weise zu behandeln, weil die Funktionen, an
die der Arzt sich wendet, sich in einem relativ undifferenzierten
Zustand befinden und daher wenig oder gar nicht verläßlich sind.
Es bedarf öfters affektiver Pressionsmittel, um ihm etwas bewußt
zu machen.

Die Intuition

Die Intuition als die Funktion unbewußter Wahrnehmung richtet
sich in der extravertierten Einstellung ganz auf äußere Objekte. Da
die Intuition ein in der Hauptsache unbewußter Prozeß ist, so ist
auch ihr Wesen bewußt sehr schwer zu erfassen. Im Bewußtsein ist
die intuitive Funktion vertreten durch eine gewisse Erwartungseinstellung, ein Anschauen und Hineinschauen, wobei immer erst
das nachträgliche Resultat erweisen kann, wieviel hineingeschaut
wurde und wieviel wirklich am Objekt lag. Wie auch die Empfindung, falls sie das Primat besitzt, nicht bloß ein reaktiver, für das

Objekt weiter nicht bedeutsamer Vorgang ist, sondern vielmehr eine actio, welche das Objekt ergreift und gestaltet, so ist auch die Intuition nicht bloß eine Wahrnehmung, ein bloßes Anschauen, sondern ein aktiver, schöpferischer Vorgang, der ebensoviel in das Objekt hineinbildet, als er davon herausnimmt. Wie er unbewußt die Anschauung herausnimmt, so schafft er auch eine unbewußte Wirkung im Objekt. Die Intuition vermittelt allerdings zunächst bloß Bilder oder Anschauungen von Beziehungen und Verhältnissen, die mittels anderer Funktionen entweder gar nicht, oder nur auf großen Umwegen erreicht werden können. Diese Bilder haben den Wert bestimmter Erkenntnisse, welche das Handeln ausschlaggebend beeinflussen, insofern der Intuition das Hauptgewicht zufällt. In diesem Fall gründet sich die psychische Anpassung beinahe ausschließlich auf Intuitionen. Denken, Fühlen und Empfinden sind relativ verdrängt, wobei die Empfindung am meisten betroffen ist, weil sie als bewußte Sinnesfunktion der Intuition am meisten hinderlich ist. Die Empfindung stört die reine, unvoreingenommene, naive Anschauung durch aufdringliche Sinnesreizungen, welche den Blick auf physische Oberflächen lenken, also gerade auf die Dinge, hinter welche die Intuition zu gelangen sucht. Da sich die Intuition in der extravertierten Einstellung vorwiegend auf das Objekt richtet, so kommt sie eigentlich der Empfindung sehr nahe, denn die Erwartungseinstellung auf äußere Objekte kann sich mit fast ebenso großer Wahrscheinlichkeit der Empfindung bedienen. Damit aber die Intuition funktionieren kann, muß die Empfindung in hohem Maße unterdrückt werden. Unter Empfindung verstehe ich in diesem Falle die einfache und direkte Sinnesempfindung als ein fest umrissenes physiologisches und psychisches Datum. Das muß nämlich zuvor ausdrücklich festgestellt werden, denn wenn ich den Intuitiven frage, wonach er sich orientiere, so wird er mir von Dingen sprechen, die aufs Haar den Sinnesempfindungen gleichen. Er wird sich auch des Ausdruckes »Empfindung« vielfach bedienen. Er hat tatsächlich Empfindungen, aber er richtet sich nicht nach den Empfindungen selber, sondern sie sind ihm bloße Anhaltspunkte für die Anschauung. Sie sind ausgewählt durch unbewußte Voraussetzung. Nicht die physiologisch stärkste Empfindung erlangt den Hauptwert, sondern irgendeine andere, welche durch die unbewußte Einstellung des Intuitiven in ihrem Wert beträchtlich erhöht wird. Dadurch erlangt sie eventuell den Hauptwert, und es erscheint dem Bewußtsein des Intuitiven, als ob sie eine reine Empfindung wäre. Sie ist es aber tatsächlich nicht.

Wie die Empfindung in der extravertierten Einstellung stärkste Tatsächlichkeit zu erreichen sucht, weil dadurch allein der Anschein eines vollen Lebens erweckt wird, so erstrebt die Intuition die Erfassung größter *Möglichkeiten*, weil durch die Anschauung von Möglichkeiten die *Ahnung* am allermeisten befriedigt wird. Die Intuition strebt nach der Entdeckung von Möglichkeiten im objektiv Gegebenen, darum ist sie auch als bloße beigeordnete Funktion (nämlich wenn ihr das Primat nicht zukommt) das Hilfsmittel, das automatisch wirkt, wenn keine andere Funktion den Ausweg aus einer überall versperrten Situation zu entdecken vermag. Hat die Intuition das Primat, so erscheinen alle gewöhnlichen Lebenssituationen so, als ob sie verschlossene Räume wären, welche die Intuition zu öffnen hat. Sie sucht beständig Auswege und neue Möglichkeiten äußeren Lebens. Der intuitiven Einstellung wird jede Lebenssituation in kürzester Frist zum Gefängnis, zur erdrückenden Fessel, welche zu Lösungen drängt. Die Objekte erscheinen zeitweise von beinahe übertriebenem Wert, nämlich dann, wenn sie gerade einer Lösung, einer Befreiung, der Auffindung einer neuen Möglichkeit zu dienen haben. Kaum haben sie ihren Dienst als Stufe oder Brücke erfüllt, so haben sie anscheinend überhaupt keinen Wert mehr und werden als lästiges Anhängsel abgestreift. Eine Tatsache gilt nur, insofern sie neue Möglichkeiten erschließt, die über sie hinausgehen, das Individuum von ihr befreien. Auftauchende Möglichkeiten sind zwingende Motive, denen sich die Intuition nicht entziehen kann und der sie alles andere aufopfert.

Der extravertierte intuitive Typus

Wo die Intuition vorherrscht, ergibt sich eine eigenartige, nicht zu verkennende Psychologie. Da sich die Intuition nach dem Objekt orientiert, ist eine starke Abhängigkeit von äußeren Situationen erkennbar, jedoch ist die Art der Abhängigkeit von der des Empfindungstypus durchaus verschieden. Der Intuitive findet sich nie dort, wo allgemein anerkannte Wirklichkeitswerte zu finden sind, sondern immer da, wo Möglichkeiten vorhanden sind. Er hat eine feine Witterung für Keimendes und Zukunftversprechendes. Nie findet er sich in stabilen, seit langem bestehenden und wohlgegründeten Verhältnissen von allgemein anerkanntem, aber beschränktem Wert. Da er immer auf der Suche nach neuen Möglichkeiten ist, so droht er in stabilen Verhältnissen zu ersticken. Er erfaßt zwar neue Objekte und Wege mit großer Intensität und mit bisweilen außerordentlichem Enthusiasmus, um sie ohne Pietät und anscheinend ohne Erinnerung kaltblütig aufzugeben, sobald ihr Umfang festgestellt ist und sie weiter keine beträchtliche Entwicklung mehr voraussahnen lassen. Solange eine Möglichkeit besteht, ist der Intuitive daran gebunden mit Schicksalsmacht. Es ist, als ob sein ganzes Leben in der neuen Situation aufginge. Man hat den Eindruck, und er selber teilt ihn, als ob er soeben die definitive Wendung in seinem Leben erreicht hätte und als ob er von nun an nichts anderes mehr denken und fühlen könnte. Auch wenn es noch so vernünftig und zweckmäßig wäre, auch wenn alle erdenklichen Argumente zugunsten der Stabilität sprächen, nichts wird ihn davon abhalten, eines Tages dieselbe Situation, die ihm eine Befreiung und Erlösung schien, als ein Gefängnis zu betrachten und auch demgemäß zu behandeln. Weder Vernunft noch Gefühl können ihn zurückhalten oder von einer neuen Möglichkeit abschrecken, auch wenn sie unter Umständen seinen bisherigen Überzeugungen zuwiderläuft. Denken und Fühlen, die unerläßlichen Komponenten der Überzeugung, sind bei ihm minderdifferenzierte Funktionen, die kein ausschlaggebendes Gewicht besitzen und darum der Kraft der Intuition keinen nachhaltigen Widerstand entgegenzusetzen vermögen. Und doch sind diese Funktionen allein imstande, das Primat der Intuition wirksam zu kompensieren, indem sie dem Intuitiven das *Urteil* geben, das ihm als Typus gänzlich mangelt. Die Moralität des Intuitiven ist weder intellektuell noch gefühlsmäßig, sondern er hat seine eigene Moral, nämlich die Treue zu seiner Anschauung und die willige Unterwerfung unter ihre Macht. Die Rücksicht auf das Wohlergehen der Umgebung ist gering. Ihr physisches Wohlempfinden ist so wenig wie sein eigenes ein stichhaltiges Argument. Ebenso wenig ist ein Respekt für die Überzeugungen und Lebensgewohnheiten seiner Umgebung vorhanden, so daß er nicht selten als unmoralischer und rücksichtsloser Abenteurer gilt. Da seine Intuition sich mit äußeren Objekten befaßt und äußere Möglichkeiten herauswittert, so wendet er sich gerne Berufen zu, wo er seine Fähigkeiten möglichst vielseitig entfalten kann. Viele Kaufleute, Unternehmer, Spekulanten, Agenten, Politiker und so weiter gehören zu diesem Typus.

Noch häufiger als bei Männern scheint dieser Typus bei Frauen vorzukommen. In diesem letzteren Fall offenbart sich die intuitive Tätigkeit weit weniger beruflich als vielmehr gesellschaftlich. Solche Frauen verstehen es, alle sozialen Möglichkeiten auszunützen, gesellschaftliche Verbindungen anzuknüpfen, Männer mit Möglichkeiten ausfindig zu machen, um für eine neue Möglichkeit wieder alles aufzugeben.

Es ist ohne weiteres verständlich, daß ein solcher Typus volkswirtschaftlich sowohl wie als Kulturförderer ungemein bedeutsam ist. Wenn er gutgeartet, das heißt nicht zu selbstisch eingestellt ist, so kann er sich als Initiator oder doch wenigstens als Förderer aller Anfänge ungemeine Verdienste erwerben. Er ist ein natürlicher

Anwalt aller zukunftverheißenden Minoritäten. Da er, wenn er weniger auf Sachen als auf Menschen eingestellt ist, gewisse Fähigkeiten und Möglichkeiten in ihnen ahnungsweise erfaßt, so kann er auch Leute »machen«. Niemand wie er hat die Fähigkeit, seinen Mitmenschen Mut zu machen oder Begeisterung einzuflößen für eine neue Sache, auch wenn er sie schon übermorgen wieder verläßt. Je stärker seine Intuition, desto mehr verschmilzt auch sein Subjekt mit der geschauten Möglichkeit. Er belebt sie, er führt sie anschaulich und mit überzeugender Wärme vor, er verkörpert sie sozusagen. Es ist keine Schauspielerei, sondern ein Schicksal.

Diese Einstellung hat ihre großen Gefahren, denn allzu leicht verzettelt der Intuitive sein Leben, indem er Menschen und Dinge belebt und eine Fülle des Lebens um sich verbreitet, das aber nicht er, sondern die andern leben. Könnte er bei der Sache bleiben, so kämen ihm die Früchte seiner Arbeit zu, aber nur allzu bald muß er der neuen Möglichkeit nachrennen und seine eben bepflanzten Felder verlassen, die andere ernten werden. Am Ende geht er leer aus. Wenn der Intuitive es aber so weit kommen läßt, so hat er auch sein Unbewußtes gegen sich.

Das Unbewußte des Intuitiven hat eine gewisse Ähnlichkeit mit dem des Empfindungstypus. Denken und Fühlen sind relativ verdrängt und bilden im Unbewußten infantil-archaische Gedanken und Gefühle, die sich mit denen des Gegentypus vergleichen lassen. Sie treten ebenfalls in Form von intensiven Projektionen zutage und sind ebenso absurd wie die des Empfindungstypus, nur fehlt ihnen, wie es mir scheint, der mystische Charakter; sie betreffen meistens konkrete, quasi reale Dinge, wie sexuelle, finanzielle und andere Vermutungen wie zum Beispiel Krankheitswitterungen. Diese Verschiedenheit scheint von den verdrängten Realempfindungen herzurühren. Diese letzteren machen sich in der Regel auch dadurch bemerkbar, daß der Intuitive plötzlich an eine höchst unpassende Frau, oder im entgegengesetzten Fall an einen unpassenden Mann verhaftet wird, und zwar infolge des Umstandes, daß diese Personen die archaische Empfindungssphäre berührt haben. Daraus ergibt sich eine unbewußte Zwangsbindung an ein Objekt von meist unzweifelhafter Aussichtslosigkeit. Ein solcher Fall ist bereits ein Zwangssymptom, das auch für diesen Typus durchaus charakteristisch ist. Er beansprucht eine ähnliche Freiheit und Ungebundenheit wie der Empfindungstypus, indem er seine Entschließungen keinen rationalen Urteilen unterwirft, sondern einzig und allein der Wahrnehmung von zufälligen Möglichkeiten. Er enthebt sich der Beschränkung durch die Vernunft und verfällt darum in der Neurose dem unbewußten Zwang, der Vernünftelei, Tüftelei und der Zwangsbindung an die Empfindung des Objektes. Im Bewußtsein behandelt er die Empfindung und das empfundene Objekt mit souveräner Überlegenheit und Rücksichtslosigkeit. Nicht daß er etwa meint, rücksichtslos oder überlegen zu sein, er sieht das Objekt, das jedermann sehen kann, einfach nicht und geht darüber hinweg, ähnlich wie der Empfindungstypus; nur sieht letzterer die Seele des Objektes nicht. Dafür rächt sich später das Objekt und zwar in Form von hypochondrischen Zwangsideen, Phobien und allen möglichen absurden Körperempfindungen.

Zusammenfassung der irrationalen Typen

Ich bezeichne die beiden vorangegangenen Typen als *irrational* aus dem schon erörterten Grunde, daß sie ihr Tun und Lassen nicht auf Vernunfturteile gründen, sondern auf die absolute Stärke der Wahrnehmung. Ihre Wahrnehmung richtet sich auf das schlechthin Vorkommende, das keiner Auswahl durch Urteil unterliegt. In dieser Hinsicht haben die beiden letzteren Typen eine bedeutende Überlegenheit über die beiden ersteren, urteilenden Typen. Das objektiv Vorkommende ist gesetzmäßig und zufällig. Insofern es gesetzmäßig ist, ist es der Vernunft zugänglich, insofern es zufällig ist, ist es der Vernunft unzugänglich. Man könnte auch umgekehrt sagen, daß wir das am Vorkommenden als gesetzmäßig bezeichnen, was unserer Vernunft so erscheint, und das als zufällig, worin wir keine Gesetzmäßigkeit entdecken können. Das Postulat einer universalen Gesetzmäßigkeit bleibt Postulat unserer Vernunft allein, ist aber keineswegs ein Postulat unserer Wahrnehmungsfunktionen. Da sie sich in keinerlei Weise auf das Prinzip der Vernunft und ihres Postulates gründen, sind sie irrational ihrem Wesen nach. Daher bezeichne ich auch die Wahrnehmungstypen ihrem Wesen nach als irrational.

Es wäre aber ganz unrichtig, darum nun etwa diese Typen als »unvernünftig« aufzufassen, weil sie das Urteil unter die Wahrnehmung stellen. Sie sind bloß in hohem Maße *empirisch;* sie gründen sich ausschließlich auf Erfahrung, sogar dermaßen ausschließlich, daß ihr Urteil mit ihrer Erfahrung meistens nicht Schritt halten kann. Aber die Urteilsfunktionen sind trotzdem vorhanden, nur fristen sie ein zum großen Teil unbewußtes Dasein. Insofern das Unbewußte trotz seiner Abtrennung vom bewußten Subjekt doch immer wieder in die Erscheinung tritt, so machen sich auch im Leben der irrationalen Typen auffallende Urteile und auffallende Wahlakte bemerkbar in Form von anscheinender Vernünftelei, kaltherziger Urteilerei und anscheinend absichtsvoller Auswahl von Personen und Situationen. Diese Züge tragen ein infantiles oder auch primitives Gepräge; bisweilen sind sie auffallend naiv, bisweilen auch rücksichtslos, schroff und gewalttätig. Dem rationMal Eingestellten könnte es leicht erscheinen, als ob diese Leute ihrem wirklichen Charakter nach rationalistisch und absichtsvoll im schlimmen Sinne wären. Dieses Urteil würde aber bloß für ihr Unbewußtes gelten und keineswegs für ihre bewußte Psychologie, die ganz auf Wahrnehmung eingestellt und infolge ihres irrationalen Wesens dem vernünftigen Urteil ganz unfaßbar ist. Einem rational Eingestellten kann es schließlich vorkommen, als ob eine solche Zusammenhäufung von Zufälligkeiten überhaupt den Namen »Psychologie« nicht verdiene. Der Irrationale macht dies abschätzige Urteil wett durch den Eindruck, den ihm der Rationale macht: Er sieht ihn als etwas nur Halblebendiges an, dessen einziger Lebenszweck darin besteht, allem Lebendigen Vernunftfesseln anzulegen und ihm mit Urteilen den Hals zuzuschnüren. Das sind natürlich krasse Extreme, aber sie kommen vor.

Vom Urteil des Rationalen könnte der Irrationale leicht als ein Rationaler minderer Güte dargestellt werden, wenn er nämlich aus dem erfaßt wird, was ihm passiert. Ihm passiert nämlich nicht das Zufällige – darin ist er der Meister –, sondern das vernünftige Urteil und die vernünftige Absicht sind die Dinge, die ihm zustoßen. Dies ist eine dem Rationalen kaum faßbare Tatsache, deren Unausdenkbarkeit bloß noch dem Erstaunen des Irrationalen gleichkommt, welcher jemanden entdeckt hat, der Vernunftideen höher stellt als das lebendige und wirkliche Vorkommen. Etwas dergleichen erscheint ihm kaum glaubhaft. In der Regel ist es schon hoffnungslos, ihm überhaupt etwas Prinzipielles in dieser Richtung vorsetzen zu wollen, denn eine rationale Verständigung ist ihm genau so unbekannt und sogar widerwärtig, wie es dem Rationalen unausdenkbar erschiene, einen Kontrakt ohne gegenseitige Aussprache und Verpflichtung herzustellen.

Dieser Punkt führt mich auf das Problem der psychischen Beziehung unter den Repräsentanten verschiedener Typen. Die psychische Beziehung wird in der neueren Psychiatrie in Anlehnung an die Sprache der französischen Hypnotistenschule als »Rapport« bezeichnet. Der Rapport besteht in erster Linie in einem *Gefühl von bestehender Übereinstimmung*, trotz anerkannter Verschiedenheit. Sogar die Anerkennung von bestehenden Verschiedenheiten ist, insofern sie nur gemeinsam ist, allbereits ein Rapport, ein Übereinstimmungsgefühl. Wenn wir dieses Gefühl vorkommenden Falles in höherem Maße bewußt machen, so entdecken wir, daß es nicht bloß schlechthin ein Gefühl von nicht weiter zu analysierender Beschaffenheit ist, sondern zugleich eine Einsicht oder ein Erkenntnisinhalt, welcher den Punkt der Übereinstimmung in gedanklicher Form darstellt. Diese rationale Darstellung gilt nun ausschließlich für den Rationalen, keineswegs aber für den Irrationalen, denn sein Rapport basiert nicht im geringsten auf dem Urteil, sondern auf der Parallelität des Geschehenden, des lebendigen Vorkommens überhaupt. Sein Übereinstimmungsgefühl ist die gemeinsame Wahrnehmung einer Empfindung oder Intuition. Der Rationale würde sagen, der Rapport mit dem Irrationalen beruhe auf reiner Zufälligkeit. Wenn die objektiven Situationen zufälligerweise gerade stimmen, dann komme etwas wie eine menschliche Beziehung zustande, aber niemand wisse, von welcher Gültigkeit oder Dauer diese Beziehung sei. Es ist dem Rationalen ein oft geradezu peinlicher Gedanke, daß die Beziehung genau so lange dauert, als die äußeren Umstände zufälligerweise eine Gemeinsamkeit aufweisen. Dies kommt ihm als nicht besonders menschlich vor, während der Irrationale gerade darin eine besonders schöne Menschlichkeit sieht. Das Resultat ist, daß der eine den andern als beziehungslos ansieht, als einen Menschen, auf den kein Verlaß sei und mit dem man nie richtig auskommen könne. Zu einem solchen Resultat gelangt man allerdings nur dann, wenn man sich bewußte Rechenschaft abzulegen versucht über die Art der Beziehung zum Mitmenschen. Da eine solche psychologische Gewissenhaftigkeit nicht allzu gewöhnlich ist, so ergibt es sich häufig, daß trotz einer absoluten Standpunktverschiedenheit eine Art Rapport zustande kommt und zwar in folgender Weise: der eine setzt mit stillschweigender Projektion voraus, daß der andere in wesentlichen Punkten dieselbe Meinung habe, der andere aber ahnt oder empfindet eine objektive Gemeinsamkeit, von welcher aber der erstere keine bewußte Ahnung hat und deren Vorhandensein er auch sofort bestreiten würde, wie letzterer nie auf den Gedanken verfallen würde, daß seine Beziehung auf einer gemeinsamen Meinung beruhen sollte. Ein solcher Rapport ist das allerhäufigste; er beruht auf Projektion, welche später zur Quelle von Mißverständnissen wird.

Die psychische Beziehung in der extravertierten Einstellung reguliert sich immer nach objektiven Faktoren, nach äußeren Bedingungen. Das, was einer ist nach innen, ist niemals von ausschlaggebender Bedeutung. Für unsere gegenwärtige Kultur ist die extravertierte Einstellung zum Problem der menschlichen Beziehung im Prinzip maßgebend; das introvertierte Prinzip kommt natürlich vor, gilt aber als Ausnahme und appelliert an die Toleranz der Mitwelt.

3. Der introvertierte Typus

a) Die allgemeine Einstellung des Bewußtseins

Wie ich bereits in der Einleitung zu diesem Kapitel ausführte, unterscheidet sich der introvertierte Typus vom extravertierten dadurch, daß er sich nicht, wie letzterer, vorwiegend am Objekt und am objektiv Gegebenen orientiert, sondern an subjektiven Faktoren. Ich habe im erwähnten Abschnitt unter anderem angegeben, daß sich dem Introvertierten zwischen die Wahrnehmung des Objektes und sein eigenes Handeln eine subjektive Ansicht einschiebt, welche verhindert, daß das Handeln einen dem objektiv Gegebenen entsprechenden Charakter annimmt. Dies ist natürlich ein spezieller Fall, der nur beispielsweise angeführt wurde und nur einer einfachen Veranschaulichung dienen sollte. Hier müssen wir selbstverständlich allgemeinere Formulierungen aufsuchen.

Das introvertierte Bewußtsein sieht zwar die äußeren Bedingungen, erwählt aber die subjektive Determinante als die ausschlaggebende. Dieser Typus richtet sich daher nach jenem Faktor des Wahrnehmens und Erkennens, welcher die den Sinnesreiz aufnehmende subjektive Disposition darstellt. Zwei Personen sehen zum Beispiel dasselbe Objekt, aber sie sehen es nie so, daß die beiden davon gewonnenen Bilder absolut identisch wären. Ganz abgesehen von der verschiedenen Schärfe der Sinnesorgane und der persönlichen Gleichung bestehen oft tiefgreifende Unterschiede in Art und Maß der psychischen Assimilation des Perzeptionsbildes. Während nun der extravertierte Typus sich stets vorwiegend auf das, was ihm vom Objekt zukommt, beruft, stützt sich der Introvertierte vorwiegend auf das, was der äußere Eindruck im Subjekt zur Konstellation bringt. Im einzelnen Fall einer Apperzeption kann der Unterschied natürlich sehr delikat sein, im ganzen des psychologischen Haushaltes aber macht er sich in höchstem Maße bemerkbar, und zwar in Form eines *Reservates des Ich.* Um es gleich vorweg zu nehmen: ich betrachte diejenige Ansicht, welche mit Weininger diese Einstellung als philautisch oder als autoerotisch oder egozentrisch oder subjektivistisch oder egoistisch bezeichnen möchte, als prinzipiell irreführend und entwertend. Sie entspricht dem Vorurteil der extravertierten Einstellung gegenüber dem Wesen des Introvertierten. Man darf nie vergessen – die extravertierte Ansicht aber vergißt es allzuleicht –, daß alles Wahrnehmen und Erkennen nicht nur objektiv, sondern auch subjektiv bedingt ist. Die Welt ist nicht nur an und für sich, sondern auch so, wie sie mir erscheint. Ja, wir haben sogar im Grunde genommen gar kein Kriterium, das uns zur Beurteilung einer Welt verhülfe, welche dem Subjekt unassimilierbar wäre. Es hieße den großen Zweifel in eine absolute Erkenntnismöglichkeit leugnen, wenn wir den subjektiven Faktor übersähen. Damit geriete man auf den Weg jenes hohlen und schalen Positivismus, welcher die Wende unseres Jahrhunderts verunziert hat, und damit auch in jene intellektuelle Unbescheidenheit, welche der Vorläufer der Gefühlsroheit und einer ebenso stumpfsinnigen als anmaßenden Gewalttätigkeit ist. Durch die Überschätzung des objektiven Erkenntnisvermögens verdrängen wir die Bedeutung des subjektiven Faktors, die Bedeutung des Subjektes schlechthin. Was aber ist das Subjekt? Das Subjekt ist der Mensch, wir sind das Subjekt. Es ist krankhaft zu vergessen, daß das Erkennen ein Subjekt hat, und daß es überhaupt kein Erkennen und darum auch für uns keine Welt gibt, wo nicht einer sagt: »Ich erkenne«, womit er aber allbereits die subjektive Beschränkung alles Erkennens ausspricht. Das gleiche gilt für alle psychischen Funktionen: Sie haben ein Subjekt, das so unerläßlich ist wie das Objekt.

Es ist charakteristisch für unsere derzeitige extravertierte Schätzung, daß das Wort »subjektiv« gelegentlich fast wie ein Tadel klingt, auf alle Fälle aber als »bloß subjektiv« eine gefährliche Waffe bedeutet, bestimmt, denjenigen zu treffen, der von der unbedingten Überlegenheit des Objektes nicht restlos überzeugt ist. Wir müssen uns darum klar darüber sein, was mit dem Ausdruck »subjektiv« in dieser Untersuchung gemeint ist. Als subjektiven Faktor bezeichne ich jene psychologische Aktion oder Reaktion, welche sich mit der Einwirkung des Objektes zu einem neuen psychischen Tatbestand verschmilzt. Insofern nun der subjektive Faktor seit ältesten Zeiten und bei allen Völkern der Erde in einem sehr hohen Maße sich selber identisch bleibt – indem elementare Wahrnehmungen und Erkenntnisse sozusagen überall und zu allen Zeiten dieselben sind –, so ist er eine ebenso fest gegründete Realität wie das äußere Objekt. Wenn dem nicht so wäre, so könnte von irgendeiner dauerhaften und im wesentlichen sich gleichbleibenden Wirklichkeit gar nicht gesprochen werden, und eine Verständigung mit Überlieferungen wäre ein Ding der Unmöglichkeit. Insofern ist daher der subjektive Faktor etwas ebenso unerbittlich Gegebenes wie die Ausdehnung des Meeres und der Radius der Erde. Insofern beansprucht auch der subjektive Faktor die ganze Würde einer weltbestimmenden Größe, die nie und nirgends aus der Rechnung ausgeschlossen werden kann. Er ist das andere Weltgesetz, und wer sich auf ihn gründet, gründet sich auf ebensoviel Sicherheit, auf ebensoviel Dauer und Gültigkeit, wie der, der sich auf das Objekt beruft. Wie aber das Objekt und das objektiv Gegebene keineswegs immer dasselbe bleibt, indem es der Hinfälligkeit sowohl wie der Zufälligkeit unterworfen ist, so unterliegt auch der subjektive Faktor der Veränderlichkeit und der individuellen Zufälligkeit. Und damit ist auch sein Wert bloß relativ. Die übermäßige Entwicklung des introvertierten Standpunktes im Bewußtsein führt nämlich nicht zu einer besseren und gültigeren Verwendung des subjektiven Faktors, sondern zu einer künstlichen Subjektivierung des Bewußtseins, welcher man den Vorwurf des »bloß Subjektiven« nicht ersparen kann. Es entsteht dadurch ein Gegenstück zu der Entsubjektivierung des Bewußtseins in einer übertriebenen extravertierten Einstellung, welche Weiningers Bezeichnung »misautisch« verdient.

Weil sich die introvertierte Einstellung auf eine allgemein vorhandene, höchst reale und absolut unerläßliche Bedingung der psychologischen Anpassung stützt, so sind Ausdrücke wie »philautisch«, »egozentrisch« und dergleichen mehr unangebracht und verwerflich, weil sie das Vorurteil erwecken, daß es sich allemal bloß um das liebe Ich handle. Nichts wäre verkehrter als eine solche Annahme. Man begegnet ihr aber häufig, wenn man die Urteile des Extravertierten über den Introvertierten untersucht. Ich möchte diesen Irrtum allerdings keineswegs dem einzelnen Extravertierten zuschreiben, sondern eher auf Rechnung der gegenwärtig allgemein geltenden extravertierten Ansicht setzen, welche sich nicht auf den extravertierten Typus beschränkt, sondern vom andern, sehr gegen ihn selbst, in gleichem Maße vertreten wird. Letzteren trifft sogar mit Recht der Vorwurf, daß er seiner eigenen Art untreu ist, während dies dem ersteren wenigstens nicht vorgeworfen werden kann.

Die introvertierte Einstellung richtet sich im Normalfall nach der im Prinzip durch Vererbung gegebenen psychischen Struktur, welche eine dem Subjekt innewohnende Größe ist. Sie ist aber keineswegs als schlechthin identisch mit dem Ich des Subjektes zu setzen, was durch die oben erwähnten Bezeichnungen geschehen würde, sondern sie ist die psychische Struktur des Subjektes vor aller Entwicklung eines Ich. Das eigentlich zugrunde liegende Subjekt, nämlich das Selbst, ist bei weitem umfangreicher als das Ich, indem ersteres auch das Unbewußte umfaßt, während letzteres im wesentlichen der Mittelpunkt des Bewußtseins ist. Wäre das Ich identisch mit dem Selbst, so wäre es undenkbar, wieso wir in den Träumen gelegentlich in gänzlich andern Formen und Bedeutungen auftreten können. Es ist nun allerdings eine für den Introvertierten bezeichnende Eigentümlichkeit, daß er, ebensosehr eigener Neigung wie allgemeinem Vorurteil folgend, sein Ich mit seinem Selbst verwechselt und ersteres zum Subjekt des psychischen

Prozesses erhöht, womit er eben jene vorhin erwähnte, krankhafte Subjektivierung seines Bewußtseins vollzieht, die ihn dem Objekt entfremdet.

Die psychische Struktur ist dasselbe, was Semon[3] als *Mneme* und ich als das *kollektive Unbewußte* bezeichnet haben. Das individuelle Selbst ist ein Teil oder Ausschnitt oder Repräsentant einer überall, in allen lebendigen Wesen vorhandenen und entsprechend abgestuften Art des psychischen Ablaufes, die auch jedem Wesen wieder aufs neue angeboren ist. Seit alters wird die angeborene Art des *Handelns* als *Instinkt* bezeichnet, die Art oder Form der psychischen Erfassung des Objektes habe ich als *Archetypus* zu bezeichnen vorgeschlagen. Was unter Instinkt zu verstehen ist, kann ich wohl als bekannt voraussetzen. Ein anderes ist es mit den Archetypen. Ich verstehe darunter dasselbe, was ich in Anlehnung an Jacob Burckhardt als »urtümliches Bild« bezeichnet habe.[4] Der Archetypus ist eine symbolische Formel, welche überall da in Funktion tritt, wo entweder noch keine bewußten Begriffe vorhanden, oder solche aus inneren oder äußeren Gründen überhaupt nicht möglich sind. Die Inhalte des kollektiven Unbewußten sind im Bewußtsein als ausgesprochene Neigungen und Auffassungen vertreten. Sie werden vom Individuum in der Regel als vom Objekt bedingt aufgefaßt – fälschlicherweise, im Grunde genommen –, denn sie entstammen der unbewußten Struktur der Psyche und werden durch die Objekteinwirkung nur ausgelöst. Diese subjektiven Neigungen und Auffassungen sind stärker als der Objekteinfluß, ihr psychischer Wert ist höher, so daß sie sich allen Eindrükken superponieren. So wie es dem Introvertierten unbegreiflich erscheint, daß immer das Objekt ausschlaggebend sein soll, so bleibt es dem Extravertierten ein Rätsel, wieso ein subjektiver Standpunkt der objektiven Situation überlegen sein soll. Er gelangt unvermeidlich zu der Vermutung, daß der Introvertierte entweder ein eingebildeter Egoist oder ein doktrinärer Schwärmer sei. Neuerdings würde er auf die Hypothese kommen, der Introvertierte stehe unter dem Einfluß eines unbewußten Machtkomplexes. Diesem extravertierten Vorurteil kommt der Introvertierte unzweifelhaft dadurch entgegen, daß er durch seine bestimmte und stark verallgemeinernde Ausdrucksweise den Anschein erweckt, als ob er jede andere Meinung im vornherein ausschließe. Überdies könnte allein schon die Entschiedenheit und Starrheit des subjektiven Urteils, welches allem objektiv Gegebenen a priori übergeord-

---

[3] Semon: Die Mneme als erhaltendes Prinzip im Wechsel des organischen Geschehens, 1904.
[4] Vgl. dazu die Definition von ›Bild‹, S. 125–131 dieses Bandes.

net ist, genügen, den Eindruck einer starken Egozentrizität zu erwecken. Diesem Vorurteil gegenüber fehlt dem Introvertierten meistens das richtige Argument: Er weiß nämlich nicht um die unbewußten, aber durchaus allgemeingültigen Voraussetzungen seines subjektiven Urteils oder seiner subjektiven Wahrnehmungen. Dem Stile der Zeit entsprechend sucht er außen und nicht hinter seinem Bewußtsein. Ist er gar etwas neurotisch, so heißt das eine mehr oder weniger völlige unbewußte Identität des Ich mit dem Selbst, wodurch das Selbst in seiner Bedeutung auf Null heruntergesetzt wird, das Ich dagegen maßlos anschwillt. Die unzweifelhafte, weltbestimmende Macht des subjektiven Faktors wird dann in das Ich hineingepreßt, wodurch ein ungemessener Machtanspruch und eine geradezu läppische Egozentrizität erzeugt wird. Jede Psychologie, welche das Wesen des Menschen auf den unbewußten Machttrieb reduziert, ist aus dieser Anlage geboren. Viele Geschmacklosigkeiten bei Nietzsche zum Beispiel verdanken ihre Existenz der Subjektivierung des Bewußtseins.

b) Die Einstellung des Unbewußten

Die überlegene Stellung des subjektiven Faktors im Bewußtsein bedeutet eine Minderbewertung des objektiven Faktors. Das Objekt hat nicht jene Bedeutung, die ihm eigentlich zukommen sollte. Wie es in der extravertierten Einstellung eine zu große Rolle spielt, so hat es in der introvertierten Einstellung zu wenig zu sagen. In dem Maße, als das Bewußtsein des Introvertierten sich subjektiviert und dem Ich eine ungehörige Bedeutung zuerteilt, wird dem Objekt eine Position gegenübergestellt, die auf die Dauer ganz unhaltbar ist. Das Objekt ist eine Größe von unzweifelhafter Macht, während das Ich etwas sehr Beschränktes und Hinfälliges ist. Ein anderes wäre es, wenn das Selbst dem Objekt gegenüber träte. Selbst und Welt sind kommensurable Größen, daher eine normale introvertierte Einstellung ebensoviel Daseinsberechtigung und Gültigkeit hat, wie eine normale extravertierte Einstellung. Hat aber das Ich den Anspruch des Subjektes übernommen, so entsteht naturgemäß, zur Kompensierung, eine unbewußte Verstärkung des Objekteinflusses. Diese Veränderung macht sich dadurch bemerkbar, daß trotz einer manchmal geradezu krampfhaften Anstrengung, dem Ich die Überlegenheit zu sichern, das Objekt und das objektiv Gegebene übermächtige Einflüsse entfalten, die um so unüberwindlicher sind, als sie das Individuum unbewußt erfassen und sich dadurch dem Bewußtsein unwiderstehlich aufdrängen. Infolge der mangelhaften Beziehung des Ich zum Objekt – Beherrschenwollen ist nämlich keine Anpassung – entsteht im Unbewußten eine kompensatorische Beziehung zum Objekt, die sich im Bewußtsein als eine unbedingte und nicht zu unterdrückende Bindung an das Objekt geltend macht. Je mehr sich das Ich alle möglichen Freiheiten zu sichern sucht, unabhängig, überlegen und ohne Verpflichtungen sein will, desto mehr gerät es in die Sklaverei des objektiv Gegebenen. Die Freiheit des Geistes wird an die Kette einer schmählichen finanziellen Abhängigkeit gelegt, die Unbekümmertheit des Handelns erleidet ein ums andere Mal ein ängstliches Zusammenknicken vor der öffentlichen Meinung, die moralische Überlegenheit gerät in den Sumpf minderwertiger Beziehungen, die Herrscherlust endet mit einer kläglichen Sehnsucht nach dem Geliebtwerden.

Das Unbewußte besorgt in erster Linie die Beziehung zum Objekt und zwar in einer Art und Weise, welche geeignet ist, die Machtillusion und die Überlegenheitsphantasie des Bewußtseins aufs gründlichste zu zerstören. Das Objekt nimmt angsterregende Dimensionen an, trotz bewußter Heruntersetzung. Infolgedessen wird die Abtrennung und die Beherrschung des Objektes vom Ich noch heftiger betrieben. Schließlich umgibt sich das Ich mit einem förmlichen System von Sicherungen (wie dies A. Adler zutreffend geschildert hat), welche wenigstens den Wahn der Überlegenheit zu wahren suchen. Damit aber trennt sich der Introvertierte vom Objekt gänzlich ab und reibt sich völlig auf in Verteidigungsmaßnahmen einerseits und in fruchtlosen Versuchen anderseits, dem Objekt zu imponieren und sich durchzusetzen. Diese Bemühungen werden aber beständig durchkreuzt durch die überwältigenden Eindrücke, die er vom Objekt erhält. Wider seinen Willen imponiert ihm das Objekt anhaltend, es verursacht ihm die unangenehmsten und nachhaltigsten Affekte und verfolgt ihn auf Schritt und Tritt. Er bedarf beständig einer ungeheuren inneren Arbeit, um »sich halten« zu können. Daher ist seine typische Neurosenform die *Psychasthenie*, eine Krankheit, die einerseits durch eine große Sensitivität, anderseits durch große Erschöpfbarkeit und chronische Ermüdung gekennzeichnet ist.

Eine Analyse des persönlichen Unbewußten ergibt eine Menge von Machtphantasien, gepaart mit Angst vor gewaltig belebten Objekten, denen der Introvertierte in der Tat auch leicht zum Opfer fällt. Es entwickelt sich nämlich aus der Objektangst eine eigentümliche Feigheit, sich oder seine Meinung geltend zu machen, denn er fürchtet einen verstärkten Objekteinfluß. Er fürchtet eindrucksvolle Affekte der andern und kann sich kaum der Angst erwehren, unter einen fremden Einfluß zu geraten. Die Objekte nämlich haben für ihn furchterregende, machtvolle Qualitäten, die er ihnen zwar bewußt nicht ansehen kann, die er aber durch sein Unbewußtes wahrzunehmen glaubt. Da seine bewußte Beziehung zum Objekt relativ verdrängt ist, so geht sie durch das Unbewußte, wo sie mit den Qualitäten des Unbewußten beladen wird. Diese Qualitäten sind in erster Linie infantil-archaische. Infolgedessen wird seine Objektbeziehung primitiv und nimmt alle jene Eigentümlichkeiten an, welche die primitive Objektbeziehung kennzeichnen. Es ist dann, wie wenn das Objekt magische Gewalt besäße. Fremde, neue Objekte erregen Furcht und Mißtrauen, wie wenn sie unbekannte Gefahren bärgen, althergebrachte Objekte sind wie mit unsichtbaren Fäden an seine Seele gehängt, jede Veränderung erscheint störend, wenn nicht geradezu gefährlich, denn sie scheint eine magische Belebtheit des Objektes zu bedeuten. Eine einsame Insel, wo sich nur das bewegt, dem man sich zu bewegen erlaubt, wird zum Ideal. Der Roman von F. Th. Vischer ›Auch Einer‹ gibt einen trefflichen Einblick in diese Seite des introvertierten Seelenzustandes, zugleich auch in die dahinterliegende Symbolik des kollektiven Unbewußten, die ich in dieser Typenbeschreibung beiseite lasse, weil sie nicht bloß dem Typus angehört, sondern allgemein ist.

c) Die Besonderheiten der psychologischen Grundfunktionen in der introvertierten Einstellung

Das Denken

Ich habe bei der Beschreibung des extravertierten Denkens bereits eine kurze Charakteristik des introvertierten Denkens gegeben, auf die ich hier nochmals verweisen möchte. Das introvertierte Denken orientiert sich in erster Linie am subjektiven Faktor. Der subjektive Faktor ist dargestellt mindestens durch ein subjektives Richtungsgefühl, welches die Urteile letzten Endes bestimmt. Bisweilen ist es auch ein mehr oder weniger fertiges Bild, welches gewissermaßen als Maßstab dient. Das Denken kann sich mit konkreten oder abstrakten Größen befassen, immer aber orientiert es sich an entscheidendem Orte am subjektiv Gegebenen. Es führt also nicht aus der konkreten Erfahrung wieder in die objektiven Dinge zurück, sondern zum subjektiven Inhalt. Die äußeren Tatsachen sind nicht Ursache und Ziel dieses Denkens, obschon der Introvertierte sehr oft seinem Denken diesen Anschein geben möchte, sondern dieses Denken beginnt im Subjekt und führt zum Subjekt zurück, auch wenn es die weitesten Ausflüge in das Gebiet realer Tatsächlichkeit unternimmt. Es ist daher in Ansehung der

Aufstellung neuer Tatsachen hauptsächlich indirekt von Wert, insofern es in erster Linie neue Ansichten vermittelt und weit weniger Kenntnis neuer Tatsachen. Es erschafft Fragestellungen und Theorien, es eröffnet Ausblicke und Einblicke, aber es zeigt Tatsachen gegenüber ein reserviertes Verhalten. Sie sind ihm recht als illustrierende Beispiele, sie dürfen aber nicht überwiegen. Tatsachen werden nur gesammelt als Beweistümer, niemals aber um ihrer selbst willen. Letzteres wird überhaupt, wenn es geschieht, nur als Kompliment an den extravertierten Stil getan. Die Tatsachen sind diesem Denken von sekundärer Bedeutung, von überwiegendem Wert aber erscheint ihm die Entwicklung und Darstellung der subjektiven Idee, des anfänglichen symbolischen Bildes, das mehr oder weniger dunkel vor seinem inneren Blick steht. Es strebt daher nie nach einer gedanklichen Rekonstruktion der konkreten Tatsächlichkeit, sondern nach einer Ausgestaltung des dunkeln Bildes zur lichtvollen Idee. Es will die Tatsächlichkeit erreichen, es will die äußeren Tatsachen sehen, wie sie den Rahmen seiner Idee ausfüllen, und seine schöpferische Kraft bewährt sich darin, daß dieses Denken auch jene Idee erzeugen kann, die nicht in den äußeren Tatsachen lag und doch deren passendster, abstrakter Ausdruck ist. Seine Aufgabe ist vollendet, wenn die von ihm geschaffene Idee als aus den äußeren Tatsachen hervorgehend erscheint und auch durch sie als gültig erwiesen werden kann.

Ebenso wenig aber, wie es dem extravertierten Denken immer gelingt, einen tüchtigen Erfahrungsbegriff den konkreten Tatsachen zu entwinden oder neue Tatsachen zu erschaffen, ebenso wenig glückt es dem introvertierten Denken, sein anfängliches Bild immer auch in eine den Tatsachen angepaßte Idee zu übersetzen. Wie in ersterem Falle die rein empirische Tatsachenzusammenhäufung den Gedanken verkrüppelt und den Sinn erstickt, so zeigt das introvertierte Denken eine gefährliche Neigung, die Tatsachen in die Form seines Bildes hineinzuzwängen oder sie gar zu ignorieren, um sein Phantasiebild entrollen zu können. In diesem Fall wird die dargestellte Idee ihre Herkunft aus dem dunkeln archaischen Bild nicht verleugnen können. Es wird ihr ein mythologischer Zug anhaften, den man etwa als »Originalität«, und in schlimmeren Fällen als Schrullenhaftigkeit deutet, indem ihr archaischer Charakter dem mit mythologischen Motiven unbekannten Fachgelehrten nicht als solcher durchsichtig ist. Die subjektive Überzeugungskraft einer solchen Idee pflegt eine große zu sein, sie ist wohl um so größer, je weniger sie mit äußeren Tatsachen in Berührung kommt. Obschon es dem, der die Idee vertritt, erscheinen mag, als ob sein spärliches Tatsachenmaterial Grund und Ursache der Glaubwürdigkeit und Gültigkeit seiner Idee wäre, so ist dem doch nicht so; denn die Idee bezieht ihre Überzeugungskraft aus ihrem unbewußten Archetypus, der als solcher allgemeingültig und wahr ist und ewig wahr sein wird. Aber diese Wahrheit ist dergestalt allgemein und dermaßen symbolisch, daß sie immer zuerst in die momentan anerkannten und anerkennbaren Erkenntnisse eingehen muß, um eine praktische Wahrheit von einigem Lebenswert zu werden. Was wäre zum Beispiel eine Kausalität, die nirgends in praktischen Ursachen und praktischen Wirkungen erkennbar wäre?

Dieses Denken verliert sich leicht in die immense Wahrheit des subjektiven Faktors. Es schafft Theorien um der Theorie willen, anscheinend im Hinblick auf wirkliche oder wenigstens mögliche Tatsachen, aber mit deutlicher Neigung, vom Ideellen zum bloß Bildhaften überzugehen. Dadurch kommen zwar Anschauungen von vielen Möglichkeiten zustande, von denen aber keine zur Wirklichkeit wird, und schließlich werden Bilder geschaffen, die überhaupt nichts äußerlich Wirkliches mehr ausdrücken, sondern »bloß« noch Symbole des schlechthin Unerkennbaren sind. Damit wird dieses Denken mystisch und genau so unfruchtbar wie ein Denken, das sich bloß im Rahmen objektiver Tatsachen abspielt. Wie letzteres auf das Niveau des Tatsachenvorstellens hinuntersinkt, so verflüchtigt sich ersteres zum Vorstellen des Unvorstellbaren, das sogar jenseits aller Bildhaftigkeit ist. Das Tatsachenvorstellen ist von unbestreitbarer Wahrheit, denn der subjektive Faktor ist ausgeschlossen, und die Tatsachen beweisen sich aus sich selber. So ist auch das Vorstellen des Unvorstellbaren von subjektiv unmittelbarer, überzeugender Kraft und beweist sich aus seinem eigenen Vorhandensein. Ersteres sagt: Est, ergo est; dagegen letzteres: Cogito, ergo cogito. Das auf die Spitze getriebene introvertierte Denken gelangt zur Evidenz seines eigenen subjektiven Seins, das extravertierte Denken dagegen zur Evidenz seiner völligen Identität mit der objektiven Tatsache. Wie nun dieses durch sein völliges Aufgehen im Objekt sich selber leugnet, so entledigt sich jenes allen und jeglichen Inhaltes und begnügt sich mit seinem bloßen Vorhandensein. Damit wird in beiden Fällen das Weiterschreiten des Lebens aus der Denkfunktion herausgedrängt in das Gebiet anderer psychischer Funktionen, die bisher in relativer Unbewußtheit existierten. Die Verarmung des introvertierten Denkens an objektiven Tatsachen wird kompensiert durch eine Fülle unbewußter Tatsachen. Je mehr sich das Bewußtsein mit der Denkfunktion auf einen kleinsten und möglichst leeren Kreis einschränkt, der aber die ganze Fülle der Gottheit zu enthalten scheint, desto mehr bereichert sich die unbewußte Phantasie mit einer Vielheit von archaisch geformten Tatsachen, einem Pandämonium magischer und irrationaler Größen, die je nach der Art der Funktion, welche die Denkfunktion als Lebensträgerin zunächst ablöst, ein besonderes Gesicht erhalten. Ist es die intuitive Funktion, so wird die »andere Seite« mit den Augen eines Kubin oder eines Meyrink gesehen. Ist es die Fühlfunktion, so entstehen bisher unerhörte, phantastische Gefühlsbeziehungen und Gefühlsurteile widerspruchsvollen und unverständlichen Charakters. Ist es die Empfindungsfunktion, so entdecken die Sinne Neues, nie zuvor Erfahrenes in und außerhalb des eigenen Körpers. Eine nähere Untersuchung dieser Veränderungen kann unschwer das Hervortreten primitiver Psychologie mit allen ihren Kennzeichen nachweisen. Natürlich ist das Erfahrene nicht bloß primitiv, sondern auch symbolisch, und je älter und ursprünglicher es aussieht, desto zukunftswahrer ist es. Denn alles Alte unseres Unbewußten meint Kommendes.

Unter gewöhnlichen Umständen glückt nicht einmal der Übergang nach der »andern Seite«, geschweige denn der erlösende Durchgang durch das Unbewußte. Der Übergang wird meistens verhindert durch den bewußten Widerstand gegen die Unterwerfung des Ich unter die unbewußte Tatsächlichkeit, unter die bedingende Realität des unbewußten Objektes. Der Zustand ist eine Dissoziation, mit andern Worten eine Neurose mit dem Charakter der inneren Aufreibung und der zunehmenden Gehirnerschöpfung, der Psychasthenie.

Der introvertierte Denktypus

Wie ein Darwin etwa den normalen extravertierten Denktypus darstellen könnte, so könnte man beispielsweise Kant als den gegenüberstehenden, normalen introvertierten Denktypus bezeichnen. Wie ersterer in Tatsachen spricht, so beruft sich letzterer auf den subjektiven Faktor. Darwin drängt nach dem weiten Felde objektiver Tatsächlichkeit, Kant dagegen reserviert sich eine Kritik des Erkennens überhaupt. Nehmen wir einen Cuvier und stellen ihn einem Nietzsche gegenüber, so spannen wir die Gegensätze noch schärfer.

Der introvertierte Denktypus ist charakterisiert durch das Primat des oben beschriebenen Denkens. Er ist, wie sein extravertierter Parallelfall, ausschlaggebend beeinflußt durch Ideen, die aber nicht dem objektiv Gegebenen, sondern der subjektiven Grundlage entspringen. Er wird, wie der Extravertierte, seinen Ideen folgen, aber in umgekehrter Richtung, nicht nach außen, sondern nach innen. Er strebt nach Vertiefung und nicht nach Verbreiterung. Durch diese Grundanlage unterscheidet er sich von seinem extravertierten Parallelfall in ganz erheblichem Maße und in unverkennbarer Weise. Was den andern auszeichnet, nämlich seine intensive Bezogenheit auf das Objekt, fehlt ihm gelegentlich fast völlig, wie übrigens jedem introvertierten Typus. Ist das Objekt ein Mensch, so fühlt dieser Mensch deutlich, daß er eigentlich nur negativ in Frage kommt, das heißt, in milderen Fällen wird er sich seiner Überflüssigkeit bewußt, in schlimmeren fühlt er sich als störend direkt abgelehnt. Diese negative Beziehung zum Objekt, Indifferenz bis Ablehnung, charakterisiert jeden Introvertierten und macht auch die Beschreibung des introvertierten Typus überhaupt äußerst schwierig. Es tendiert in ihm alles zum Verschwinden und zur Verborgenheit. Sein Urteil erscheint als kalt, unbeugsam, willkürlich und rücksichtslos, weil es weniger auf das Objekt als auf das Subjekt bezogen ist. Es ist nichts daran zu fühlen, was dem Objekt etwa höheren Wert verliehe, sondern es geht immer etwas über das Objekt hinweg und läßt eine Überlegenheit des Subjektes durchfühlen. Höflichkeit, Liebenswürdigkeit und Freundlichkeit mögen vorhanden sein, aber öfters mit dem sonderbaren Beigeschmack einer gewissen Ängstlichkeit, welche eine Absicht dahinter verrät, nämlich die Absicht der Entwaffnung des Gegners. Er soll beruhigt oder stillgelegt werden, denn er könnte störend werden. Er ist zwar kein Gegner, aber wenn er empfindsam ist, so wird er eine gewisse Zurückdrängung, vielleicht sogar Entwertung fühlen. Das Objekt unterliegt immer einer gewissen Vernachlässigung oder wird, in schlimmeren Fällen, mit unnötigen Vorsichtsmaßregeln umgeben. So verschwindet dieser Typus gerne hinter einer Wolke von Mißverständnis, die um so dichter wird, je mehr er kompensatorisch versucht, mit Hilfe seiner minderwertigen Funktionen die Maske einer gewissen Urbanität anzunehmen, welche aber zu seinem wirklichen Wesen oft in grellstem Kontrast steht. Wenn er schon beim Ausbau seiner Ideenwelt vor keinem noch so kühnen Wagnis zurückschreckt und keinen Gedanken darum nicht denkt, weil er gefährlich, umstürzlerisch, ketzerisch und gefühlsverletzend sein könnte, so wird er doch von der größten Ängstlichkeit befallen, wenn das Wagnis äußere Wirklichkeit werden sollte. Das geht ihm gegen den Strich. Wenn er auch seine Gedanken in die Welt setzt, so führt er sie nicht ein wie eine besorgte Mutter ihre Kinder, sondern er setzt sie aus und ärgert sich höchstens, wenn sie ihr Fortkommen nicht von selber finden. Sein meist enormer Mangel an praktischer Fähigkeit oder seine Abneigung gegen Reklame in jeder Hinsicht kommen ihm dabei helfend entgegen. Wenn ihm sein Produkt subjektiv richtig und wahr erscheint, so muß es auch richtig sein, und andere haben sich dieser Wahrheit einfach zu beugen. Er wird wohl kaum hingehen, um jemand, hauptsächlich jemand von Einfluß, dafür zu gewinnen. Und wenn er es tut, so tut er es meistens dermaßen ungeschickt, daß er das Gegenteil seines Vorhabens erreicht. Mit Konkurrenten im eigenen Fach macht er meistens schlechte Erfahrungen, indem er niemals ihre Gunst zu erringen versteht; er gibt ihnen in der Regel sogar zu verstehen, wie überflüssig sie ihm sind. In der Verfolgung seiner Ideen ist er meist hartnäckig, eigensinnig und unbeeinflußbar. Seltsam kontrastiert damit seine Suggestibilität persönlichen Einflüssen gegenüber. Ist die anscheinende Ungefährlichkeit eines Objektes erkannt, so ist dieser Typus gerade minderwertigen Elementen äußerst zugänglich. Sie fassen ihn vom Unbewußten her. Er läßt sich brutalisieren und aufs schmählichste ausbeuten, wenn er nur in der Verfolgung seiner Ideen nicht gestört wird. Er sieht es nicht, wenn er hinterrücks ausgeplündert und praktisch geschädigt wird, denn seine Beziehung zum Objekt ist ihm sekundär, und die objektive Bewertung seines Produktes ist ihm unbewußt. Weil er seine Probleme nach Möglichkeit ausdenkt, kompliziert er sie und ist daher stets in allen möglichen Bedenklichkeiten befangen. So klar ihm die innere Struktur seiner Gedanken ist, so unklar ist ihm, wo und wie sie in die wirkliche Welt hineingehören. Er kann sich nur schwer darein finden anzunehmen, daß etwas, was ihm klar ist, nicht auch jedermann klar erscheint. Sein Stil ist meistens erschwert durch allerhand Zutaten, Einschränkungen, Vorschriften, Zweifel, die von seiner Bedenklichkeit herstammen. Die Arbeit geht ihm schwer von der Hand. Entweder ist er schweigsam, oder er verfällt auf Leute, die ihn nicht verstehen; damit sammelt er sich Beweisstücke für die unergründliche Dummheit der Menschen. Wird er zufällig einmal verstanden, so verfällt er leichtgläubiger Überschätzung. Gerne wird er das Opfer ehrgeiziger Frauen, die seine Kritiklosigkeit dem Objekt gegenüber auszunützen verstehen, oder er entwickelt sich zum misanthropischen Junggesellen mit einem kindlichen Herzen. Öfters ist auch sein äußeres Auftreten ungeschickt, etwa peinlich sorgfältig, um Aufsehen zu vermeiden oder auch bemerkenswert unbekümmert, von kindlicher Naivität. In seinem speziellen Arbeitsgebiet erregt er heftigsten Widerspruch, mit dem er nichts anzufangen weiß, wenn er sich durch seinen primitiven Affekt nicht etwa in eine ebenso bissige wie fruchtlose Polemik hineinreißen läßt. Er gilt als rücksichtslos und autoritär im weiteren Umkreis. Je näher man ihn kennt, desto günstiger wird das Urteil über ihn, und die Nächsten wissen seine Intimität aufs höchste zu schätzen. Für den Fernerstehenden scheint er borstig, unnahbar und hochmütig, öfters auch verbittert infolge seiner der Gesellschaft ungünstigen Vorurteile. Er hat als persönlicher Lehrer geringen Einfluß, da ihm die Mentalität seiner Schüler unbekannt ist. Auch interessiert ihn das Lehren im Grunde genommen gar nicht, wenn es ihm nicht gerade zufälligerweise ein theoretisches Problem ist. Er ist ein schlechter Lehrer, da er während des Lehrens über den Lehrstoff denkt und sich nicht mit dem Vorstellen desselben begnügt.

Mit der Verstärkung seines Typus werden seine Überzeugungen starrer und unbeugsamer. Fremde Einflüsse werden ausgeschaltet, auch persönlich wird er für die Fernerstehenden unsympathischer und dafür von den Nächsten abhängiger. Seine Sprache wird persönlicher und rücksichtsloser, und seine Ideen werden tief, vermögen sich aber im noch vorhandenen Stoff nicht mehr genügend auszudrücken. Der Mangel wird durch Emotivität und Empfindlichkeit ersetzt. Die fremde Beeinflussung, die er außen schroff ablehnt, befällt ihn von innen, von seiten des Unbewußten, und er muß Beweise dagegen häufen und zwar gegen Dinge, die Außenstehenden als gänzlich überflüssig erscheinen. Da durch den Mangel an Beziehung zum Objekt sein Bewußtsein sich subjektiviert, so erscheint ihm das als das Wichtigste, was im geheimen seine *Person* am meisten angeht. Und er beginnt, seine subjektive Wahrheit mit seiner Person zu verwechseln. Er wird zwar niemanden persönlich für seine Überzeugungen zu pressen versuchen, er wird aber giftig und persönlich gegen jede auch noch so gerechte Kritik losfahren. Damit isoliert er sich allmählich in jeder Hinsicht. Seine anfänglich befruchtenden Ideen werden destruktiv, weil sie durch den Niederschlag der Verbitterung vergiftet werden. Mit der Isolierung nach außen wächst der Kampf mit der unbewußten Beeinflussung, welche ihn allmählich zu lähmen beginnt. Ein verstärkter Hang zur Einsamkeit soll ihn vor den unbewußten Beeinflussungen schützen, sie führt ihn in der Regel aber tiefer in den Konflikt, der ihn innerlich aufreibt.

Das Denken des introvertierten Typus ist positiv und synthetisch in Hinsicht der Entwicklung von Ideen, die sich in steigendem Maße der ewigen Gültigkeit der Urbilder annähern. Lockert sich aber ihr Zusammenhang mit der objektiven Erfahrung, so werden sie mythologisch und für die momentane Zeitlage unwahr. Daher ist dieses Denken nur so lange auch für den Zeitgenossen wertvoll, als es in ersichtlichem und verstehbarem Zusammenhang mit den derzeit bekannten Tatsachen steht. Wird das Denken aber mythologisch, so wird es irrelevant und verläuft in sich selbst. Die diesem Denken gegenüberstehenden, relativ unbewußten Funktionen des Fühlens, Intuierens und Empfindens sind minderwertig und haben einen primitiv extravertierten Charakter, welchem alle die lästigen Objekteinflüsse, denen der introvertierte Denktypus unterworfen ist, zuzuschreiben sind. Die Selbstschutzmaßnahmen und die Hindernisfelder, die solche Leute um sich herum anzulegen pflegen, sind genugsam bekannt, so daß ich mir ihre Schilderung ersparen kann. Dies alles dient zur Abwehr »magischer« Einwirkungen; dazu gehört auch die Angst vor dem weiblichen Geschlecht.

Das Fühlen

Das introvertierte Fühlen ist in der Hauptsache determiniert durch den subjektiven Faktor. Dies bedeutet für das Gefühlsurteil einen ebenso wesentlichen Unterschied vom extravertierten Fühlen, wie die Introversion des Denkens von der Extraversion. Es gehört zweifellos zu den schwierigeren Dingen, den introvertierten Gefühlsprozeß intellektuell darzustellen oder auch nur annähernd zu beschreiben, obschon das eigentümliche Wesen dieses Fühlens unbedingt auffällt, wenn man seiner überhaupt gewahr wird. Da sich dieses Fühlen hauptsächlich subjektiven Vorbedingungen unterwirft und sich nur sekundär mit dem Objekt beschäftigt, so tritt es viel weniger und in der Regel mißverständlich in Erscheinung. Es ist ein Fühlen, das anscheinend die Objekte entwertet und sich darum meistens negativ bemerkbar macht. Die Existenz eines positiven Gefühles ist sozusagen nur indirekt zu erschließen. Es sucht nicht, sich dem Objektiven einzupassen, sondern sich ihm überzuordnen, indem es unbewußt versucht, die ihm zugrunde liegenden Bilder zu verwirklichen. Es sucht daher stets nach einem in der Wirklichkeit nicht anzutreffenden Bild, das es gewissermaßen zuvor gesehen hat. Es gleitet anscheinend über die Objekte, die seinem Ziel niemals passen, achtlos hinweg. Es strebt nach einer inneren Intensität, zu der die Objekte höchstens einen Anreiz beitragen. Die Tiefe dieses Gefühls läßt sich nur ahnen, aber nicht klar erfassen. Es macht die Menschen still und schwer zugänglich, da es sich vor der Brutalität des Objektes mimosenhaft zurückzieht, um den tiefen Hintergrund des Subjektes zu erfüllen. Zum Schutze schiebt es negative Gefühlsurteile vor oder eine auffallende Indifferenz.

Die urtümlichen Bilder sind bekanntlich ebenso sehr Idee wie Gefühl. Daher sind auch grundlegende Ideen wie Gott, Freiheit und Unsterblichkeit ebenso sehr Gefühlswerte, wie sie als Ideen bedeutend sind. Es ließe sich demnach alles, was vom introvertierten Denken gesagt wurde, auch auf das introvertierte Fühlen übertragen, nur wird hier alles erfühlt, was dort erdacht wird. Die Tatsache aber, daß Gedanken in der Regel verständlicher ausgedrückt werden können als Gefühle, bedingt, daß es bei diesem

Fühlen schon einer nicht gewöhnlichen sprachlichen oder künstlerischen Ausdrucksfähigkeit bedarf, um seinen Reichtum auch nur annähernd äußerlich darzustellen oder mitzuteilen. Wie das subjektive Denken wegen seiner Unbezogenheit nur schwierig ein adäquates Verständnis zu erwecken vermag, so gilt dies vielleicht in noch höherem Maße für das subjektive Fühlen. Um sich andern mitzuteilen, muß es eine äußere Form finden, welche geeignet ist, einerseits das subjektive Fühlen entsprechend aufzunehmen und anderseits dem Mitmenschen so zu übermitteln, daß in ihm ein Parallelvorgang entsteht. Wegen der relativ großen inneren (wie äußeren) Gleichheit der Menschen kann diese Wirkung auch erreicht werden, obschon es außerordentlich schwierig ist, eine dem Gefühl zusagende Form zu finden, solange nämlich das Fühlen sich wirklich noch hauptsächlich am Schatze der urtümlichen Bilder orientiert. Wird es aber durch Egozentrizität verfälscht, so wird es unsympathisch, weil es sich dann überwiegend nur noch mit dem Ich beschäftigt. Es erweckt dann unfehlbar den Eindruck sentimentaler Eigenliebe, des Sichinteressantmachens und selbst einer krankhaften Selbstbespiegelung. Wie das subjektivierte Bewußtsein des introvertierten Denkens nach einer Abstraktion der Abstraktionen strebt und damit nur eine höchste Intensität eines an sich leeren Denkprozesses erreicht, so vertieft sich auch das egozentrische Fühlen zu einer inhaltlosen Leidenschaftlichkeit, die bloß sich selber fühlt. Diese Stufe ist mystisch-ekstatisch und bereitet den Übergang in die vom Fühlen verdrängten, extravertierten Funktionen vor.

Wie dem introvertierten Denken ein primitives Fühlen, dem sich Objekte mit magischer Gewalt anhängen, gegenübersteht, so tritt dem introvertierten Fühlen ein primitives Denken gegenüber, das an Konkretismus und Tatsachensklaverei seinesgleichen sucht. Das Fühlen emanzipiert sich fortschreitend von der Beziehung aufs Objekt und schafft sich eine nur subjektiv gebundene Handlungs- und Gewissensfreiheit, die sich gegebenenfalls von allem Hergebrachten lossagt. Um so mehr verfällt das unbewußte Denken der Macht des Objektiven.

Der introvertierte Fühltypus

Das Primat des introvertierten Fühlens habe ich hauptsächlich bei Frauen angetroffen. Das Sprichwort »Stille Wasser gründen tief« gilt von diesen Frauen. Sie sind meist still, schwer zugänglich, unverständlich, öfters hinter einer kindlichen oder banalen Maske verborgen, öfters auch von melancholischem Temperament. Sie scheinen nicht und treten nicht auf. Da sie sich überwiegend von ihrem subjektiv orientierten Gefühl leiten lassen, so bleiben ihre wahren Motive meistens verborgen. Nach außen zeigen sie eine harmonische Unauffälligkeit, eine angenehme Ruhe, einen sympathischen Parallelismus, der den andern nicht veranlassen, beeindrucken oder gar bearbeiten und verändern will. Ist diese Außenseite etwas ausgeprägter, so drängt sich ein leiser Verdacht von Indifferenz und Kühle auf, der sich bis zu dem der Gleichgültigkeit für das Wohl und Wehe der andern verstärken kann. Man fühlt dann deutlich die vom Objekt sich abwendende Gefühlsbewegung. Beim normalen Typus tritt dieser Fall allerdings nur dann ein, wenn das Objekt in irgendeiner Weise zu stark einwirkt. Die harmonische Gefühlsbegleitung findet darum nur solange statt, als das Objekt in mittlerer Gefühlslage sich auf seinem eigenen Weg bewegt und den Weg des andern nicht zu durchkreuzen sucht. Eigentliche Emotionen des Objektes werden nicht begleitet, sondern gedämpft und abgewehrt, oder besser gesagt »abgekühlt« mit einem negativen Gefühlsurteil. Obschon stets eine Bereitschaft zu einem ruhigen und harmonischen Nebeneinandergehen vorhanden ist, so zeigt sich dem fremden Objekt gegenüber keine Liebenswürdigkeit, kein warmes Entgegenkommen, sondern eine indifferent erscheinende, kühle bis abweisende Art. Man bekommt gelegentlich die Überflüssigkeit der eigenen Existenz zu fühlen. Gegen etwas Mitreißendes, Enthusiastisches beobachtet dieser Typus zunächst eine wohlwollende Neutralität, bisweilen mit einem leisen Zug von Überlegenheit und Kritik, der einem empfindsamen Objekt leicht den Wind aus den Segeln nimmt. Eine anstürmende Emotion aber kann mit mörderischer Kälte schroff niedergeschlagen werden, wenn sie nicht zufälligerweise das Individuum vom Unbewußten her erfaßt, das heißt mit andern Worten irgend ein urtümliches Gefühlsbild belebt und damit das Fühlen dieses Typus gefangennimmt. Wenn dieser Fall eintritt, so empfindet eine solche Frau einfach eine momentane Lähmung, gegen die sich später unfehlbar ein um so heftigerer Widerstand erhebt, welcher das Objekt an der verwundbarsten Stelle erreichen wird. Die Beziehung zum Objekt wird möglichst in einer ruhigen und sicheren Mittellage des Gefühls gehalten unter hartnäckiger Verpönung der Leidenschaft und ihrer Ungemessenheit. Der Gefühlsausdruck bleibt daher spärlich, und das Objekt fühlt dauernd seine Minderbewertung, wenn es deren bewußt wird. Dies ist allerdings nicht immer der Fall, indem der Fehlbetrag sehr oft unbewußt bleibt, dafür aber mit der Zeit infolge unbewußten Gefühlsanspruches Symptome entwickelt, welche eine vermehrte Aufmerksamkeit erzwingen sollen.

Da dieser Typus meist kühl und reserviert erscheint, so spricht ihm ein oberflächliches Urteil leicht jedes Gefühl ab. Das ist aber grundfalsch, indem die Gefühle zwar nicht extensiv, sondern intensiv sind. Sie entwickeln sich in die Tiefe. Während zum Beispiel ein extensives Mitleidsgefühl sich an passender Stelle mit Worten und Taten äußert und sich bald von diesem Eindruck wieder befreien kann, verschließt sich ein intensives Mitleid vor jedem Ausdruck und gewinnt eine leidenschaftliche Tiefe, welche das Elend einer Welt in sich begreift und daran erstarrt. Es mag vielleicht im Übermaß herausbrechen und zu einer verblüffenden Tat sozusagen heroischen Charakters führen, zu der aber weder das Objekt noch das Subjekt ein richtiges Verhältnis finden können. Nach außen und dem blinden Auge des Extravertierten erscheint dieses Mitleid als Kälte, denn es tut nichts Sichtbares, und an unsichtbare Kräfte vermag ein extravertiertes Urteil nicht zu glauben. Dieses Mißverständnis ist ein charakteristisches Vorkommnis im Leben dieses Typus und wird in der Regel registriert als ein wichtiges Argument gegen jede tiefere Gefühlsbeziehung zum Objekt. Was aber der wirkliche Gegenstand dieses Fühlens ist, ist dem Normaltypus selbst nur ahnungsweise gegeben. Er drückt sein Ziel und seinen Inhalt vielleicht in einer verborgenen und vor profanen Augen ängstlich gehüteten Religiosität oder in ebenso vor Überraschung gesicherten poetischen Formen vor sich selber aus, nicht ohne den geheimen Ehrgeiz, damit eine Überlegenheit über das Objekt zustande zu bringen. Frauen, die Kinder haben, legen vieles davon in diese, indem sie ihnen heimlich ihre Leidenschaftlichkeit einflößen.

Obschon im Normaltypus die angedeutete Tendenz, das heimlich Gefühlte dem Objekt einmal offen und sichtbar überzuordnen oder überwältigend aufzuzwingen, keine störende Rolle spielt und niemals zu einem ernstlichen Versuch in dieser Richtung führt, so sickert davon doch etwas in die persönliche Wirkung auf das Objekt durch, in Form eines oft schwer zu definierenden, dominierenden Einflusses. Es wird etwa als ein erdrückendes oder erstickendes Gefühl empfunden, das die Umgebung in einen Bann schlägt. Dadurch gewinnt dieser Typus eine gewisse geheimnisvolle Macht, welche namentlich den extravertierten Mann in höchstem Maße faszinieren kann, weil sie sein Unbewußtes berührt. Diese Macht stammt von den erfühlten, unbewußten Bildern, wird aber vom Bewußtsein leicht auf das Ich bezogen, wodurch der Einfluß verfälscht wird im Sinne der persönlichen Tyrannei. Wenn aber das unbewußte Subjekt mit dem Ich identifiziert wird, so wandelt sich auch die geheimnisvolle Macht des intensiven Gefühls in banale und anmaßende Herrschsucht, Eitelkeit und tyrannische Zwängerei. Daraus entsteht ein Typus Frau, der wegen seines skrupellosen Ehrgeizes und wegen seiner heimtückischen Grausamkeit unvorteilhaft bekannt ist. Diese Wendung führt aber in die Neurose.

Solange das Ich sich unterhalb der Höhe des unbewußten Subjektes fühlt und das Gefühl Höheres und Mächtigeres erschließt als das Ich, ist der Typus normal. Das unbewußte Denken ist zwar archaisch, kompensiert aber hilfreich durch Reduktionen die gelegentlichen Anwandlungen, das Ich zum Subjekt zu erheben. Tritt dieser Fall aber doch ein durch völlige Unterdrückung der reduzierenden unbewußten Denkeinflüsse, dann begibt sich das unbewußte Denken in die Opposition und projiziert sich in die Objekte. Damit bekommt das egozentrisch gewordene Subjekt die Macht und Bedeutung der entwerteten Objekte zu fühlen. Das Bewußtsein beginnt zu fühlen, »was die andern denken«. Natürlich denken die andern alle möglichen Gemeinheiten, planen Übles, hetzen und intrigieren im geheimen und so weiter. Dem muß das Subjekt zuvorkommen, indem es selber anfängt, präventiv zu intrigieren und zu verdächtigen, auszuhorchen und zu kombinieren. Es wird von Gerüchten befallen, und krampfhafte Anstrengungen müssen gemacht werden, um eine drohende Unterlegenheit womöglich in eine Überlegenheit zu verwandeln. Es entstehen endlose Rivalitäten geheimer Natur, und in diesen erbitterten Kämpfen wird nicht nur kein schlechtes oder gemeines Mittel gescheut, sondern auch die Tugenden werden mißbraucht, nur um einen Trumpf ausspielen zu können. Eine solche Entwicklung führt zur Erschöpfung. Die Neurosenform ist weniger hysterisch als neurasthenisch, bei Frauen oft mit starker Mitbeteiligung des körperlichen Zustandes, zum Beispiel Anämie mit Folgezuständen.

Zusammenfassung der rationalen Typen

Die beiden vorausgegangenen Typen sind rationale, indem sie sich auf vernünftig urteilende Funktionen gründen. Das vernünftige Urteil gründet sich nicht bloß auf das objektiv Gegebene, sondern auch auf das Subjektive. Das Überwiegen des einen oder andern Faktors, bedingt durch eine oft von früher Jugend her existierende psychische Disposition, beugt allerdings die Vernunft. Ein wirklich vernünftiges Urteil sollte sich nämlich ebensowohl auf den objektiven wie auf den subjektiven Faktor berufen und beiden gerecht werden können. Das wäre aber ein Idealfall und würde eine gleichmäßige Entwicklung der Extraversion und der Introversion voraussetzen. Die beiden Bewegungen aber schließen sich aus und können, solange ihr Dilemma besteht, nebeneinander überhaupt gar nicht sein, sondern höchstens nacheinander. Darum ist auch unter den gewöhnlichen Umständen eine ideale Vernunft unmöglich. Ein rationaler Typus hat immer eine typisch variierte Vernunft. So haben die introvertierten rationalen Typen zweifellos ein vernünftiges Urteil, nur richtet sich dieses Urteil mehr nach dem subjektiven Faktor. Die Logik braucht nirgends gebeugt zu sein, denn die Einseitigkeit liegt in der Prämisse. Die Prämisse ist das vor allen Schlüssen und Urteilen bestehende Überwiegen des subjektiven Faktors. Er tritt von vornherein mit selbstverständlich höherem Wert auf als der objektive. Es handelt sich dabei, wie gesagt, keineswegs um einen erteilten Wert, sondern um eine vor aller Werterteilung vorhandene natürliche Disposition. Daher erscheint dem Introvertierten notwendigerweise das Vernunfturteil um einige Nuancen anders als dem Extravertierten. Um den allgemeinsten Fall zu erwähnen, erscheint dem Introvertierten diejenige Schlußkette, die auf den subjektiven Faktor führt, etwas vernünftiger als die, die zum Objekte führt. Diese, im einzelnen Fall zunächst geringfügige, fast unmerkliche Differenz bewirkt im Großen unüberbrückbare Gegensätze, die um so irritierender sind, je weniger einem die im Einzelfall minimale Standpunktverschiebung durch die psychologische Prämisse bewußt ist. Ein Hauptirrtum, der dabei regelmäßig passiert, ist, daß man sich bemüht, einen Irrtum im Schluß nachzuweisen, anstatt die Verschiedenheit der psychologischen Prämisse anzuerkennen. Eine solche Anerkennung fällt jedem rationalen Typus schwer, denn sie untergräbt die anscheinend absolute Gültigkeit seines Prinzips und liefert ihn seinem Gegensatz aus, was einer Katastrophe gleichkommt.

Fast mehr noch als der extravertierte Typus unterliegt der introvertierte dem Mißverständnis; nicht etwa, weil ihm der Extravertierte ein schonungsloserer oder kritischerer Gegner ist, als er selbst es sein könnte, sondern weil der Stil der Epoche, den er selber mitmacht, gegen ihn ist. Nicht dem Extravertierten gegenüber, sondern unserer allgemeinen okzidentalen Weltanschauung gegenüber befindet er sich in der Minorität, wohl nicht zahlenmäßig, sondern seinem Gefühl nach. Da er den allgemeinen Stil überzeugt mitmacht, untergräbt er sich selbst, denn der gegenwärtige Stil mit seiner fast ausschließlichen Anerkennung des Sicht- und Tastbaren ist gegen sein Prinzip. Er muß den subjektiven Faktor wegen seiner Unsichtbarkeit entwerten und sich zwingen, die extravertierte Objektüberwertung mitzumachen. Er selber schätzt den subjektiven Faktor zu niedrig ein und wird dafür von Minderwertigkeitsgefühlen heimgesucht. Es ist daher kein Wunder, daß gerade in unserer Zeit und besonders in jenen Bewegungen, die der

Gegenwart um einiges voraneilen, der subjektive Faktor sich in übertriebener und darum in geschmackloser und karikierter Weise äußert. Ich meine die heutige Kunst. Die Unterschätzung des eigenen Prinzips macht den Introvertierten egoistisch und nötigt ihm die Psychologie des Unterdrückten auf. Je egoistischer er wird, desto mehr erscheint es ihm auch, als ob die andern, die den gegenwärtigen Stil anscheinend restlos mitmachen können, die Unterdrücker wären, gegen die er sich schützen und zur Wehr setzen muß. Er sieht meistens nicht, daß er darin seinen Hauptfehler begeht, daß er am subjektiven Faktor nicht mit jener Treue und Ergebenheit hängt, mit welcher sich der Extravertierte nach dem Objekte richtet. Durch die Unterschätzung des eigenen Prinzips wird sein Hang zum Egoismus unvermeidlich, und damit verdient er sich auch das Vorurteil des Extravertierten. Bliebe er aber seinem Prinzip treu, so wäre er als Egoist grundfalsch beurteilt, und die Berechtigung seiner Einstellung würde sich durch ihre allgemeinen Wirkungen bestätigen und die Mißverständnisse zerstreuen.

Das Empfinden

Auch das Empfinden, das seinem ganzen Wesen nach auf das Objekt und den objektiven Reiz angewiesen ist, unterliegt in der introvertierten Einstellung einer beträchtlichen Veränderung. Auch hat es einen subjektiven Faktor, denn neben dem Objekt, das empfunden wird, steht ein Subjekt, welches empfindet und welches dem objektiven Reiz seine subjektive Disposition beiträgt. Das Empfinden in der introvertierten Einstellung gründet sich überwiegend auf den subjektiven Anteil der Perzeption. Was damit gemeint ist, erhellt am ehesten aus Kunstwerken, welche äußere Objekte reproduzieren. Wenn zum Beispiel mehrere Maler eine und dieselbe Landschaft malen mit der Bemühung, dieselbe getreu wiederzugeben, so wird doch jedes Gemälde vom andern verschieden sein, nicht etwa bloß vermöge eines mehr oder minder entwickelten Könnens, sondern hauptsächlich infolge eines verschiedenen Sehens, ja, es wird an einigen Gemälden sogar eine ausgesprochen psychische Verschiedenheit in der Stimmungslage und Bewegung von Farbe und Figur zutage treten. Diese Eigenschaften verraten ein mehr oder weniger starkes Mitwirken des subjektiven Faktors.

Der subjektive Faktor des Empfindens ist im wesentlichen derselbe wie für die andern bereits besprochenen Funktionen. Es ist eine unbewußte Disposition, welche die Sinnesperzeption schon in ihrem Entstehen verändert und ihr dadurch den Charakter einer reinen Objekteinwirkung wegnimmt. In diesem Fall bezieht sich die Empfindung überwiegend auf das Subjekt und erst in zweiter Linie auf das Objekt. Wie außerordentlich stark der subjektive Faktor sein kann, zeigt uns am deutlichsten die Kunst. Das Überwiegen des subjektiven Faktors geht gelegentlich bis zur völligen Unterdrückung der bloßen Objektwirkung, und doch bleibt die Empfindung dabei Empfindung; allerdings ist sie dann zu einer Wahrnehmung des subjektiven Faktors geworden, und die Objekteinwirkung ist auf die Stufe eines bloßen Anregers gesunken. Das introvertierte Empfinden entwickelt sich in dieser Richtung. Es besteht zwar eine richtige Sinneswahrnehmung, aber es hat den Anschein, als ob die Objekte gar nicht eigentlich ins Subjekt eindringen würden, sondern als ob das Subjekt die Dinge ganz anders oder ganz andere Dinge sähe als andere Menschen. Tatsächlich nimmt das Subjekt dieselben Dinge wahr wie jedermann, verweilt aber dann keineswegs bei der reinen Objekteinwirkung, sondern beschäftigt sich mit der durch den objektiven Reiz ausgelösten subjektiven Wahrnehmung.

Die subjektive Wahrnehmung ist merklich verschieden von der objektiven. Sie ist im Objekt entweder gar nicht oder höchstens andeutungsweise anzutreffen, das heißt, sie kann zwar in andern Menschen ähnlich sein, aber sie ist im objektiven Verhalten der Dinge nicht unmittelbar zu begründen. Sie macht nicht den Eindruck eines Bewußtseinsproduktes, dazu ist sie zu genuin. Sie macht aber einen psychischen Eindruck, da in ihr Elemente von einer höheren psychischen Ordnung erkennbar sind. Jedoch stimmt diese Ordnung nicht überein mit den Inhalten des Bewußtseins. Es handelt sich um kollektiv-unbewußte Voraussetzungen oder Dispositionen, um mythologische Bilder, Urmöglichkeiten von Vorstellungen. Der subjektiven Wahrnehmung haftet der Charakter des Bedeutenden an. Sie sagt mehr als das reine Bild des Objektes, natürlich nur zu dem, dem der subjektive Faktor überhaupt etwas sagt. Einem andern scheint ein reproduzierter subjektiver Eindruck an der Eigenschaft zu leiden, daß er keine genügende Ähnlichkeit mit dem Objekt besitzt und darum seinen Zweck verfehlt habe. Das introvertierte Empfinden erfaßt daher mehr die Hintergründe der physischen Welt als ihre Oberfläche. Es empfindet nicht die Realität des Objektes als das Ausschlaggebende, sondern die Realität des subjektiven Faktors, nämlich der urtümlichen Bilder, welche in ihrer Gesamtheit eine psychische Spiegelwelt darstellen. Dieser Spiegel hat aber die eigentümliche Fähigkeit, die gegenwärtigen Inhalte des Bewußtseins nicht in ihrer uns bekannten und geläufigen Form darzustellen, sondern in gewissem Sinne sub specie aeternitatis, nämlich etwa so, wie ein Millionen Jahre altes Bewußtsein sie sehen würde. Ein solches Bewußtsein würde das Werden und Vergehen der Dinge zugleich mit ihrem gegenwärtigen und momentanen Sein sehen und nicht nur das, sondern zugleich auch das andere, das vor ihrem Werden war und nach ihrem Vergehen sein wird. Der gegenwärtige Moment ist diesem Bewußtsein unwahrscheinlich. Selbstverständlich ist dies nur ein Gleichnis, dessen ich aber bedarf, um das eigentümliche Wesen der introvertierten Empfindung einigermaßen zu veranschaulichen. Die introvertierte Empfindung vermittelt ein Bild, welches weniger das Objekt reproduziert, als daß es das Objekt überkleidet mit dem Niederschlag uralter und zukünftiger subjektiver Erfahrung. Dadurch wird der bloße Sinneseindruck entwickelt nach der Tiefe des Ahnungsreichen, während die extravertierte Empfindung das momentane und offen zutage liegende Sein der Dinge erfaßt.

Der introvertierte Empfindungstypus

Das Primat des introvertierten Empfindens schafft einen bestimmten Typus, der sich durch gewisse Eigentümlichkeiten auszeichnet. Er ist ein irrationaler Typus, insofern er unter dem Vorkommenden nicht vorwiegend nach Vernunfturteilen auswählt, sondern sich nach dem richtet, was eben vorkommt. Während der extravertierte Empfindungstypus durch die Intensität der Objekteinwirkung determiniert ist, orientiert sich der introvertierte nach der Intensität des durch den objektiven Reiz ausgelösten subjektiven Empfindungsanteiles. Dabei besteht, wie ersichtlich, gar kein proportionaler Zusammenhang zwischen Objekt und Empfindung, sondern ein anscheinend durchaus unabgemessener und willkürlicher. Es ist von außen darum sozusagen nie vorauszusehen, was Eindruck machen wird und was nicht. Wäre eine der Empfindungsstärke proportionale Ausdrucksfähigkeit und -willigkeit vorhanden, so würde die Irrationalität dieses Typus außerordentlich auffallen. Dies ist zum Beispiel der Fall, wenn das Individuum ein produzierender Künstler ist. Da dies aber ein Ausnahmefall ist, so verbirgt die für den Introvertierten charakteristische Ausdruckserschwerung auch seine Irrationalität. Er kann im Gegenteil durch seine Ruhe oder Passivität oder durch eine vernünftige Selbstbeherrschung auffallen. Diese Eigentümlichkeit, welche das oberflächliche Urteil irreleitet, verdankt ihre Existenz der Nichtbezogenheit auf die Objekte. Das Objekt wird im Normalfall zwar keineswegs bewußt entwertet, aber sein Anreiz wird ihm dadurch entzogen, daß er sofort durch eine subjektive Reaktion, die sich auf die Wirklichkeit des Objektes weiter nicht mehr bezieht, ersetzt wird. Das wirkt natürlich wie eine Objektentwertung. Ein solcher Typus kann einem leicht die Frage beibringen, wozu man überhaupt existiere, wozu überhaupt Objekte daseinsberechtigt seien, da ja doch alles Wesentliche ohne das Objekt passiere. Dieser Zweifel mag in extremen Fällen berechtigt sein, im Normalfall aber nicht, denn der Empfindung ist der objektive Reiz unerläßlich, nur bringt er anderes hervor, als nach der äußeren Sachlage vermutet werden könnte.

Von außen betrachtet sieht es aus, als ob die Objekteinwirkung überhaupt nicht zum Subjekt vordringen würde. Dieser Eindruck ist insofern richtig, als ein subjektiver, dem Unbewußten entstammender Inhalt sich dazwischen drängt und die Objekteinwirkung abfängt. Dieses Dazwischentreten kann mit solcher Schroffheit erfolgen, daß man den Eindruck gewinnt, als schütze sich das Individuum direkt vor Objekteinwirkungen. In einem irgendwie gesteigerten Fall ist auch tatsächlich eine solche schützende Abwehr vorhanden. Wenn das Unbewußte nur um etwas verstärkt ist, so wird der subjektive Empfindungsanteil dermaßen lebendig, daß er die Objekteinwirkung fast gänzlich überdeckt. Daraus entsteht einerseits für das Objekt das Gefühl einer völligen Entwertung, andererseits für das Subjekt eine illusionäre Auffassung der Wirklichkeit, die allerdings nur in krankhaften Fällen soweit geht, daß das Individuum nicht mehr imstande wäre, zwischen dem wirklichen Objekt und der subjektiven Wahrnehmung zu unterscheiden. Obschon eine so wichtige Unterscheidung erst in einem nahezu psychotischen Zustand gänzlich verschwindet, so kann doch längst zuvor die subjektive Wahrnehmung das Denken, Fühlen und Handeln in höchstem Maße beeinflussen, obschon das Objekt in seiner ganzen Wirklichkeit klar gesehen wird. In Fällen, wo die Objekteinwirkung infolge besonderer Umstände, zum Beispiel infolge besonderer Intensität oder völliger Analogie mit dem unbewußten Bilde, bis zum Subjekt vordringt, ist auch der Normalfall dieses Typus veranlaßt, nach seiner unbewußten Vorlage zu *handeln*. Dieses Handeln ist in bezug auf die objektive Wirklichkeit von illusionärem Charakter und darum äußerst befremdlich. Es enthüllt mit einem Schlage die wirklichkeitsfremde Subjektivität des Typus. Wo aber die Objekteinwirkung nicht völlig durchdringt, da begegnet sie einer wenig Anteilnahme verratenden, wohlwollenden Neutralität, welche stets zu beruhigen und auszugleichen bestrebt ist. Das allzu Niedere wird etwas gehoben, das allzu Hohe etwas niedriger gemacht, das Enthusiastische gedämpft, das Extravagante gezügelt und das Ungewöhnliche auf die »richtige« Formel gebracht, all dies, um die Objekteinwirkung in den nötigen Schranken zu halten. Dadurch wirkt auch dieser Typus auf die Umgebung drückend, sofern seine gänzliche Harmlosigkeit nicht außer allem Zweifel steht. Ist letzteres aber der Fall, so wird das Individuum leicht das Opfer der Aggressivität und der Herrschsucht anderer. Solche Menschen lassen sich in der Regel mißbrauchen und rächen sich dafür an ungeeigneter Stelle durch vermehrte Resistenz und Störrigkeit.

Ist keine künstlerische Ausdrucksfähigkeit vorhanden, so gehen alle Eindrücke nach innen in die Tiefe und halten das Bewußtsein im Banne, ohne daß es ihm möglich wäre, des faszinierenden Eindruckes durch bewußten Ausdruck Herr zu werden. Für seine Eindrücke stehen diesem Typus nur archaische Ausdrucksmöglichkeiten zu relativer Verfügung, weil Denken und Fühlen relativ unbewußt sind und, insofern sie bewußt sind, nur über die notwendigen, banalen und alltäglichen Ausdrücke verfügen. Sie sind als bewußte Funktionen darum ganz ungeeignet, die subjektiven Wahrnehmungen adäquat wiederzugeben. Dieser Typus ist daher dem objektiven Verständnis äußerst schwer erschließbar, wie er auch sich selber meist verständnislos gegenübersteht.

Seine Entwicklung entfernt ihn hauptsächlich von der Wirklichkeit des Objektes und liefert ihn an seine subjektiven Wahrnehmungen aus, die sein Bewußtsein im Sinne einer archaischen Wirklichkeit orientieren, obschon ihm dieses Faktum aus Mangel an vergleichendem Urteil gänzlich unbewußt bleibt. Tatsächlich bewegt er sich aber in einer mythologischen Welt, in der ihm Menschen, Tiere, Eisenbahnen, Häuser, Flüsse und Berge zum Teil als huldvolle Götter und zum Teil als übelwollende Dämonen erscheinen. Daß sie ihm so erscheinen, ist ihm unbewußt. Aber sie wirken als solche auf sein Urteilen und Handeln. Er urteilt und handelt so, als ob er es mit solchen Mächten zu tun hätte. Dies fängt erst dann an, ihm aufzufallen, wenn er entdeckt, daß seine Empfindungen von der Wirklichkeit total verschieden sind. Neigt er mehr zur objektiven Vernunft, so wird er diesen Unterschied als krankhaft empfinden, ist er dagegen, getreu seiner Irrationalität, bereit, seiner Empfindung Realitätswert zuzusprechen, so wird ihm die objektive Welt zum Schein und zur Komödie. Es sind aber nur zum Extrem geneigte Fälle, welche dieses Dilemma erreichen. In der Regel begnügt sich das Individuum mit seiner Eingeschlossenheit und mit der Banalität der Wirklichkeit, die es aber unbewußt archaisch behandelt.

Sein Unbewußtes ist hauptsächlich gekennzeichnet durch die Verdrängung der Intuition, welch letztere einen extravertierten und archaischen Charakter hat. Während die extravertierte Intuition jene charakteristische Findigkeit, die »gute Nase« für alle Möglichkeiten der objektiven Wirklichkeit besitzt, hat die unbewußte, archaische Intuition ein Witterungsvermögen für alle zweideutigen, düstern, schmutzigen und gefährlichen Hintergründe der Wirklichkeit. Dieser Intuition gegenüber will die wirkliche und bewußte Absicht des Objektes nichts bedeuten, sondern sie wittert dahinter alle Möglichkeiten der archaischen Vorstufen einer solchen Absicht. Sie hat daher etwas geradezu gefährlich Untergrabendes, das oft in grellstem Kontrast steht zu der wohlwollenden Harmlosigkeit des Bewußtseins. Solange das Individuum sich nicht zu weit vom Objekt entfernt, wirkt die unbewußte Intuition als heilsame Kompensation für die etwas phantastische und zur Leichtgläubigkeit neigende Einstellung des Bewußtseins. Tritt das Unbewußte aber in Opposition zum Bewußtsein, dann erreichen solche Intuitionen die Oberfläche und entfalten ihre verderblichen Wirkungen, indem sie sich zwangsweise dem Individuum aufnötigen und Zwangsvorstellungen widerwärtigster Art über Objekte auslösen. Die daraus entstehende Neurose ist in der Regel eine Zwangsneurose, in der die hysterischen Züge hinter Erschöpfungssymptomen zurücktreten.

Die Intuition

Die Intuition in der introvertierten Einstellung richtet sich auf die inneren Objekte, wie man mit Recht die Elemente des Unbewußten bezeichnen könnte. Die inneren Objekte verhalten sich nämlich zum Bewußtsein ganz analog wie äußere Objekte, obschon sie nicht von einer physischen, sondern von einer psychischen Realität sind. Die inneren Objekte erscheinen der intuitiven Wahrnehmung als subjektive Bilder von Dingen, die in der äußeren Erfahrung nicht anzutreffen sind, sondern die Inhalte des Unbewußten, in letzter Linie des kollektiven Unbewußten, ausmachen. Diese Inhalte sind in ihrem An- und Fürsichsein natürlich keiner Erfahrung zugänglich, eine Eigenschaft, die sie mit dem äußeren Objekt gemeinsam haben. Wie die äußeren Objekte nur ganz relativ so sind, wie wir sie perzipieren, so sind auch die Erscheinungsformen der inneren Objekte relativ, Produkte ihrer uns unzugänglichen Essenz und der Eigenart der intuitiven Funktion. Wie die Empfindung, so hat auch die Intuition ihren subjektiven Faktor, welcher in der extravertierten Intuition möglichst unterdrückt, in der introvertierten aber zur maßgebenden Größe wird. Wenn schon die introvertierte Intuition ihren Anstoß von äußeren Objekten empfangen mag, so hält sie sich doch nicht bei den äußeren Möglichkeiten auf, sondern verweilt bei dem, was durch das Äußere innerlich ausgelöst wurde. Während sich die introvertierte Empfindung in der Hauptsache auf die Wahrnehmung der eigenartigen Innervationserscheinungen durch das Unbewußte beschränkt und bei

ihnen verweilt, unterdrückt die Intuition diese Seite des subjektiven Faktors und nimmt das Bild wahr, welches diese Innervation
veranlaßt hat. Wird zum Beispiel jemand von einem psychogenen
Schwindelanfall betroffen, verweilt die Empfindung bei der eigenartigen Beschaffenheit dieser Innervationsstörung und nimmt alle
ihre Qualitäten, ihre Intensität, ihren zeitlichen Ablauf, die Art
ihres Entstehens und Vergehens mit allen Einzelheiten wahr, ohne
sich im geringsten darüber zu erheben und zu ihrem Inhalt, von
dem die Störung ausging, fortzuschreiten. Die Intuition dagegen
empfängt aus der Empfindung nur den Anstoß zu sofortiger Tätigkeit, sie versucht dahinter zu sehen und nimmt auch bald das
innere Bild wahr, welches die Ausdruckserscheinung, eben den
Schwindelanfall, veranlaßt hat. Sie sieht das Bild eines schwanken-
den Mannes, der von einem Pfeil ins Herz getroffen wurde. Dieses
Bild fasziniert die intuitive Tätigkeit, sie verweilt bei ihm und
sucht alle seine Einzelheiten auszukundschaften. Sie hält das Bild
fest und konstatiert mit lebhaftester Anteilnahme, wie sich dieses
Bild verändert und weiter entwickelt und schließlich verschwindet.

Auf diese Weise nimmt die introvertierte Intuition alle Hinter-
grundsvorgänge des Bewußtseins etwa mit derselben Deutlichkeit
wahr, wie die extravertierte Empfindung die äußeren Objekte. Für
die Intuition erlangen daher die unbewußten Bilder die Dignität
von Dingen oder Objekten. Weil aber die Intuition die Mitwirkung der Empfindung ausschließt, so erlangt sie entweder gar keine oder eine nur ungenügende Kenntnis der Innervationsstörun-
gen, der Beeinflussungen des Körpers durch die unbewußten Bilder. Dadurch erscheinen die Bilder als vom Subjekt losgelöst und
als für sich selber ohne Beziehung zur Person existierend. Infolgedessen würde im vorhin erwähnten Beispiel der vom Schwindelanfall betroffene introvertierte Intuitive nicht auf den Gedanken
kommen, daß sich das wahrgenommene Bild auch irgendwie auf
ihn selber beziehen könnte. Das erscheint natürlich einem urteilend Eingestellten als beinahe undenkbar, ist aber trotzdem eine
Tatsache, die ich bei diesem Typus oftmals erfahren habe.

Die merkwürdige Indifferenz des extravertierten Intuitiven in
bezug auf äußere Objekte hat auch der introvertierte in bezug auf
innere Objekte. Wie der extravertierte Intuitive immerfort neue
Möglichkeiten wittert und diesen unbekümmert sowohl um das
eigene wie um das Wohl und Wehe der andern nachgeht, achtlos
über menschliche Rücksichten hinweg tritt und in ewiger Verän-
derungssucht kaum Erbautes wieder niederreißt, so bewegt sich
der introvertierte von Bild zu Bild, allen Möglichkeiten des gebä-
renden Schoßes des Unbewußten nachjagend, ohne den Zusam-

menhang der Erscheinung mit sich herzustellen. Wie die Welt demjenigen, der sie bloß empfindet, nie zum moralischen Problem wird, so wird auch dem Intuitiven die Welt der Bilder nie zum moralischen Problem. Sie ist dem einen wie dem andern *ein ästhetisches Problem*, eine Frage der Wahrnehmung, eine »Sensation«. Auf diese Weise entschwindet dem introvertierten Intuitiven das Bewußtsein seiner körperlichen Existenz sowohl wie ihrer Wirkung auf andere. Der extravertierte Standpunkt würde von ihm sagen, »die Wirklichkeit existiert nicht für ihn, er hängt unfruchtbaren Träumereien nach«. Die Anschauung der Bilder des Unbewußten, welche die schaffende Kraft in unerschöpflicher Fülle erzeugt, ist allerdings in bezug auf unmittelbare Nützlichkeit unfruchtbar. Insofern jedoch diese Bilder Möglichkeiten sind von Auffassungen, welche der Energie gegebenenfalls ein neues Gefälle zu verleihen vermögen, so ist auch diese Funktion, welche der äußeren Welt die allerfremdeste ist, im psychischen Gesamthaushalt unerläßlich, wie auch der entsprechende Typus dem psychischen Leben eines Volkes keineswegs fehlen darf. Israel hätte seine Propheten nicht gehabt, wenn dieser Typus nicht existierte.

Die introvertierte Intuition erfaßt die Bilder, welche aus den a priori, das heißt infolge Vererbung vorhandenen Grundlagen des unbewußten Geistes stammen. Diese Archetypen, deren innerstes Wesen der Erfahrung unzugänglich ist, stellen den Niederschlag des psychischen Funktionierens der Ahnenreihe dar, das heißt die durch millionenfache Wiederholung aufgehäuften und zu Typen verdichteten Erfahrungen des organischen Daseins überhaupt. In diesen Archetypen sind daher alle Erfahrungen vertreten, welche seit Urzeit auf diesem Planeten vorgekommen sind. Sie sind im Archetypus um so deutlicher, je häufiger und je intensiver sie waren. Der Archetypus wäre, um mit Kant zu reden, etwa das Noumenon des Bildes, welches die Intuition wahrnimmt und im Wahrnehmen erzeugt. Da das Unbewußte nun keineswegs etwas ist, das bloß daliegt wie ein psychisches caput mortuum, sondern vielmehr etwas, das mitlebt und innere Verwandlungen erfährt, Verwandlungen, die in innerer Beziehung zum allgemeinen Geschehen überhaupt stehen, so gibt die introvertierte Intuition durch die Wahrnehmung der inneren Vorgänge gewisse Daten, die von hervorragender Wichtigkeit für die Auffassung des allgemeinen Geschehens sein können; sie kann sogar die neuen Möglichkeiten sowohl wie das später tatsächlich Eintreffende in mehr oder weniger klarer Weise voraussehen. Ihre prophetische Voraussicht ist erklärbar aus ihrer Beziehung zu den Archetypen, welche den gesetzmäßigen Ablauf aller erfahrbaren Dinge darstellen.

Der introvertierte intuitive Typus

Die Eigenart der introvertierten Intuition schafft auch, wenn sie das Primat erlangt, einen eigenartigen Typus, nämlich den mystischen Träumer und Seher einerseits, den Phantasten und Künstler anderseits. Der letztere Fall dürfte der Normalfall sein, denn im allgemeinen besteht bei diesem Typus die Neigung, sich auf den Wahrnehmungscharakter der Intuition zu beschränken. Der Intuitive bleibt in der Regel beim Wahrnehmen, sein höchstes Problem ist das Wahrnehmen, und – insofern er ein produktiver Künstler ist – die Gestaltung der Wahrnehmung. Der Phantast aber begnügt sich mit der Anschauung, durch die er sich gestalten, das heißt determinieren läßt. Die Vertiefung der Intuition bewirkt natürlich eine oft außerordentliche Entfernung des Individuums von der handgreiflichen Wirklichkeit, so daß er selbst seiner näheren Umgebung zum völligen Rätsel wird. Ist er ein Künstler, so verkündet seine Kunst außerordentliche, weltentrückte Dinge, die in allen Farben schillern, bedeutend und banal, schön und grotesk, erhaben und schrullenhaft zugleich sind. Ist er kein Künstler, so ist er häufig ein verkanntes Genie, eine verbummelte Größe, eine Art weiser Halbnarr, eine Figur für »psychologische« Romane.

Obschon es nicht ganz auf der Linie des introvertierten Intuitionstypus liegt, die Wahrnehmung zu einem moralischen Problem zu machen, indem dazu eine gewisse Verstärkung der urteilenden Funktionen nötig ist, so genügt doch schon eine relativ geringe Differenzierung des Urteils, um die Anschauung aus dem rein Ästhetischen ins Moralische überzuführen. Dadurch entsteht eine Spielart dieses Typus, welche von seiner ästhetischen Form wesentlich verschieden, für den introvertierten Intuitiven aber trotzdem charakteristisch ist. Das moralische Problem entsteht dann, wenn der Intuitive sich zu seiner Vision in Beziehung setzt, wenn er sich nicht mehr mit der bloßen Anschauung und ihrer ästhetischen Bewertung und Gestaltung begnügt, sondern zu der Frage gelangt: Was heißt das für mich oder für die Welt? Was geht daraus hervor für mich oder für die Welt in Hinsicht einer Pflicht oder Aufgabe? Der reine Intuitive, der das Urteil verdrängt oder ein solches nur im Banne der Wahrnehmung besitzt, gelangt im Grunde genommen nie zu dieser Frage, denn seine Frage ist nur das Wie der Wahrnehmung. Er findet darum das moralische Problem unverständlich oder gar absurd und verbannt darum das Denken über das Geschaute soviel wie möglich. Anders der moralisch eingestellte Intuitive. Er beschäftigt sich mit der Bedeutung seiner Vision, er kümmert sich weniger um ihre weiteren ästhetischen Möglichkeiten als vielmehr um ihre möglichen moralischen

Wirkungen, die aus ihrer inhaltlichen Bedeutung für ihn hervorgehen. Sein Urteil läßt ihn, allerdings öfters nur dämmerhaft, erkennen, daß er als Mensch, als Ganzes irgendwie in seine Vision einbezogen ist, daß sie etwas ist, das nicht bloß angeschaut werden kann, sondern auch zum Leben des Subjektes werden möchte. Durch diese Erkenntnis fühlt er sich verpflichtet, seine Vision in sein eigenes Leben umzugestalten. Da er sich aber in der überwiegenden Hauptsache auf die Vision allein stützt, so gerät sein moralischer Versuch einseitig; er macht sich und sein Leben symbolisch, angepaßt zwar an den inneren und ewigen Sinn des Geschehens, unangepaßt aber an die gegenwärtige tatsächliche Wirklichkeit. Damit beraubt er sich auch der Wirksamkeit auf diese, denn er bleibt unverständlich. Seine Sprache ist nicht die, die allgemein gesprochen wird, sondern eine zu subjektive. Seinen Argumenten fehlt die überzeugende Ratio. Er kann nur bekennen oder verkündigen. Er ist die Stimme des Predigers in der Wüste.

Der introvertierte Intuitive verdrängt die Empfindung des Objektes am allermeisten. Dadurch ist sein Unbewußtes gekennzeichnet. Im Unbewußten besteht eine kompensierende extravertierte Empfindungsfunktion von archaischem Charakter. Die unbewußte Persönlichkeit ließe sich daher am ehesten beschreiben als ein extravertierter Empfindungstypus niedriger, primitiver Gattung. Triebhaftigkeit und Maßlosigkeit sind die Eigenschaften dieser Empfindung, samt einer außerordentlichen Gebundenheit an den sinnlichen Eindruck. Diese Qualität kompensiert die dünne Höhenluft der bewußten Einstellung und gibt ihr eine gewisse Schwere, so daß eine völlige »Sublimierung« verhindert wird. Tritt aber durch eine forcierte Übertreibung der bewußten Einstellung eine völlige Unterordnung unter die innere Wahrnehmung ein, so begibt sich das Unbewußte in die Opposition, und es entstehen dann Zwangsempfindungen mit übermäßiger Gebundenheit ans Objekt, welche der bewußten Einstellung widerstreben. Die Neurosenform ist eine Zwangsneurose, die als Symptome teils hypochondrische Erscheinungen, teils Überempfindlichkeit der Sinnesorgane, teils Zwangsbindungen an bestimmte Personen oder andere Objekte aufweist.

Zusammenfassung der irrationalen Typen

Die beiden eben geschilderten Typen sind einer äußerlichen Beurteilung fast unzugänglich. Da sie introvertiert sind und infolgedessen eine geringere Fähigkeit oder Willigkeit zur Äußerung haben, so geben sie nur wenig Handhaben zu einer treffenden Beurteilung. Da ihre Haupttätigkeit sich nach innen richtet, so ist außen nichts als Zurückhaltung, Verstecktheit, Teilnahmslosigkeit oder Unsicherheit und anscheinend unbegründete Verlegenheit sichtbar. Wenn sich etwas äußert, so sind es meistenteils indirekte Manifestationen der minderwertigen und relativ unbewußten Funktionen. Äußerungen solcher Art bedingen natürlich ein Vorurteil der Umgebung gegen diese Typen. Infolgedessen werden sie meistenteils unterschätzt oder zum mindesten nicht begriffen. In dem Maße, als diese Typen sich selber nicht begreifen, da ihnen eben das Urteil in hohem Maße fehlt, so können sie auch nicht verstehen, warum sie beständig von der öffentlichen Meinung unterschätzt werden. Sie sehen nämlich nicht ein, daß ihre nach außen gehende Leistung auch tatsächlich von minderwertiger Beschaffenheit ist. Ihr Blick ist gebannt vom Reichtum der subjektiven Ereignisse. Was innen geschieht, ist dermaßen fesselnd und von solch unerschöpflichem Reiz, daß sie gar nicht bemerken, daß das, was sie davon der Umgebung mitteilen, in der Regel nur höchst wenig von dem enthält, was sie in sich selbst als damit verbunden erleben. Der fragmentarische und meist bloß episodische Charakter ihrer Mitteilungen stellt zu hohe Anforderungen an das Verständnis und an die Bereitwilligkeit der Umgebung, zudem fehlt ihrer Mitteilung eine dem Objekt zufließende Wärme, welche einzig überzeugende Kraft haben könnte. Im Gegenteil zeigen diese Typen sehr oft ein barsch abweisendes Verhalten gegen außen, obschon ihnen dies gar nicht bewußt ist und sie es auch nicht zu zeigen beabsichtigen. Man wird solche Menschen gerechter beurteilen und mit mehr Nachsicht umgeben, wenn man weiß, wie schwer sich das, was innerlich erschaut wird, in eine verständliche Sprache übertragen läßt. Immerhin darf diese Nachsicht keineswegs so weit gehen, daß man ihnen die Anforderung der Mitteilung überhaupt erließe. Dies würde solchen Typen zum größten Schaden gereichen. Das Schicksal selbst bereitet ihnen, vielleicht noch öfter als andern Menschen, überwältigende äußere Schwierigkeiten, die sie vom Rausche der inneren Anschauung zu ernüchtern vermögen. Es muß aber oft eine große Not sein, die ihnen die menschliche Mitteilung endlich abpreßt.

Von einem extravertierten und rationalistischen Standpunkt aus sind diese Typen wohl die allerunnützlichsten aller Menschen. Von einem höheren Standpunkt aus gesehen sind solche Menschen lebendige Zeugen für die Tatsache, daß die reiche und vielbewegte Welt und ihr überquellendes und berauschendes Leben nicht nur außen, sondern auch innen ist. Gewiß sind diese Typen einseitige Demonstrationen der Natur, aber sie sind lehrreich für den, der sich nicht von der jeweiligen geistigen Mode verblenden läßt. Menschen von solcher Einstellung sind Kulturförderer und Erzie-

her in ihrer Art. Ihr Leben lehrt mehr, als was sie sagen. Wir
verstehen aus ihrem Leben und nicht zum mindesten gerade aus
ihrem größten Fehler, ihrem Nichtmitteilenkönnen, einen der
großen Irrtümer unserer Kultur, nämlich den Aberglauben an das
Sagen und Darstellen, die maßlose Überschätzung des Belehrens
durch Worte und durch Methoden. Ein Kind läßt sich gewiß imponieren durch die großen Worte der Eltern, und man scheint
sogar zu glauben, daß das Kind damit erzogen werde. In Wirklichkeit erzieht das, was die Eltern leben, das Kind, und was die
Eltern noch an Wortgesten dazufügen, verwirrt das Kind höchstens. Das gleiche gilt vom Lehrer. Aber man glaubt so sehr an
die Methoden, daß, wenn nur die Methode gut ist, auch der Lehrer, der sie ausübt, dadurch geheiligt erscheint. Ein minderwertiger Mensch ist niemals ein guter Lehrer. Er verbirgt aber seine
schädliche Minderwertigkeit, welche den Schüler heimlich vergiftet, hinter einer ausgezeichneten Methodik und einer ebenso
glänzenden intellektuellen Ausdrucksfähigkeit. Natürlich verlangt
der Schüler von reiferem Alter nichts Besseres als die Kenntnis
der nützlichen Methoden, weil er der allgemeinen Einstellung,
welche an die siegreiche Methode glaubt, schon erlegen ist. Er hat
bereits erfahren, daß der leerste Kopf, der eine Methode gut
nachbeten kann, der beste Schüler ist. Seine ganze Umgebung re-
det und lebt es ihm vor, daß aller Erfolg und alles Glück außen
ist und daß man nur der richtigen Methode bedürfe, um das Ge-
wünschte zu erreichen. Oder demonstriert ihm etwa das Leben
seines Religionslehrers jenes Glück, das vom Reichtum der inneren Anschauung ausstrahlt? Gewiß sind die irrationalen introvertierten Typen keine Lehrer vollendeter Menschlichkeit. Ihnen
fehlt die Vernunft und die Ethik der Vernunft; aber ihr Leben
lehrt die andere Möglichkeit, die unsere Kultur schmerzlich vermissen läßt.

Hauptfunktion und Hilfsfunktion

Durch die vorangegangenen Beschreibungen möchte ich keineswegs den Eindruck erwecken, als ob diese Typen in solcher Reinheit irgendwie häufiger in praxi vorkämen. Es sind gewissermaßen nur Galtonsche Familienphotographien, welche den gemeinsamen, und deshalb typischen Zug kumulieren und dadurch unverhältnismäßig herausheben, während die individuellen Züge
ebenso unverhältnismäßig verwischt werden. Die genaue Untersuchung des individuellen Falles ergibt die offenbar gesetzmäßige
Tatsache, daß neben der am meisten differenzierten Funktion
stets eine zweite Funktion von sekundärer Bedeutung und darum

von minderer Differenzierung im Bewußtsein vorhanden und relativ determinierend ist.

Um es aus Gründen der Klarheit nochmals zu wiederholen: bewußt können die Produkte aller Funktionen sein; wir sprechen aber nur dann von Bewußtheit einer Funktion, wenn nicht nur ihre Ausübung dem Willen zur Verfügung steht, sondern auch ihr Prinzip für die Orientierung des Bewußtseins maßgebend ist. Letzteres aber ist dann der Fall, wenn zum Beispiel das Denken nicht nur ein nachhinkendes Überlegen und Ruminieren ist, sondern wenn sein Schließen eine absolute Gültigkeit besitzt, so daß der logische Schluß gegebenenfalls ohne irgendwelche andere Evidenz als Motiv sowohl wie als Garantie des praktischen Handelns gilt. Diese absolute Vormachtstellung kommt empirisch immer nur einer Funktion zu und kann nur einer Funktion zukommen, denn die ebenso selbständige Intervention einer andern Funktion würde notwendigerweise eine andere Orientierung ergeben, welche der ersteren, teilweise wenigstens, widersprechen würde. Da es aber eine vitale Bedingung für den bewußten Anpassungsprozeß ist, stets klare und eindeutige Ziele zu haben, so verbietet sich naturgemäß eine Gleichordnung einer zweiten Funktion. Die zweite Funktion kann daher nur von sekundärer Bedeutung sein, was sich auch empirisch stets bestätigt. Ihre sekundäre Bedeutung besteht darin, daß sie nicht, wie die primäre Funktion, gegebenenfalls einzig und allein als absolut verläßlich sowohl wie als ausschlaggebend gilt, sondern mehr als Hilfs- oder Ergänzungsfunktion in Betracht kommt. Als sekundäre Funktion kann natürlich nur eine solche auftreten, deren Wesen nicht im Gegensatz zur Hauptfunktion steht. Neben dem Denken kann zum Beispiel niemals das Fühlen als zweite Funktion auftreten, denn sein Wesen steht zu sehr im Gegensatz zu dem des Denkens. Das Denken muß das Fühlen sorgfältig ausschließen, wenn anders es ein wirkliches, seinem Prinzip getreues Denken sein will. Dies schließt natürlich nicht aus, daß es Individuen gibt, denen das Denken auf gleicher Höhe wie das Fühlen steht, wobei beide von gleicher bewußter Motivkraft sind. In einem solchen Falle handelt es sich aber auch nicht um einen differenzierten Typus, sondern um ein relativ unentwickeltes Denken und Fühlen. Die gleichmäßige Bewußtheit und Unbewußtheit der Funktionen ist daher ein Kennzeichen des primitiven Geisteszustandes.

Die sekundäre Funktion ist erfahrungsgemäß immer eine solche, deren Wesen anders, aber nicht gegensätzlich zur Hauptfunktion ist; also zum Beispiel kann sich ein Denken als Hauptfunktion leicht mit Intuition als sekundärer Funktion paaren, oder auch ebenso gut mit Empfindung, aber, wie gesagt, niemals mit Fühlen.

Die Intuition sowohl wie die Empfindung sind nicht gegensätzlich zum Denken, das heißt, sie müssen nicht unbedingt ausgeschlossen werden, denn sie sind dem Denken nicht wesensähnlich in umgekehrtem Sinne wie das Fühlen, welches als Urteilsfunktion mit dem Denken erfolgreich konkurriert, sondern sie sind Wahrnehmungsfunktionen, welche dem Denken willkommene Hilfe gewähren. Sobald sie aber auf eine dem Denken gleiche Höhe der Differenzierung gelangten, würden sie eine Veränderung der Einstellung bedingen, die der Tendenz des Denkens widerspräche. Sie würden nämlich aus der urteilenden Einstellung eine wahrnehmende machen. Dadurch würde das dem Denken unerläßliche Prinzip der Rationalität unterdrückt zugunsten der Irrationalität des bloßen Wahrnehmens. Die Hilfsfunktion ist daher nur insofern möglich und nützlich, als sie der Hauptfunktion *dient*, ohne dabei einen Anspruch auf die Autonomie ihres Prinzips zu erheben.

Für alle praktisch vorkommenden Typen nun gilt der Grundsatz, daß sie neben der bewußten Hauptfunktion noch eine relativ bewußte, auxiliäre Funktion besitzen, welche in jeder Hinsicht vom Wesen der Hauptfunktion verschieden ist. Aus diesen Mischungen entstehen wohlbekannte Bilder, zum Beispiel der praktische Intellekt, der mit Empfindung gepaart ist, der spekulative Intellekt, der mit Intuition durchsetzt ist, die künstlerische Intuition, welche mittels des Gefühlsurteils ihre Bilder auswählt und darstellt, die philosophische Intuition, die vermöge eines kräftigen Intellektes ihre Vision in die Sphäre des Verstehbaren übersetzt und so weiter.

Entsprechend dem bewußten Funktionsverhältnis gestaltet sich auch die unbewußte Funktionsgruppierung. So entspricht zum Beispiel einem bewußten praktischen Intellekt eine unbewußte intuitiv-fühlende Einstellung, wobei die Funktion des Fühlens von einer relativ stärkeren Hemmung betroffen ist als die Intuition. Diese Eigentümlichkeit hat allerdings nur Interesse für den, der sich mit der praktischen psychologischen Behandlung solcher Fälle beschäftigt. Für diesen aber ist es wichtig, darum zu wissen. Ich habe nämlich öfters gesehen, daß der Arzt sich bemühte, zum Beispiel bei einem exquisit Intellektuellen die Fühlfunktion direkt aus dem Unbewußten zu entwickeln. Dieser Versuch dürfte wohl immer scheitern, denn er bedeutet eine zu große Vergewaltigung des bewußten Standpunktes. Gelingt die Vergewaltigung, so entsteht dadurch eine förmliche Zwangsabhängigkeit des Patienten vom Arzt, eine nur noch mit Brutalität abzuschneidende »Übertragung«, denn durch die Vergewaltigung wird der Patient standpunktlos, das heißt, sein Arzt wird sein Standpunkt. Der Zugang zum Unbewußten und zu der am meisten verdrängten Funktion aber erschließt sich sozusagen von selbst und mit genügender Wahrnehmung des bewußten Standpunktes, wenn der Entwicklungsweg über die sekundäre Funktion geht, also im Falle eines rationalen Typus über die irrationale Funktion. Diese nämlich verleiht dem bewußten Standpunkt eine solche Um- und Übersicht über das Mögliche und Vorkommende, daß dadurch das Bewußtsein einen genügenden Schutz gegen die destruktive Wirkung des Unbewußten bekommt. Umgekehrt verlangt ein irrationaler Typus eine stärkere Entwicklung der im Bewußtsein vertretenen rationalen Hilfsfunktion, um genügend vorbereitet zu sein, den Stoß des Unbewußten aufzufangen.

Die unbewußten Funktionen befinden sich in einem archaisch-animalischen Zustand. Ihre in Träumen und Phantasien auftretenden symbolischen Ausdrücke stellen meistens den Kampf oder das Gegenübertreten zweier Tiere oder zweier Monstren dar.

Psychologische Typen (1923)

Die Versuche einerseits, die endlose Verschiedenheit menschlicher Individuen in gewisse Kategorien zusammenzufassen, und andererseits, die anscheinende Gleichförmigkeit aller Menschen durch schärfere Charakterisierung gewisser typischer Verschiedenheiten zu unterbrechen, sind schon sehr alt. Ohne mich tiefer auf die Entstehungsgeschichte solcher Versuche einlassen zu wollen, möchte ich der Tatsache gedenken, daß die ältesten uns bekannten Kategorien von *Ärzten* stammen, wohl in erster Linie von Claudius Galenus, dem griechischen Arzt, der im zweiten Jahrhundert n. Chr. lebte. Er unterschied vier Grundtemperamente: das sanguinische, das phlegmatische, das cholerische und das melancholische. Die zugrundeliegende Idee ist die aus dem fünften vorchristlichen Jahrhundert stammende Lehre des Hippokrates, daß der menschliche Körper aus den vier Elementen Luft, Wasser, Feuer und Erde zusammengesetzt sei. Im lebendigen Körper entsprechen den Elementen Blut, Schleim, gelbe und schwarze Galle. Des Galenus Idee ist nun, daß die Menschen nach ungleichartigen Mischungen dieser Elemente in vier Klassen unterschieden werden können. Diejenigen, in denen das Blut überwiegt, sind die Sanguiniker, jene, in denen der Schleim überwiegt, die Phlegmatiker, die mit gelber Galle sind die Choleriker, die mit schwarzer Galle aber die Schwarzgalligen – die Melancholiker. Diese Temperamentunterschiede sind, wie unsere moderne Sprache beweist, unsterblich geworden, obschon sie als physiologische Theorie längst überholt sind.

Unzweifelhaft hat Galenus das Verdienst, eine seit 1800 Jahren bestehende psychologische Klassifikation menschlicher Individuen geschaffen zu haben, eine Klassifikation, die sich auf wahrnehmbare Unterschiede der *Emotionalität* oder *Affektivität* gründet. Es ist interessant, daß der erste Versuch einer Typisierung gerade bei dem emotionalen Verhalten des Menschen einsetzt – offenbar darum, weil das affektive Verhalten das am meisten und unmittelbarsten Auffällige des Verhaltens überhaupt ist.

Es ist allerdings nicht zu erwarten, daß die Affekte das einzig Charakteristische der menschlichen Psyche seien, sondern man kann auch von andern psychologischen Phänomenen charakteristische Daten erwarten. Nur ist es notwendig, daß wir andere Funktionen mit derselben Deutlichkeit wahrnehmen und beobachten können wie die Affekte. Für frühere Jahrhunderte, denen der Begriff »Psychologie«, wie wir ihn heute gebrauchen, völlig

fehlte, waren andere psychische Funktionen als Affekte in tiefes
Dunkel gehüllt, wie sie auch jetzt noch den weitaus meisten Menschen als kaum wahrnehmbare Subtilitäten erscheinen. Affekte lassen sich an der Oberfläche beobachten, und damit begnügt sich der
unpsychologische Mensch, nämlich derjenige, dem die Psyche des
Nebenmenschen nicht Problem ist. Es genügt ihm, am andern
Affekte zu sehen. Sieht er aber keine, dann wird ihm der andere
wie unsichtbar, denn er vermag außer Affekten im andern Bewußtsein nichts Deutliches zu sehen.

Der Grund dafür, daß wir in der Psyche des Nebenmenschen
außer Affekten noch andere Funktionen zu entdecken vermögen,
liegt darin, daß wir selber aus einem unproblematischen Bewußtseinszustand in einen problematischen übergehen. Insofern wir
nämlich den andern nur nach dem Affekt beurteilen, zeigen wir,
daß unser hauptsächliches und vielleicht einziges Kriterium der
Affekt ist. Das heißt aber dann, daß dieses Kriterium auch für
unsere eigene Psychologie gilt und damit ausgedrückt ist, daß unser psychologisches Urteil überhaupt nicht objektiv und unabhängig, sondern dem Affekt unterstellt ist. Dies ist auch eine Wahrheit, die von weitaus den meisten Menschen gilt. Auf dieser Tatsache beruht die psychologische Möglichkeit des menschenmorden-
den Krieges und seiner stets drohenden Wiederholung. Es muß so
sein, solange man »ceux qui sont de l'autre côté« stets nach dem
eigenen Affekt beurteilt. Ich nenne einen solchen Bewußtseinszustand einen unproblematischen, indem er offenbar sich selbst noch
nie zum Problem geworden ist. Er wird nur dann zum Problem,
wenn der Zweifel auftaucht, ob der Affekt, nämlich auch der eigene Affekt, eine genügende Basis für das psychologische Urteil bilde. Wir können die Tatsache nicht leugnen, daß wir selber stets
geneigt sind, uns gegen jedermann, der uns für eine Affekthandlung verantwortlich machen will, mit dem Hinweis zu verteidigen,
daß man *nur* im Affekt gehandelt habe und man doch nicht stets
und allgemein so sei wie in jenem Momente. Man will den Affekt,
wenn es uns selber betrifft, gerne als Ausnahmezustand von ver-
minderter Zurechnungsfähigkeit erklären, kaum aber, wenn es den
andern betrifft. Auch wenn es sich nur um einen vielleicht nicht
sehr erhebenden Versuch der Exkulpation des lieben Ich handelt,
so liegt in dem Gefühl der Berechtigung einer solchen Entschuldigung etwas Positives, nämlich ein Versuch, sich vom eigenen Affekt und damit auch den Nebenmenschen von seinem Affektzustand zu unterscheiden. Auch wenn diese Entschuldigung nur ein
Vorwand ist, so ist sie doch ein Versuch, die Gültigkeit des Affektes anzuzweifeln und sich selber auf andere psychische Funktionen
zu berufen, die für die eigene Persönlichkeit mindestens ebenso

charakteristisch, wenn nicht noch charakteristischer seien als der Affekt. Wer uns nach unserem Affekt beurteilt, dem werfen wir gerne Verständnislosigkeit, ja Ungerechtigkeit vor. Das verpflichtet uns aber auch, den andern nicht nach dem Affekt zu beurteilen. Zu diesem Zweck muß sich der primitive unpsychologische Mensch, dem nur der Affekt am andern und in ihm selber wesentlich und darum Kriterium ist, zu einem problematischen Bewußtseinszustand entwickeln, das heißt zu einem Zustand, wo neben dem Affekt auch noch andere Faktoren als gültig anerkannt werden. In diesem problematischen Zustand kann sich auch ein paradoxes Urteil bilden, nämlich: »Ich bin dieser Affekt« und »ich bin dieser Affekt nicht«. Dieser Gegensatz drückt eine Spaltung des Ich aus, oder besser gesagt, eine Spaltung des psychischen Materials, welches das Ich konstituiert. Indem ich mich ebensosehr in meinem Affekt wie in etwas anderem, das nicht mein Affekt ist, erkenne, unterscheide ich einen Affektfaktor und andere psychische Faktoren, wodurch der Affekt von seiner anfänglichen unumschränkten Machthöhe heruntersteigen und den Platz einer seelischen Funktion unter andern Funktionen einnehmen muß. Erst wenn der Mensch bei sich selber diese Operation durchgeführt hat und dadurch eine Unterscheidung zwischen verschiedenen psychischen Faktoren bei sich selber erzeugt hat, ist er in den Stand gesetzt, bei seinem psychologischen Urteil über den Nebenmenschen noch nach anderen Kriterien zu suchen, als sich bloß mit dem Affekt zu begnügen. Auf diese Weise erst entsteht eine wirklich objektive psychologische Beurteilung. Das, was wir heute »Psychologie« nennen, ist eine Wissenschaft, die nur auf gewissen historischen und moralischen Voraussetzungen möglich ist, Voraussetzungen, die erst durch die christliche Erziehung während beinahe zweitausend Jahren geschaffen worden sind. Ein Wort, wie zum Beispiel »Richtet nicht, auf daß ihr nicht gerichtet werdet«, hat durch seine religiöse Einprägung die Möglichkeit eines Willens geschaffen, der in letzter Linie die einfache Objektivität des Urteils anstrebt. Diese Objektivität, die nicht etwa ein désintéressement am andern ist, sondern auf der Tatsache beruht, daß wir die Grundsätze, nach denen wir uns entschuldigen, auch dem andern zugute kommen lassen, – diese Objektivität ist die Voraussetzung, und zwar die grundsätzliche Voraussetzung zu einer gerechten Beurteilung des Mitmenschen. Man wundert sich vielleicht, warum ich wohl so ausdrücklich auf den Punkt der Objektivität hinweise. Man wird sich aber nicht mehr wundern, wenn man in praxi versucht, Menschen zu klassifizieren: Der Sanguiniker wird uns erklären, daß er, im Grunde genommen, tief melancholisch sei, der Choleriker, daß sein einziger Fehler der sei, daß er stets viel zu phlegmatisch gewesen sei. Eine Einteilung der Menschen aber, an deren Gültigkeit nur ich glaube, die aber jeder andere bestreitet, ist genau so gut wie eine universelle Kirche, deren einziges Mitglied ich selber bin. Es müssen daher Kriterien aufgefunden werden, welche nicht nur das urteilende Subjekt, sondern auch das beurteilte Objekt als verbindlich annimmt.

Ganz im Gegensatz zu der alten Temperamentsklassifikation beginnt das Problem einer neuen Typisierung mit der ausdrücklichen Konvention, sich weder nach dem Affekt beurteilen zu lassen, noch selber nach Affekt zu urteilen, denn niemand kann noch will sich endgültig als mit seinem Affekt identisch erklären. Über den Affekt läßt sich daher ein allgemeines Einverständnis, wie es die Wissenschaft ist, niemals herstellen. Wir müssen uns daher umsehen nach jenen Faktoren, auf die wir uns berufen, wenn wir uns zum Beispiel wegen einer Affekthandlung entschuldigen. Wir sagen etwa: »Es ist zugegeben, ich habe im Affekt dies oder das gesagt. Das war natürlich eine Übertreibung und nicht so böse gemeint. In Wirklichkeit ist meine Meinung oder Überzeugung die und die, und so weiter.« Ein sehr unartiges Kind, das seiner Mutter eine schmerzliche Aufregung verursacht hat, kann sagen: »Ich wollte es ja gar nicht tun, ich wollte dir doch nicht wehtun, ich habe dich zu lieb.«

Solche Erklärungen berufen sich auf die Existenz einer andern Art von Persönlichkeit als derjenigen, die im Affekt hervorgetreten ist. In beiden Fällen erscheint die Affektpersönlichkeit wie etwas Minderwertiges, welches das eigentliche Ich gleichsam befallen und verdunkelt hat. Oft aber erscheint auch die im Affekt sich offenbarende Persönlichkeit wie ein höheres und besseres Wesen, dessen Höhe man bedauerlicherweise nicht halten konnte. Es gibt bekanntlich solche Anfälle von Generosität, Nächstenliebe, Aufopferung und sonstigen »schönen Gesten« (wie ein ironischer Zuschauer etwa nachträglich bemerken könnte), bei denen man sich lieber nicht behaften läßt – vielleicht mit ein Grund, warum so viele Menschen so wenig Gutes tun.

In beiden Fällen aber gilt der Affekt als Ausnahmezustand, dessen Qualitäten für die »eigentliche« Persönlichkeit entweder als ungültig dargestellt oder als zugehörig nicht glaubhaft gemacht werden können. Was ist nun aber diese »eigentliche« Persönlichkeit? Offenbar teils dieses, was jeder bei sich vom Affektzustand unterscheidet, teils jenes, was jedem im Urteil der andern als uneigentlich abgesprochen wird. Da die Zugehörigkeit des Affektzustandes zum Ich unmöglich geleugnet werden kann, so ist das Ich sowohl im Affekt- wie im sogenannten »eigentlichen« Zustand dasselbe, jedoch in einer andern Einstellung zu seinen psychologischen Gegebenheiten. Im Affekt ist es unfrei, getrieben, in einer Zwangsläufigkeit. Demgegenüber ist der Normalzustand als ein Zustand der freien Wahl, der Dispositionsfähigkeit zu verstehen, mit andern Worten, *der Affektzustand ist unproblematisch, der Normalzustand ist problematisch, das heißt, es besteht das Problem und die Möglichkeit der Wahl.* In diesem letzteren Zustand wird eine Verständigung möglich, weil hier allein die Möglichkeit der *Erkenntnis von Motiven, der Selbsterkenntnis,* vorliegt. Zur Erkenntnis ist Unterscheidung unerläßlich. Diskrimination aber bedeutet Aufspaltung der Bewußtseinsinhalte in unterscheidbare Funktionen.

Wenn wir daher die Eigenart eines Menschen so bestimmen wollen, daß nicht nur wir von unserer Beurteilung befriedigt sind, sondern auch das beurteilte Objekt, so müssen wir wohl von jenem Zustand oder jener Einstellung ausgehen, welche vom Objekt als bewußte Normallage empfunden wird. Wir werden uns daher in erster Linie um die bewußten Motivationen kümmern müssen, indem wir von unserer eigenen arbiträren Deutung abstrahieren. Wenn wir solchermaßen vorgehen, so werden wir nach einiger Zeit entdecken, daß trotz aller Verschiedenartigkeit der Motive und Tendenzen sich gewisse Gruppen von Individuen aussondern lassen, welche durch eine auffällige Übereinstimmung der Art ihrer Motivationen gekennzeichnet sind. Wir werden zum Beispiel auf solche Individuen stoßen, die in allen ihren Urteilsbildungen, Wahrnehmungen, Gefühlen, Affekten und Handlungen hauptsächlich äußere Faktoren als motivierend empfinden oder wenigstens in ihrer Auffassung darauf Gewicht legen, handle es sich nun um ursächliche oder finale Motive. Ich will einige Beispiele zur Illustration des Gesagten beifügen. Augustin sagt: »Ich würde an das Evangelium nicht glauben, wenn mich die Autorität der Kirche nicht dazu zwänge.« Eine Tochter sagt: »Ich kann doch nicht etwas denken, was meinem Vater unangenehm wäre.« Jemand findet ein modernes Musikstück sehr schön, weil jedermann vorgibt, es schön zu finden. Es kommt nicht selten vor, daß jemand eine Person heiratet, seinen Eltern zu Gefallen, aber sehr gegen sein eigenes Interesse. Es gibt Menschen, die es über sich bringen, sich lächerlich zu machen, um andere zu amüsieren, ja sogar die Lächerlichkeit der Unauffälligkeit vorziehen. Es gibt nicht wenige, die in all ihrem Tun und Lassen nur *ein* Motiv kennen, nämlich, was die andern von ihnen denken. Jemand sagt: »Man schämt sich doch einer Sache nicht, von der niemand etwas weiß.« Es gibt solche, die ihr Glück nur dann empfinden können, wenn es den Neid der andern erregt, andere, die sich ein Leiden wünschen und zufügen, um das Mitleid der Mitmenschen zu genießen. Solche

Beispiele ließen sich leicht ins Unendliche vermehren. Sie deuten auf eine psychologische Eigenart, die scharf geschieden ist von einer andern Einstellung, welche umgekehrt die inneren oder subjektiven Faktoren als hauptsächlich motivierend empfindet. Ein solcher Mensch sagt: »Ich weiß zwar schon, daß ich meinem Vater die größte Freude bereiten könnte, wenn ich so oder so handelte, aber ich habe eben eine andere Auffassung.« Oder: »Ich sehe zwar, daß heute unvorhergesehen schlechtes Wetter ist, aber ich werde meinen Plan, den ich vorgestern faßte, trotzdem durchführen.« Er reist nicht zum Vergnügen, sondern um seine vorgefaßte Idee in die Tat umzusetzen. Jemand sagt: »Mein Buch ist wahrscheinlich unverständlich, aber für mich ist es hinlänglich klar.« Man kann auch etwa hören, wie einer sagt: »Alle Welt glaubt, ich könne etwas, aber ich weiß ganz genau, daß ich nichts kann.« So ein Mensch kann sich dermaßen schämen, daß er es nicht wagt, unter Leute zu gehen. Manche können ein Glück nur dann empfinden, wenn sie sicher sind, daß niemand darum weiß. Eine Sache ist darum schlecht, weil sie allen gefällt. Das Gute wird womöglich dort gesucht, wo niemand es vermutet. In allen Dingen muß die Zustimmung des Subjektes erfolgen, ohne welche nichts unternommen oder angenommen wird. Ein so gearteter Mensch würde Augustin entgegnen: »Ich würde an das Evangelium glauben, wenn mich nicht die Autorität der Kirche dazu zwänge.« Sein stetes Bestreben ist sogar darauf gerichtet zu beweisen, daß er alles, was er tut, aus eigenem Entschluß und aus eigener Überzeugung tue, eben gerade von niemandem beeinflußt und niemandem und keiner Meinung zu Gefallen.

Diese Einstellung kennzeichnet eine zweite Gruppe von Individuen, die ihre Motivationen hauptsächlich aus dem Subjekt, aus inneren Gegebenheiten ableiten. Eine dritte Gruppe läßt kaum oder gar nicht erkennen, ob sie ihre Motivationen hauptsächlich von innen oder von außen ableitet. Diese Gruppe ist die zahlreichste und umfaßt die wenig differenzierten Normalmenschen, die darum als normal gelten, weil sie entweder keine Übertreibungen zustande bringen oder weil sie keine Übertreibungen nötig haben. Der Normalmensch läßt sich, seiner Definition gemäß, ebensosehr von innen wie von außen determinieren. Aus diesen Menschen besteht die umfangreiche Mittelgruppe, auf deren einer Seite die Individuen auftreten, die sich in ihren Motivationen hauptsächlich vom äußeren Objekt, und auf deren anderer Seite jene Individuen erscheinen, die sich hauptsächlich vom Subjekt determinieren lassen. Ich habe erstere Gruppe als *extravertiert* und letztere als *introvertiert* bezeichnet. Diese Termini bedürfen wohl keiner besonderen Erläuterung. Sie erklären sich nach dem oben Gesagten von selbst.

Obschon es nun zweifellos Individuen gibt, bei denen man sozusagen auf den ersten Blick den Typus erkennen kann, so ist dies doch bei weitem nicht immer der Fall. In der Regel wird nur eine sorgfältige Beobachtung und Abwägung der Erfahrungen eine sichere Klassifikation ermöglichen. So klar und so einfach das Grundprinzip der beiden gegensätzlichen Einstellungen ist, so kompliziert und unübersichtlich ist ihre konkrete Wirklichkeit, denn jedes Individuum ist eine Ausnahme von der Regel. Darum kann es keine auch noch so vollkommene Beschreibung eines Typus geben, die auf mehr als gerade *ein* Individuum paßte, obschon Tausende in einem gewissen Sinne dadurch treffend charakterisiert wären. Die Konformität des Menschen ist nur seine eine Seite, die Einzigartigkeit aber seine andere. Durch Klassifikation ist die individuelle Seele nicht erklärt. Immerhin ist durch das Verständnis der psychologischen Typen ein Weg eröffnet zu einem besseren Verständnis der menschlichen Psychologie überhaupt.

Die Differenzierung des Typus beginnt oft schon sehr früh, so früh, daß man in gewissen Fällen von einem Angeborensein reden muß. Das früheste Kennzeichen der Extraversion eines Kindes ist wohl seine rasche Einpassung in die Umgebung und die außerordentliche Aufmerksamkeit, die das Kind den Objekten und namentlich seiner Wirkung auf diese gibt. Die Scheu vor den Objekten ist gering. Das Kind bewegt sich und lebt in und mit ihnen. Es nimmt rasch auf, aber nur ungenau. Es entwickelt sich anscheinend rascher als das introvertierte Kind, da es wenig Bedenklichkeit und in der Regel keine Furcht hat. Es fühlt anscheinend keinen besonderen Abstand zwischen sich und den Objekten, und darum kann es mit ihnen frei spielen und sie dadurch erfahren. Es treibt seine Unternehmungen gerne bis zum Extrem und setzt sich damit einem Risiko aus. Alles Unbekannte erscheint als anziehend.

Umgekehrt ist eines der frühesten Kennzeichen der Introversion bei einem Kind das reflexive, nachdenkliche Wesen, eine ausgesprochene Scheu, ja Angst vor unbekannten Objekten. Frühzeitig erscheint auch eine Tendenz der Selbstbehauptung gegenüber den Objekten und Versuche, die letzteren zu meistern. Unbekanntes wird mit Mißtrauen angesehen. Der äußeren Beeinflussung wird in der Regel ein heftiger Widerstand entgegengesetzt. Das Kind will seinen eigenen Weg haben und unter keinen Umständen einen fremden, den es nicht aus sich selbst begreifen kann. Wenn es fragt, so geschieht es nicht aus Neugier oder Sensationslust, sondern es will Namen, Bedeutungen und Erklärungen, die ihm eine subjektive Sicherung gegenüber dem Objekt gewährleisten. Ich habe ein introvertiertes Kind gesehen, das erst dann seine ersten Gehversuche machte, als ihm die Namen aller Gegenstände im Zimmer, mit denen es in Berührung kommen konnte, geläufig waren. So läßt sich beim introvertierten Kinde schon früh die charakteristische Abwehreinstellung des erwachsenen Introvertierten gegenüber der Macht der Objekte erkennen, wie man auch beim extravertierten Kind schon früh eine bemerkenswerte Sicherheit, Unternehmungslust und Vertrauensseligkeit im Verkehr mit Objekten beobachten kann. Dies ist ja auch der Grundzug der extravertierten Einstellung: Das psychische Leben spielt sich sozusagen außerhalb des Individuums ab in Objekten und Objektbeziehungen. In besonders ausgesprochenen Fällen besteht sogar eine Art von Blindheit für die eigene Individualität. Umgekehrt benimmt sich der Introvertierte in bezug auf Objekte immer so, als ob letztere eine ihm überlegene Macht besäßen, gegen die er sich zu verteidigen hätte. Seine eigentliche Welt aber ist sein Inneres, sein Subjekt. Es ist nun eine betrübliche, aber nichtsdestoweniger ungemein häufige Tatsache, daß die beiden Typen sehr schlecht aufeinander zu sprechen sind. Diese Tatsache wird jedem, der dieses Problem erforscht, ohne weiteres auffallen. Sie rührt davon her, daß die psychischen Werte gerade gegensätzlich lokalisiert sind. Der Introvertierte sieht alles, was ihm irgendwie wertvoll ist, im Subjekt, der Extravertierte dagegen im Objekt; und umgekehrt erscheint dem Introvertierten die Abhängigkeit vom Objekt als das Allerminderwertigste, dem Extravertierten dagegen die Beschäftigung mit dem Subjekt, die er nur als infantilen Autoerotismus verstehen kann. Kein Wunder daher, wenn sich die beiden Typen bekämpfen. Das hindert aber nicht, daß der Mann in der Mehrzahl der Fälle wahrscheinlich eine Frau vom entgegengesetzten Typus heiratet. Solche Ehen sind als psychologische Symbiosen sehr wertvoll, solange die Partner es nicht versuchen, sich gegenseitig »psychologisch« zu verstehen. Eine solche Phase gehört wohl zu den normalen Entwicklungserscheinungen jeder Ehe, wo die Gatten entweder über die nötige Muße oder den nötigen Entwicklungsdrang, oder gar über beides zugleich verfügen mitsamt einer gehörigen Dosis Mut, den ehelichen Frieden in die Brüche gehen zu lassen. Wenn es, wie gesagt, die Gunst der Umstände erlaubt, so tritt diese Phase im Leben beider Typen ganz automatisch ein, und zwar aus folgenden Gründen:

Der Typus ist eine Einseitigkeit der Entwicklung. Der eine entwickelt nur seine Beziehungen nach außen und vernachlässigt sein Inneres. Der andere entwickelt sich nur nach innen und bleibt äußerlich stehen; mit der Zeit aber entsteht die Notwendigkeit für das Individuum, auch das bisher Vernachlässigte zu entwickeln. *Die Entwicklung vollzieht sich in Form der Differenzierung gewisser Funktionen.* Über diese Funktionen muß ich, wegen ihrer Wichtigkeit für das Typenproblem, einiges sagen.

Die bewußte Psyche ist eine Art Anpassungs- oder Orientierungsapparat, der aus einer Anzahl verschiedener psychischer Funktionen besteht. Als solche Grundfunktionen kann man die *Empfindung*, das *Denken*, das *Gefühl* und die *Intuition* bezeichnen. Unter dem Begriff Empfindung möchte ich alle Wahrnehmungen durch die Sinnesorgane zusammenfassen; unter Denken verstehe ich die Funktion des intellektuellen Erkennens und der logischen Schlußbildung; unter Gefühl verstehe ich eine Funktion subjektiver Werterteilung, und unter Intuition verstehe ich Wahrnehmung auf unbewußtem Wege oder Wahrnehmung unbewußter Inhalte.

Diese vier Grundfunktionen scheinen mir, soweit meine Erfahrung reicht, zu genügen, um die Mittel und Wege der bewußten Orientierung auszudrücken und darzustellen. Zu einer völligen Orientierung des Bewußtseins sollten alle Funktionen gleichmäßig beitragen; das Denken sollte uns das Erkennen und Urteilen ermöglichen, das Gefühl sollte uns sagen, wie und in welchem Grade etwas für uns wichtig oder unwichtig ist, die Empfindung sollte uns durch Sehen, Hören, Tasten und so weiter die Wahrnehmung der konkreten Realität vermitteln, und die Intuition endlich sollte uns alle mehr oder weniger verborgenen Möglichkeiten und Hintergründe einer Situation erraten lassen, denn auch sie gehören zu einem völligen Bilde des gegebenen Momentes.

In Wirklichkeit sind aber diese Grundfunktionen selten oder nie gleichmäßig differenziert und dementsprechend disponibel. In der Regel ist die eine oder andere Funktion im Vordergrund, während die übrigen undifferenziert im Hintergrund bleiben. So gibt es viele Leute, die sich in der Hauptsache darauf beschränken, die konkrete Wirklichkeit einfach wahrzunehmen, ohne darüber nachzudenken oder sich über deren Gefühlswert Rechenschaft zu geben. Sie kümmern sich auch wenig um die Möglichkeiten, die in einer Situation liegen. Solche Leute bezeichne ich als Empfindungstypen. Andere lassen sich ausschließlich dadurch bestimmen, was sie denken, und können sich einer Lage, von der sie keine Auffassung haben, einfach nicht anpassen. Das wären die Denktypen. Wiederum andere lassen sich in allem und jedem ausschließlich durch ihr Gefühl beraten. Sie fragen sich bloß, ob etwas angenehm oder unangenehm ist und orientieren sich an ihren Gefühlseindrücken. Dies sind die Fühltypen. Die Intuitiven endlich kümmern sich weder um Auffassungen noch um Gefühlsreaktionen, noch um die Realität der Dinge, sondern lassen sich ausschließlich durch Möglichkeiten locken und verlassen jede Situation, die keine weiteren Möglichkeiten wittern läßt.

Diese Typen stellen nun eine andere Art von Einseitigkeit dar,

welche sich aber in eigentümlicher Weise mit der allgemeinen extravertierten oder introvertierten Einstellung kompliziert. Eben
wegen dieser Komplikation muß ich die Existenz dieser Funktionstypen erwähnen, und damit kehren wir zurück zu der vorhin
angeschnittenen Frage der Einseitigkeit der extravertierten und introvertierten Einstellung. Diese Einseitigkeit würde nämlich zu
einem völligen Gleichgewichtsverlust führen, wenn sie nicht psychisch kompensiert wäre durch eine unbewußte Gegeneinstellung.
Die Erforschung des Unbewußten hat nun ergeben, daß zum Beispiel ein Introvertierter neben oder hinter seiner bewußten Einstellung eine ihm unbewußte extravertierte Einstellung hat, welche
die bewußte Einseitigkeit automatisch kompensiert.

In praxi kann man natürlich intuitiv die Existenz einer introvertierten oder extravertierten Einstellung im allgemeinen wittern,
aber eine genaue wissenschaftliche Erforschung darf sich nicht mit
allgemeinen Ahnungen begnügen, sondern muß sich mit dem konkret vorliegenden Material beschäftigen. Dabei macht man die
Entdeckung, daß einer nicht einfach extravertiert oder introvertiert ist, sondern er ist es in Gestalt gewisser Funktionen. Nehmen
wir zum Beispiel einen Intellektuellen: Das bewußte Material, das
er der Beobachtung hauptsächlich darbietet, sind Gedanken,
Schlüsse, Überlegungen, Handlungen, Affekte, Gefühle, Wahrnehmungen intellektueller Natur, oder es ist wenigstens direkt von
intellektuellen Prämissen abhängig. Wir werden daher das Wesen
seiner allgemeinen Einstellung aus der Eigenart dieses Materials
erkennen müssen. Ein ganz anderes Material wird ein Fühltypus
präsentieren, nämlich Gefühle und emotionale Inhalte aller Art,
Gedanken, Überlegungen und Wahrnehmungen, abhängig von
emotionalen Prämissen. Nur aus der Eigenart seiner Gefühle werden wir daher imstande sein zu erkennen, ob dieses Individuum zu
diesem oder jenem allgemeinen Typus gehört. Aus diesem Grunde
muß ich hier auch die Existenz der Funktionstypen erwähnen,
weil eben die extravertierte und die introvertierte Einstellung im
einzelnen Falle niemals als etwas Allgemeines, sondern nur als die
Eigenart der vorherrschenden, bewußten Funktion nachgewiesen
werden kann. Ebenso gibt es keine allgemeine Einstellung des Unbewußten, sondern nur typisch geartete Formen der unbewußten
Funktionen, und nur durch die Erforschung der unbewußten
Funktionen und ihrer Eigenarten läßt sich die unbewußte Einstellung wissenschaftlich erkennen.

Man kann kaum von typisch unbewußten Funktionen sprechen,
obschon man im seelischen Haushalt dem Unbewußten eine
Funktion zuerkennen muß. Ich glaube, man tut gut daran, sich in
dieser Hinsicht vorsichtig auszudrücken; ich möchte daher nicht

mehr behaupten, als daß das Unbewußte, soviel wir derzeit sehen können, eine *kompensatorische Funktion* im Hinblick auf das Bewußtsein hat. Was das Unbewußte an und für sich ist, darüber ist jede Spekulation überflüssig. Es ist, seiner definierten Natur nach, jenseits aller Erkennbarkeit. Wir postulieren bloß seine Existenz aus seinen sogenannten Produkten, wie *Träumen* und dergleichen. Daß zum Beispiel die Träume fast in der Regel einen Inhalt haben, welcher der bewußten Einstellung eine wesentliche Korrektur geben kann, dürfte ein gesichertes Ergebnis der wissenschaftlichen Erfahrung sein. Daraus leiten wir die Berechtigung ab, von einer kompensatorischen Funktion des Unbewußten zu sprechen.

Neben dieser allgemeinen, zum Bewußtsein relativen Funktion enthält das Unbewußte auch Funktionen, die unter andern Umständen auch ebensowohl bewußt sein können. Der Denktypus zum Beispiel muß notwendigerweise immer das Gefühl möglichst verdrängen und ausschließen, weil nichts so sehr das Denken stört wie das Gefühl, und umgekehrt muß der Fühltyp das Denken tunlichst vermeiden, denn nichts ist dem Gefühl schädlicher als das Denken. Verdrängte Funktionen verfallen dem Unbewußten. Wie von den vier Söhnen des Horus nur einer ein menschliches Haupt hat, so ist von den vier Grundfunktionen in der Regel nur eine völlig bewußt und so differenziert, daß sie frei und willkürlich gehandhabt werden kann, während die andern drei Funktionen teilweise oder gänzlich unbewußt sind. Mit diesem Unbewußtsein meine ich nun allerdings nicht, daß zum Beispiel ein Intellektueller sich des Gefühls nicht bewußt wäre. Er kennt seine Gefühle sehr wohl, insofern er überhaupt Introspektion besitzt. Er spricht ihnen aber jede Gültigkeit und jeden Einfluß ab. Sie manifestieren sich gegen seine Intention, sie sind spontan und autonom. Sie nehmen sich die Gültigkeit, die ihnen das Bewußtsein versagt. Sie agieren aus unbewußter Anregung, ja, sie bilden etwas wie eine Gegenpersönlichkeit, deren Existenz allerdings erst durch die Analyse der Produkte des Unbewußten erschlossen werden kann. Wenn nun eine Funktion keine Disponibilität besitzt, wenn sie als Störung der bewußten Funktion empfunden wird, wenn sie launisch bald auftritt, bald verschwindet, wenn sie obsedierenden Charakter hat oder hartnäckig verborgen bleibt, sobald man ihr Erscheinen wünscht, dann hat sie die Qualität einer im Unbewußten befindlichen Funktion. Eine solche Funktion hat aber noch andere Merkwürdigkeiten an sich: Sie ist nämlich immer etwas uneigentlich, das heißt, sie enthält Elemente, die ihr nicht notwendigerweise zugehören. So ist zum Beispiel das unbewußte Gefühl des Intellektuellen *eigentümlich phantastisch*, oft in grotesken Gegensatz zu einem übertrieben rationalistischen Intellektualismus des Bewußtseins. Im Gegensatz zur Absichtlichkeit und Beherrschtheit des bewußten Denkens ist das Gefühl impulsiv, unbeherrscht, launisch, irrational, primitiv, ja geradezu archaisch, wie das Gefühl eines Wilden.

Dasselbe nun gilt von jeder Funktion, die ins Unbewußte verdrängt ist. Sie bleibt unentwickelt, verschmolzen mit andern nicht zugehörigen Elementen, sie bleibt in einem gewissen Urzustand, denn das Unbewußte ist der Rest unbezwungener Urnatur in uns, so wie es auch der Mutterboden ungeschaffener Zukunft in uns ist. So sind die unentwickelten Funktionen auch immer die keimfähigen. Kein Wunder daher, wenn im Laufe des Lebens das Bedürfnis und die Notwendigkeit zu einer Ergänzung und Veränderung der bewußten Einstellung eintritt.

Neben diesen eben erwähnten Qualitäten der unentwickelten Funktionen kommt letzteren auch die Eigentümlichkeit zu, daß sie bei bewußter introvertierter Einstellung extravertiert sind und umgekehrt, daß sie also zugleich die bewußte Einstellung kompensieren. Man darf daher erwarten, bei einem introvertierten Intellektuellen zum Beispiel extravertierte Gefühle zu entdecken. Ein solcher sagte einmal treffend: »Vor dem Nachtessen bin ich Kantianer, nach dem Nachtessen Nietzscheaner«; das heißt, in der alltäglichen Einstellung ist er intellektuell, unter dem stimulierenden Einfluß eines guten Diners wird aber seine bewußte Einstellung durchbrochen durch eine dionysische Welle.

Hier nun begegnen wir einer großen Schwierigkeit: der Diagnose der Typen. Der außenstehende Beobachter sieht sowohl die Manifestationen der bewußten Einstellung als auch die autonomen Phänomene des Unbewußten, und er wird in Verlegenheit sein, welche er dem Bewußtsein und welche er dem Unbewußten zuzurechnen hat. Die Differentialdiagnose kann sich unter solchen Umständen nur auf ein genaues Studium der Qualitäten des beobachteten Materials gründen, das heißt, es muß herausgebracht werden, welche Phänomene aus bewußt gewählten Motiven und welche spontan entstehen, und ebenso muß festgestellt werden, welche Manifestationen einen angepaßten und welche einen unangepaßten, archaischen Charakter besitzen.

Es ist nun ganz klar, daß die Qualitäten der bewußten Hauptfunktion, das heißt die Qualitäten der allgemeinen Bewußtseinseinstellung überhaupt in einem strikten Gegensatz zu den Qualitäten der unbewußten Einstellung stehen. Mit andern Worten, *zwischen Bewußtsein und Unbewußtem besteht normalerweise ein Gegensatz.* Dieser Kontrast macht sich aber solange nicht als Konflikt bemerkbar, als die bewußte Einstellung nicht zu einseitig und daher auch nicht zu weit von der unbewußten Einstellung entfernt ist. Ist aber letzteres der Fall, so wird der Kantianer von seinem Dionysismus unangenehm überrascht, weil letzterer anfängt, allzu unpassende Impulse zu entwickeln. Die bewußte Einstellung sieht sich dann veranlaßt, die autonomen Manifestationen des Unbewußten zu unterdrücken, und damit ist der Konfliktfall geschaffen. Das Unbewußte nämlich, wenn einmal in aktiven Gegensatz zum Bewußtsein gebracht, läßt sich nicht einfach unterdrücken. Zwar lassen sich jene Manifestationen, auf die es das Bewußtsein besonders abgesehen hat, nicht allzu schwer unterdrücken, aber dann nehmen die unbewußten Impulse einfach andere, weniger leicht erkennbare Auswege. Werden einmal solche indirekten Ventile geöffnet, so ist der Weg zur Neurose bereits betreten. Man kann zwar jeden einzelnen dieser falschen Wege wieder durch Analyse dem Verständnis und dadurch der bewußten Unterdrückung zugänglich machen, aber die Triebkraft wird damit nicht ausgelöscht, sondern nur noch weiter in die Ecke gedrängt, wenn nicht das Verständnis der indirekten Wege zugleich auch ein Verständnis der Einseitigkeit der bewußten Einstellung ist. Mit dem Verstehen der unbewußten Impulse sollte sich auch die bewußte Einstellung verändern, denn aus ihrer Einseitigkeit ist auch die Aktivierung des unbewußten Gegensatzes entstanden, und die Erkenntnis der unbewußten Impulse ist nur dann von Nutzen, wenn dadurch die Einseitigkeit des Bewußtseins wirksam kompensiert wird.

Die Veränderung der bewußten Einstellung ist aber keine Kleinigkeit, denn der Inbegriff einer allgemeinen Einstellung ist stets ein mehr oder weniger bewußtes Ideal, geheiligt durch Gewohnheit und historische Tradition, gegründet auf den Felsboden des angeborenen Temperamentes. *Die bewußte Einstellung ist immer zum mindesten eine Art Weltanschauung, wenn sie nicht geradezu eine Religion ist.* Diese Tatsache ist es, die das Problem der Typen so bedeutsam macht. Der Gegensatz zwischen den Typen ist nicht nur ein äußerer Konflikt zwischen den Menschen, sondern auch die Quelle endloser innerer Konflikte, nicht nur die Ursache äußerer Streitigkeiten und Widerwärtigkeiten, sondern auch die innere Veranlassung nervöser Krankheiten und seelischer Leiden. Diese Tatsache ist es auch, welche uns Ärzte zwingt, unseren ursprünglich bloß medizinisch-psychologischen Gesichtskreis fortschreitend zu erweitern und nicht nur allgemein-psychologische Standpunkte, sondern auch Weltanschauungsfragen in seinen Bereich zu ziehen.

Der Umfang eines Vortrages erlaubt es natürlich nicht, in irgendeiner Weise die Tiefe dieser Probleme darzustellen. Ich muß mich notgedrungenerweise damit begnügen, in allgemeinen Umrissen wenigstens die Hauptfakta und den weiten Umfang ihrer Problematik zu skizzieren. Für alle Einzelheiten muß ich auf die ausführliche Darstellung in meinem Buch ›Psychologische Typen‹ verweisen.

Resümierend möchte ich festhalten, daß jede der beiden allgemeinen Einstellungen, nämlich Introversion und Extraversion, beim einzelnen Individuum je nach dem Vorherrschen einer der vier Grundfunktionen in besonderer Weise erscheint. In Wirklichkeit gibt es nicht Introvertierte und Extravertierte schlechthin, sondern es gibt introvertierte und extravertierte Funktionstypen, wie Denktypen, Empfindungstypen und so weiter. Damit ergibt sich ein Minimum von acht deutlich unterscheidbaren Typen. Selbstverständlich kann man diese Zahl jederzeit beliebig vermehren, wenn man die einzelnen Funktionen zum Beispiel in je drei Untergruppen zerspaltet, was der Empirie nicht unmöglich wäre. Man könnte zum Beispiel den Intellekt leicht in seine drei wohlbekannten Formen zerlegen: die intuitive und spekulative Form, die logisch-mathematische Form, die empirische Form, die sich hauptsächlich auf die Sinneswahrnehmung gründet. Ähnliche Zerlegungen ließen sich auch bei den andern Grundfunktionen ausführen, wie zum Beispiel bei der Intuition, die ebensosehr eine intellektuelle wie eine gefühlshafte Seite hat. Mit solchen Zerlegungen lassen sich beliebig viel Typen feststellen, wodurch allerdings jede einzelne Feststellung zunehmend subtiler wird.

Der Vollständigkeit halber muß ich auch erwähnen, daß ich die Typisierung nach Introversion und Extraversion und den vier Grundfunktionen keineswegs etwa als die einzig mögliche ansehe. Irgendein anderes psychologisches Kriterium könnte ebensogut als klassifikatorisches Merkmal verwendet werden, nur schien mir kein anderes eine ähnlich große praktische Bedeutung zu besitzen.

Definitionen (1921)

Es mag dem Leser vielleicht überflüssig erscheinen, wenn ich dem Texte meiner Untersuchung ein besonderes Kapitel über Begriffsdefinitionen anfüge. Ich habe aber reichlich die Erfahrung gemacht, daß man gerade in psychologischen Arbeiten gar nicht sorgfältig genug mit Begriffen und Ausdrücken verfahren kann, indem gerade im Gebiete der Psychologie, wie sonst nirgends, die allergrößten Variationen der Begriffe vorkommen, welche häufig zu den hartnäckigsten Mißverständnissen Anlaß geben. Dieser Übelstand scheint nicht allein daher zu rühren, daß die Psychologie eine junge Wissenschaft ist, sondern auch daher, daß der Erfahrungsstoff, das Material der wissenschaftlichen Betrachtung, sozusagen nicht konkret unter die Augen des Lesers gelegt werden kann. Der psychologische Forscher sieht sich immer wieder gezwungen, die von ihm beobachtete Wirklichkeit durch weitläufige und sozusagen indirekte Beschreibung darzustellen. Nur soweit mit Zahl und Maß zugängliche Elementartatsachen mitgeteilt werden, kann auch von einer direkten Darstellung die Rede sein. Aber wieviel von der wirklichen Psychologie des Menschen wird als durch Maß und Zahl erfaßbare Tatsache erlebt und beobachtet? Es gibt solche Tatbestände, und ich glaube gerade durch meine Assoziationsstudien[1] nachgewiesen zu haben, daß noch recht komplizierte Tatbestände einer messenden Methode zugänglich sind. Aber wer tiefer in das Wesen der Psychologie eingedrungen ist und die höhere Anforderung an die Psychologie als Wissenschaft stellt, nämlich, daß sie nicht bloß eine durch die Grenzen der naturwissenschaftlichen Methodik beschränkte, kümmerliche Existenz fristen darf, der wird auch erkannt haben, daß es nie und nimmer einer experimentellen Methodik gelingen wird, dem Wesen der menschlichen Seele gerecht zu werden, ja auch nur ein annähernd getreues Bild der komplizierten seelischen Erscheinungen zu entwerfen.

Wenn wir aber das Gebiet der durch Maß und Zahl erfaßbaren Tatbestände verlassen, so sind wir auf *Begriffe* angewiesen, welche uns Maß und Zahl ersetzen müssen. Die Bestimmtheit, die Maß und Zahl der beobachteten Tatsache verleihen, kann nur ersetzt werden durch die *Bestimmtheit des Begriffes*. Nun leiden aber, wie es jedem Forscher und Arbeiter auf diesem Gebiet nur zu gut bekannt ist, die derzeit geläufigen psychologischen Begriffe an so

---

[1] Diagnostische Assoziationsstudien, GW 2.

großer Unbestimmtheit und Vieldeutigkeit, daß man sich gegenseitig kaum verständigen kann. Man nehme nur einmal den Begriff »Gefühl« und suche sich zu vergegenwärtigen, was alles unter diesem Begriff geht, um eine Vorstellung von der Variabilität und Vieldeutigkeit psychologischer Begriffe zu bekommen. Und doch ist irgend etwas Charakteristisches damit ausgedrückt, das zwar für Maß und Zahl unzugänglich und doch faßbar existierend ist. Man kann nicht einfach darauf verzichten, wie es Wundts physiologische Psychologie tut, und diese Tatbestände als wesentliche Grundphänomene leugnen und sie durch Elementarfacta ersetzen oder sie in solche auflösen. Damit geht ein hauptsächliches Stück Psychologie geradezu verloren.

Um diesem durch die Überschätzung der naturwissenschaftlichen Methodik erzeugten Übelstand zu entgehen, ist man genötigt, zu festen Begriffen seine Zuflucht zu nehmen. Um solche Begriffe zu erlangen, bedarf es allerdings der Arbeit vieler, gewissermaßen des consensus gentium. Da dies aber nicht ohne weiteres und namentlich nicht sofort möglich ist, so muß der einzelne Forscher wenigstens sich bemühen, seinen Begriffen einige Festigkeit und Bestimmtheit zu verleihen, was wohl am besten dadurch geschieht, daß er die Bedeutung der von ihm jeweilig verwendeten Begriffe erörtert, so daß jedermann in den Stand gesetzt ist zu sehen, was mit ihnen gemeint ist.

Diesem Bedürfnis entsprechend, möchte ich im folgenden meine hauptsächlichsten psychologischen Begriffe in alphabetischer Reihenfolge erörtern. Zugleich möchte ich den Leser bitten, im Zweifelsfalle sich dieser Erklärungen erinnern zu wollen. Es ist selbstverständlich, daß ich mich mit diesen Erklärungen und Definitionen nur darüber ausweisen will, in welchem Sinne ich mich der Begriffe bediene, womit ich aber keineswegs sagen möchte, daß dieser Gebrauch unter allen Umständen der einzig mögliche oder unbedingt richtige wäre.

Abstraktion. Abstraktion ist, wie das Wort schon andeutet, ein Heraus- oder Wegziehen eines Inhaltes (einer Bedeutung, eines allgemeinen Merkmals und so weiter) aus einem Zusammenhang, der noch andere Elemente enthält, deren Kombination als Ganzes etwas Einmaliges oder Individuelles und darum etwas Unvergleichbares ist. Die Einmaligkeit, Einzigartigkeit und Unvergleichbarkeit hindern die Erkenntnis, weshalb dem Erkennenwollen die mit dem als wesentlich empfundenen Inhalt verbundenen übrigen Elemente als unzugehörig erscheinen müssen.

Die Abstraktion ist daher diejenige Geistestätigkeit, welche den als wesentlich empfundenen Inhalt oder Tatbestand aus seiner

Verknüpfung mit den als unzugehörig empfundenen Elementen
befreit, indem sie ihn davon unterscheidet, mit andern Worten
differenziert (siehe dort). *Abstrakt* im weiteren Sinne ist alles, was
aus seiner Verknüpfung mit in Hinsicht auf seine Bedeutung als
unzugehörig Empfundenem herausgezogen ist.

Die Abstraktion ist eine Tätigkeit, welche den psychologischen Funktionen überhaupt eignet. Es gibt ein abstrahierendes
Denken, ein ebensolches *Fühlen, Empfinden* und *Intuieren* (siehe diese Begriffe). Das abstrahierende Denken hebt einen durch
denkgemäße, logische Eigenschaften gekennzeichneten Inhalt aus
dem Nichtzugehörigen heraus. Das abstrahierende Fühlen tut
dasselbe mit einem gefühlsmäßig charakterisierten Inhalt, ebenso
die Empfindung und die Intuition. Es gibt daher ebensowohl
abstrakte Gedanken wie abstrakte Gefühle, welch letztere von
Sully als intellektuelle, ästhetische und moralische bezeichnet
werden.[2] Nahlowsky fügt das religiöse Gefühl noch dazu.[3] Die
abstrakten Gefühle in meiner Auffassung würden den »höheren«
oder »ideellen« Gefühlen Nahlowskys entsprechen. Die abstrakten Gefühle setze ich auf gleiche Linie mit den abstrakten Gedanken. Die abstrakte Empfindung wäre als ästhetische Empfindung
zu bezeichnen, im Gegensatz zur sinnlichen Empfindung (siehe
Empfindung), die abstrakte Intuition als symbolische Intuition im
Gegensatz zur phantastischen Intuition (siehe *Phantasie* und *Intuition*).

In dieser Arbeit verknüpfe ich mit dem Begriff der Abstraktion
auch zugleich die Anschauung eines damit verbundenen psycho-
energetischen Vorganges: Wenn ich mich zum Objekt abstrahierend einstelle, so lasse ich das Objekt nicht als Ganzes auf mich
wirken, sondern ich hebe einen Teil desselben aus seinen Verknüp-
fungen heraus, indem ich die nichtzugehörigen Teile ausschließe.
Meine Absicht ist, mich des Objektes als eines einmaligen und
einzigartigen Ganzen zu entledigen und nur einen Teil desselben
herauszuziehen. Die Anschauung des Ganzen ist mir zwar gegeben, aber ich vertiefe mich nicht in diese Anschauung, mein Interesse fließt nicht in das Ganze ein, sondern zieht sich vom Objekt
als Ganzem mit dem herausgehobenen Teil auf mich zurück, das
heißt in meine Begriffswelt, welche zum Behufe der Abstraktion
eines Teiles des Objektes bereit gestellt oder konstelliert ist. (Anders als vermöge einer subjektiven Begriffskonstellation kann ich
vom Objekt nicht abstrahieren.) Das »Interesse« fasse ich als *Ener-*

---

[2] Sully: The Human Mind, 1892, Bd. 2, Kap. 16.
[3] Nahlowsky: Das Gefühlsleben in seinen wesentlichen Erscheinungen und Beziehungen, 3. Aufl. 1907, S. 48.

gie = *Libido* (siehe dort) auf, welche ich dem Objekt a/r Wert
erteile, oder welche das Objekt auch eventuell gegen meinen Willen oder mir unbewußt auf sich zieht. Ich veranschauliche mir
daher den Abstraktionsvorgang als eine Zurückziehung der Libido
vom Objekt, als ein Rückströmen des Wertes vom Objekt zum
subjektiven abstrakten Inhalt. Die Abstraktion bedeutet mir also
eine energetische *Objektentwertung*. Die Abstraktion ist, mit anderen Worten ausgedrückt, eine *introvertierende* Libidobewegung
(siehe *Introversion*).

Abstrahierend nenne ich eine *Einstellung* (siehe dort), wenn sie
einerseits introvertierend ist und anderseits zugleich einen als wesentlich empfundenen Teil des Objektes den im Subjekt bereitgestellten abstrakten Inhalten assimiliert. Je abstrakter ein Inhalt ist,
desto *unvorstellbarer* ist er. Ich schließe mich Kants Auffassung
an, nach welcher ein Begriff um so abstrakter ist, »je mehr Unterschiede der Dinge aus ihm weggelassen sind«,[4] in dem Sinne, daß
die Abstraktion in ihrem höchsten Grade sich vom Objekt absolut
entfernt und damit zur äußersten Unvorstellbarkeit gelangt, welches Abstraktum ich als *Idee* bezeichne (siehe *Idee*). Umgekehrt
ist ein Abstraktum, das noch Vorstellbarkeit oder Anschaulichkeit
besitzt, ein konkreter Begriff (siehe *Konkretismus*).

Affekt. Unter Affekt ist ein Gefühlszustand zu verstehen, der einerseits durch merkbare Körperinnervation, anderseits durch eine
eigentümliche Störung des Vorstellungsablaufes gekennzeichnet
ist.[5] Mit Affekt als Synonym gebrauche ich *Emotion*. Ich unterscheide – im Gegensatz zu Bleuler (siehe *Affektivität*) – das *Gefühl*
vom Affekt, obschon sein Übergang zum Affekt fließend ist, indem jedes Gefühl, wenn es eine gewisse Stärke erlangt, Körperinnervationen auslöst und damit zum Affekt wird. Aus praktischen
Gründen aber wird man gut daran tun, Affekt von Gefühl zu
unterscheiden, indem das Gefühl eine willkürlich disponible
Funktion sein kann, während der Affekt dies in der Regel nicht zu
sein pflegt. Ebenso zeichnet sich der Affekt vor dem Gefühl deutlich durch die merkbare Körperinnervation aus, während dem Gefühl diese Innervationen größtenteils fehlen oder von solch geringer Intensität sind, daß sie bloß mit sehr feinen Instrumenten
nachzuweisen sind, zum Beispiel durch das psychogalvanische
Phänomen.[6] Der Affekt kumuliert sich durch die Empfindung der

---

[4] Kant: Logik I, in: Werke, Bd. 8, 1922, § 6.
[5] Vgl. dazu Wundt: Grundzüge der physiologischen Psychologie, Bd. 3, 5. Aufl. 1903,
S. 209 ff.
[6] Féré: Note sur des modifications de la résistance électrique ..., in: Comptes rendus
de la Société de Biologie, 1888, S. 217 ff. Veraguth: Das psychogalvanische Reflexphäno-

von ihm ausgelösten Körperinnervationen. Diese Wahrnehmung gab Anlaß zur James-Langeschen Affekttheorie, welche den Affekt überhaupt aus den Körperinnervationen ursächlich ableitet. Dieser extremen Auffassung gegenüber fasse ich den Affekt einerseits als einen psychischen Gefühlszustand, anderseits als einen physiologischen Innervationszustand auf, welche beide wechselseitig kumulierend aufeinanderwirken, das heißt, zu dem verstärkten Gefühl gesellt sich eine Empfindungskomponente, durch welche der Affekt mehr den *Empfindungen* (siehe dort) angenähert und vom Gefühlszustand wesentlich unterschieden wird. Ich rechne ausgesprochene, das heißt durch heftige Körperinnervationen begleitete Affekte nicht dem Gebiete der Fühlfunktion, sondern dem Gebiete der Empfindungsfunktion zu (siehe *Funktion*).

Affektivität. Affektivität ist ein Begriff, den E. Bleuler geprägt hat. Affektivität bezeichnet und faßt zusammen »nicht nur die Affekte im eigentlichen Sinne, sondern auch die leichten Gefühle oder Gefühlstöne der Lust und Unlust«.[7] Bleuler unterscheidet von der Affektivität einerseits die Sinnesempfindungen und die sonstigen Körperempfindungen, anderseits die »Gefühle«, insofern sie innere Wahrnehmungsvorgänge (z.B. Gefühl der Gewißheit, der Wahrscheinlichkeit) und insofern sie unklare Gedanken oder Erkenntnisse sind.[8]

Anima, Animus, s. *Seele*, s. *Seelenbild.*

Apperzeption. Apperzeption ist ein psychischer Vorgang, durch den ein neuer Inhalt ähnlichen, schon vorhandenen Inhalten dermaßen angegliedert wird, daß man ihn als verstanden, aufgefaßt oder als klar bezeichnet.[9] Man unterscheidet eine *aktive* und eine *passive* Apperzeption; erstere ist ein Vorgang, bei welchem das Subjekt von sich aus, aus eigenen Motiven bewußt einen neuen Inhalt mit Aufmerksamkeit erfaßt und an andere Inhalte, die in Bereitschaft stehen, assimiliert; letztere ist ein Vorgang, bei dem ein neuer Inhalt von außen (durch die Sinne) oder von innen (aus dem Unbewußten) sich dem Bewußtsein aufdrängt und sich die

men, in: Monatsschrift für Psychologie und Neurologie, Bd. 21 (1907), S. 387. Jung: Über die psychophysischen Begleiterscheinungen im Assoziationsexperiment, GW 2. Binswanger: Über das Verhalten des psychogalvanischen Phänomens beim Assoziationsexperiment, in: Diagnostische Assoziationsstudien, Bd. 2, 1910, S. 113.

[7] Bleuler: Affektivität, Suggestibilität, Paranoia, 1906, S. 6.

[8] Ebenda, S. 13.

[9] Vgl. Wundt: Grundzüge der physiologischen Psychologie, Bd. 1, 5. Aufl. 1902, S. 322.

Aufmerksamkeit und Auffassung gewissermaßen erzwingt. In ersterem Fall liegt der Akzent der Tätigkeit beim Ich, in letzterem
bei dem sich andrängenden neuen Inhalt.

Archaismus. Mit A. bezeichne ich den *altertümlichen* Charakter
psychischer Inhalte und Funktionen. Es handelt sich dabei nicht
um archaistische, das heißt nachgeahmte Altertümlichkeiten, wie
sie zum Beispiel spätrömische Bildwerke oder die »Gothik« des
19. Jahrhunderts aufweisen, sondern um Eigenschaften, die den
Charakter des *Reliktes* haben. Als solche Eigenschaften sind alle
diejenigen psychologischen Züge zu bezeichnen, welche im wesentlichen mit den Eigenschaften der primitiven Mentalität über-
einstimmen. Es ist klar, daß der A. in erster Linie den Phantasien
des Unbewußten anhaftet, das heißt den das Bewußtsein errei-
chenden Produkten der unbewußten Phantasietätigkeit. Die Qualität des Bildes ist dann archaisch, wenn es unverkennbare mythologische Parallelen hat.[10] Archaisch sind die Analogieassoziationen
der unbewußten Phantasie, ebenso ihr Symbolismus (siehe *Symbol*). A. ist die Identitätsbeziehung zum Objekt (siehe *Identität*),
die »*participation mystique*« (siehe dort). A. ist der Konkretismus
des Denkens und des Fühlens. A. ist ferner der Zwang und die
Unfähigkeit zur Selbstbeherrschung (das Hingerissensein). A. ist
das Verschmolzensein der psychologischen Funktionen (siehe *Differenzierung*) miteinander, zum Beispiel Denken und Fühlen,
Fühlen und Empfinden, Fühlen und Intuition, auch das Verschmolzensein der Teile einer Funktion (audition coloriée), Ambitendenz und Ambivalenz (Bleuler), das heißt Verschmolzensein
mit dem Gegenteil, zum Beispiel Gefühl und Gegengefühl.

Archetypus[11] siehe *Bild.*

Assimilation. A. ist die Angleichung eines neuen Bewußtseinsinhaltes an das in Bereitschaft stehende subjektive Material,[12] wobei
besonders die Ähnlichkeit des neuen Inhaltes mit dem bereitste-
henden subjektiven Material hervorgehoben wird, eventuell zuun-
gunsten der selbständigen Qualität des neuen Inhaltes.[13] Die A. ist,

[10] Vgl. dazu: Wandlungen und Symbole der Libido, 1912 (Neuausgabe: Symbole der
Wandlung, GW 5).
[11] Die archetypische Struktur stand schon immer im Zentrum von Jungs Forschungen.
Die endgültige Fassung des Begriffes ist jedoch erst im Laufe der Zeit geprägt worden.
Vgl. Die Beziehungen zwischen dem Ich und dem Unbewußten, GW 7; Von den Wurzeln des Bewußtseins, 1954.
[12] Wundt: Logik, Bd. 1, 3. Aufl. 1906, S. 20.
[13] Vgl. Lipps: Leitfaden der Psychologie, 2. Aufl. 1906, S. 104.

im Grunde genommen, ein Apperzeptionsvorgang (siehe *Apperzeption*), der sich aber von der reinen Apperzeption durch das Element der Angleichung an das subjektive Material unterscheidet. In diesem Sinne sagt Wundt: »Am augenfälligsten tritt diese Bildungsweise (nämlich die A.) bei den Vorstellungen dann hervor, wenn die assimilierenden Elemente durch Reproduktion, die assimilierten durch einen unmittelbaren Sinneseindruck entstehen. Es werden dann die Elemente von Erinnerungsbildern gewissermaßen in das äußere Objekt hineinverlegt, so daß, namentlich wenn das Objekt und die reproduzierten Elemente erheblich voneinander abweichen, die vollzogene Sinneswahrnehmung als eine Illusion erscheint, die uns über die wirkliche Beschaffenheit der Dinge täuscht.«[14]

Ich gebrauche A. in einem etwas erweiterten Sinne, nämlich als Angleichung des Objektes an das Subjekt überhaupt und setze ihr gegenüber die *Dissimilation* als Angleichung des Subjektes an das Objekt, und als Entfremdung des Subjektes von sich selber zugunsten des Objektes, sei es ein äußeres Objekt oder ein »psychologisches« Objekt, zum Beispiel eine Idee.

Bewußtsein. Unter B. verstehe ich die Bezogenheit psychischer Inhalte auf das Ich (siehe *Ich*), soweit sie als solche vom Ich empfunden wird.[15] Beziehungen zum Ich, soweit sie von diesem nicht als solche empfunden werden, sind *unbewußt* (siehe dort). Das Bewußtsein ist die Funktion oder Tätigkeit,[16] welche die Beziehung psychischer Inhalte zum Ich unterhält. B. ist nicht identisch mit *Psyche*, indem Psyche die Gesamtheit aller psychischen Inhalte darstellt, welche nicht notwendigerweise alle mit dem Ich direkt verbunden, das heißt dermaßen auf das Ich bezogen sind, daß ihnen die Qualität der Bewußtheit zukäme. Es gibt eine Vielheit von psychischen Komplexen, die nicht alle notwendigerweise mit dem Ich verbunden sind.[17]

Bild. Wenn ich in dieser Arbeit von Bild spreche, so meine ich damit nicht das psychische Abbild des äußeren Objektes, sondern vielmehr eine Anschauung, die dem poetischen Sprachgebrauch entstammt, nämlich das *Phantasiebild*, welches sich nur indirekt auf Wahrnehmung des äußeren Objektes bezieht. Dieses Bild be-

---

[14] Wundt: Grundzüge der physiologischen Psychologie, Bd. 3, 5. Aufl., 1903, S. 529.
[15] Natorp: Einleitung in die Psychologie nach kritischer Methode, 1888, S. 11. Ebenso Lipps: Leitfaden der Psychologie, 2. Aufl., 1906, S. 3.
[16] Vgl. Riehl: Zur Einführung in die Philosophie der Gegenwart, 4. Aufl., 1913, S. 161, welcher das B. ebenfalls als »Aktivität«, als »Prozeß« auffaßt.
[17] Über die Psychologie der Dementia praecox, GW 3.

ruht vielmehr auf unbewußter Phantasietätigkeit, als deren Produkt es dem Bewußtsein mehr oder weniger abrupt erscheint, etwa in der Art einer Vision oder Halluzination, ohne aber den pathologischen Charakter einer solchen, das heißt die Zugehörigkeit zu einem klinischen Krankheitsbilde zu besitzen. Das Bild hat den psychologischen Charakter einer Phantasievorstellung und niemals den quasi Realcharakter der Halluzination, das heißt es steht nie anstelle der Wirklichkeit und wird von sinnlicher Wirklichkeit als »inneres« Bild stets unterschieden. In der Regel ermangelt es auch jeder Projektion in den Raum, obschon es in Ausnahmefällen auch gewissermaßen von außen erscheinen kann. Diese Erscheinungsweise ist als *archaisch* (siehe dort) zu bezeichnen, wenn sie nicht in erster Linie pathologisch ist, was aber den archaischen Charakter keineswegs aufhebt. Auf primitiver Stufe, das heißt in der Mentalität des Primitiven verlegt sich das innere Bild leicht als Vision oder Gehörshalluzination in den Raum, ohne pathologisch zu sein.

Wenn schon in der Regel dem Bild kein Wirklichkeitswert zukommt, so kann ihm doch unter Umständen eine um so größere Bedeutung für das seelische Erleben anhaften, das heißt ein großer *psychologischer* Wert, welcher eine »innere« Wirklichkeit darstellt, die gegebenenfalls die Bedeutung der »äußeren« Wirklichkeit überwiegt. In diesem Fall ist das Individuum nicht nach Anpassung an die Wirklichkeit, sondern nach Anpassung an die innere Forderung orientiert.

Das innere Bild ist eine komplexe Größe, die sich aus den verschiedensten Materialien von verschiedenster Herkunft zusammensetzt. Es ist aber kein Konglomerat, sondern ein in sich einheitliches Produkt, das seinen eigenen, selbständigen Sinn hat. Das Bild ist ein konzentrierter *Ausdruck der psychischen Gesamtsituation,* nicht etwa bloß oder vorwiegend der unbewußten Inhalte schlechthin. Es ist zwar ein Ausdruck unbewußter Inhalte, aber nicht aller Inhalte überhaupt, sondern bloß der momentan konstellierten. Diese Konstellation erfolgt einerseits durch die Eigentätigkeit des Unbewußten, anderseits durch die momentane Bewußtseinslage, welche immer zugleich auch die Aktivität zugehöriger subliminaler Materialien anregt und die nicht zugehörigen hemmt. Dementsprechend ist das Bild ein Ausdruck sowohl der unbewußten wie der bewußten momentanen Situation. Die Deutung seines Sinnes kann also weder vom Bewußtsein allein noch vom Unbewußten allein ausgehen, sondern nur von ihrer wechselseitigen Beziehung.

Ich bezeichne das Bild als *urtümlich*,[18] wenn es einen *archaischen* Charakter hat. Von archaischem Charakter spreche ich dann, wenn das Bild eine auffallende Übereinstimmung mit bekannten mythologischen Motiven hat. In diesem Fall drückt es einerseits überwiegend *kollektiv-unbewußte* (siehe dort) Materialien aus, und anderseits weist es darauf hin, daß die momentane Bewußtseinslage weniger persönlich als vielmehr kollektiv beeinflußt ist.

Ein *persönliches* B. hat weder archaischen Charakter noch kollektive Bedeutung, sondern drückt persönlich-unbewußte Inhalte und eine persönlich-bedingte Bewußtseinslage aus.

Das urtümliche B., das ich auch als »Archetypus« bezeichnet habe, ist immer kollektiv, das heißt, es ist mindestens ganzen Völkern oder Zeiten gemeinsam. Wahrscheinlich sind die hauptsächlichsten mythologischen Motive allen Rassen und Zeiten gemeinsam; so konnte ich eine Reihe von Motiven der griechischen Mythologie in den Träumen und Phantasien von geisteskranken reinrassigen Negern nachweisen.[19]

Von einem naturwissenschaftlich-kausalen Gesichtspunkt aus kann man das urtümliche Bild als einen mnemischen Niederschlag, ein *Engramm* (Semon) auffassen, das durch Verdichtung unzähliger, einander ähnlicher Vorgänge entstanden ist. In dieser Sicht ist es ein Niederschlag und damit eine typische Grundform eines gewissen, immer wiederkehrenden seelischen Erlebens. Als mythologisches Motiv ist es ein stets wirksamer und immer wieder auftretender Ausdruck, welcher das gewisse seelische Erleben entweder wachruft oder in passender Weise formuliert. Unter diesem Gesichtspunkt ist es ein psychischer Ausdruck einer physiologisch-anatomisch bestimmten Anlage. Stellt man sich auf den Standpunkt, daß eine bestimmte anatomische Struktur entstanden sei aus der Einwirkung der Umweltbedingungen auf den lebenden Stoff, so entspricht das urtümliche Bild in seinem stetigen und allverbreiteten Vorkommen einer ebenso allgemeinen und beständigen äußeren Einwirkung, welche daher den Charakter eines Naturgesetzes haben muß. Man könnte auf diese Weise den Mythus auf die Natur beziehen, zum Beispiel die Sonnenmythen auf das tägliche Auf- und Untergehen der Sonne oder den ebenso sinnenfälligen Wechsel der Jahreszeiten, und das wurde und wird tatsächlich von vielen Mythologen getan. Dabei bleibt aber die Frage offen, warum dann nicht einfach zum Beispiel die Sonne und ihre scheinbaren Veränderungen direkt und unverhüllt als Inhalt des

---

[18] In Anlehnung an J. Burckhardt. Vgl.: Wandlungen und Symbole der Libido, 1912, S. 35 (Neuausgabe: Symbole der Wandlung, GW 5).

[19] Ein bemerkenswertes Beispiel eines archaischen Bildes in: Wandlungen und Symbole der Libido, 1912, S. 94 f. (Neuausgabe: Symbole der Wandlung, GW 5).

Mythus auftreten. Die Tatsache, daß die Sonne oder der Mond oder die meteorologischen Vorgänge zum mindesten allegorisiert auftreten, weist uns aber auf eine selbständige Mitarbeit der Psyche hin, welche also in diesem Falle keineswegs bloß ein Produkt oder Abklatsch der Umweltbedingungen sein kann. Denn woher bezöge sie dann überhaupt die Fähigkeit zu einem Standpunkt außerhalb der Sinneswahrnehmung? Woher käme ihr dann überhaupt die Fähigkeit zu, ein mehreres oder anderes zu leisten, als die Bestätigung des Zeugnisses der Sinne? Im Hinblick auf solche Fragen genügt die naturwissenschaftlich-kausale Engrammtheorie von Semon nicht mehr. Wir müssen daher notgedrungen annehmen, daß die gegebene Hirnstruktur ihr Sosein nicht bloß der Einwirkung der Umweltbedingungen verdankt, sondern ebensowohl auch der eigentümlichen und selbständigen Beschaffenheit des lebenden Stoffes, das heißt also einem mit dem Leben gegebenen Gesetze. Die gegebene Beschaffenheit des Organismus ist daher ein Produkt einerseits der äußeren Bedingungen und anderseits der dem Lebendigen inhärenten Bestimmungen. Demgemäß ist auch das urtümliche Bild einerseits unzweifelhaft auf gewisse sinnenfällige und stets sich erneuernde und daher immer wirksame Naturvorgänge zu beziehen, anderseits aber ebenso unzweifelhaft auf gewisse innere Bestimmungen des geistigen Lebens und des Lebens überhaupt. Dem Licht setzt der Organismus ein neues Gebilde, das Auge, entgegen, und dem Naturvorgang setzt der Geist ein symbolisches Bild entgegen, das den Naturvorgang ebenso erfaßt, wie das Auge das Licht. Und ebenso wie das Auge ein Zeugnis ist für die eigentümliche und selbständige schöpferische Tätigkeit des lebenden Stoffes, so ist auch das urtümliche Bild ein Ausdruck der eigenen und unbedingten, erschaffenden Kraft des Geistes.

Das urtümliche Bild ist somit ein zusammenfassender Ausdruck des lebendigen Prozesses. Es gibt den sinnlichen und inneren geistigen Wahrnehmungen, die zunächst ungeordnet und unzusammenhängend erscheinen, einen ordnenden und verbindenden Sinn und befreit dadurch die psychische Energie von der Bindung an die bloße und unverstandene Wahrnehmung. Es bindet aber auch die durch Wahrnehmung der Reize entfesselten Energien an einen bestimmten Sinn, der das Handeln in die dem Sinn entsprechenden Bahnen leitet. Es löst unverwendbare, aufgestaute Energie, indem es den Geist auf die Natur verweist und bloßen Naturtrieb in geistige Formen überführt.

Das urtümliche Bild ist Vorstufe der *Idee* (siehe dort), es ist ihr Mutterboden. Aus ihm entwickelt die Vernunft durch Ausscheidung des dem urtümlichen Bild eigentümlichen und notwendigen

Konkretismus (siehe dort) einen Begriff – eben die Idee –, der aber von allen andern Begriffen sich dadurch unterscheidet, daß er der Erfahrung nicht gegeben ist, sondern daß er sich als ein aller Erfahrung zugrundeliegendes Prinzip erweist. Diese Eigenschaft hat die Idee vom urtümlichen Bild, das als Ausdruck der spezifischen Hirnstruktur auch aller Erfahrung die bestimmte Form erteilt.

Der Grad der psychologischen Wirksamkeit des urtümlichen Bildes wird bestimmt durch die Einstellung des Individuums. Ist die Einstellung introvertiert, so ergibt sich natürlicherweise infolge der Abziehung der Libido vom äußeren Objekt eine erhöhte Betonung des inneren Objektes, des Gedankens. Daraus erfolgt eine besonders intensive Entwicklung der Gedanken auf der durch das urtümliche Bild unbewußt vorgezeichneten Linie. Auf diese Weise tritt das urtümliche Bild zunächst indirekt in die Erscheinung. Die Weiterführung der gedanklichen Entwicklung führt zur Idee, welche nichts anderes ist, als das zur gedanklichen Formulierung gelangte urtümliche Bild. Über die Idee hinaus führt nur die Entwicklung der Gegenfunktion, das heißt, ist die Idee einmal intellektuell erfaßt, so will sie auf das Leben wirken. Sie zieht darum das Fühlen an, welches aber in diesem Falle weit weniger differenziert und daher konkretistischer ist als das Denken. Das Fühlen ist daher unrein und, weil undifferenziert, noch mit dem Unbewußten verschmolzen. Das Individuum ist dann unfähig, dieses so beschaffene Fühlen mit der Idee zu vereinigen. In diesem Falle tritt nun das urtümliche Bild als *Symbol* (siehe dort) in das innere Blickfeld, erfaßt vermöge seiner konkreten Natur einerseits das in undifferenziertem konkretem Zustand befindliche Fühlen, ergreift aber auch vermöge seiner Bedeutung die Idee, deren Mutter es ja ist, und vereinigt so die Idee mit dem Fühlen. Das urtümliche Bild tritt solchergestalt als Mittler ein und beweist damit wiederum seine erlösende Wirksamkeit, die es in den Religionen stets gehabt hat. Ich möchte daher das, was Schopenhauer von der Idee sagt, eher auf das urtümliche Bild beziehen, indem, wie ich unter *Idee* erläutert habe, die Idee nicht ganz und durchaus als etwas Apriorisches, sondern eben auch als etwas Abgeleitetes und Herausentwickeltes aufgefaßt werden muß. Wenn ich daher im folgenden die Worte Schopenhauers anführe, so bitte ich den Leser, das Wort »Idee« im Text jeweils durch »urtümliches Bild« ersetzen zu wollen, um zum Verständnis dessen zu gelangen, was ich hier meine.

»Vom Individuo als solchem wird sie – die Idee – nie erkannt, sondern nur von dem, der sich über alles Wollen und über alle Individualität zum reinen Subjekt des Erkennens erhoben hat: also ist sie nur dem Genius und sodann dem, welcher durch, meistens von den Werken des Genius veranlaßte, Erhöhung seiner reinen

Erkenntniskraft, in einer genialen Stimmung ist, erreichbar: daher ist sie nicht schlechthin, sondern nur bedingt mitteilbar, indem die aufgefaßte und (z. B.) im Kunstwerk wiederholte Idee jeden nur nach Maßgabe seines eigenen intellektualen Wertes anspricht«, und so weiter.

»Die Idee ist die, vermöge der Zeit- und Raumform unserer intuitiven Apprehension, in die Vielheit zerfallene Einheit.«

»Der Begriff gleicht einem toten Behältnis, in welchem, was man hineingelegt hat, wirklich nebeneinander liegt, aus welchem sich aber auch nicht mehr herausnehmen läßt, als man hineingelegt hat: die Idee hingegen entwickelt in dem, welcher sie gefaßt hat, Vorstellungen, die in Hinsicht auf den ihr gleichnamigen Begriff neu sind: sie gleicht einem lebendigen, sich entwickelnden, mit Zeugungskraft begabten Organismus, welcher hervorbringt, was nicht in ihm eingeschachtelt lag.«[20]

Schopenhauer hat klar erkannt, daß die »Idee, das heißt das urtümliche Bild nach meiner Definition, nicht erreicht werden kann auf dem Wege, auf dem ein Begriff oder eine »Idee« hergestellt wird (»Idee« im Sinne Kants aufgefaßt als ein »Begriff aus Notionen«[21]), sondern daß dazu ein Element jenseits des formulierenden Verstandes gehört, etwa, wie Schopenhauer sagt, die »geniale Stimmung«, womit nichts anderes als ein Gefühlszustand gemeint ist. Denn von der Idee gelangt man zum urtümlichen Bild nur dadurch, daß der Weg, der zur Idee führte, über den Höhepunkt der Idee hinaus in die Gegenfunktion fortgesetzt wird.

Das urtümliche Bild hat vor der Klarheit der Idee die Lebendigkeit voraus. Es ist ein eigener lebender Organismus, »mit Zeugungskraft begabt«, denn das urtümliche Bild ist eine vererbte Organisation der psychischen Energie, ein festes System, welches nicht nur Ausdruck, sondern auch Möglichkeit des Ablaufes des energetischen Prozesses ist. Es charakterisiert einerseits die Art, wie der energetische Prozeß seit Urzeit immer wieder in derselben Weise abgelaufen ist, und ermöglicht zugleich auch immer wieder den gesetzmäßigen Ablauf, indem es eine Apprehension oder psychische Erfassung von Situationen in solcher Art ermöglicht, daß dem Leben immer wieder eine weitere Fortsetzung gegeben werden kann. Es ist somit das notwendige Gegenstück zum *Instinkt*, der ein zweckmäßiges Handeln ist, aber auch ein ebenso sinnentsprechendes wie zweckmäßiges Erfassen der jeweiligen Situation voraussetzt. Diese Apprehension der gegebenen Situation wird

[20] Schopenhauer: Die Welt als Wille und Vorstellung, Bd. 1, in: Sämmtliche Werke, Bd. 1, 1891, § 49.
[21] Kant: Kritik der reinen Vernunft, hrsg. von Kehrbach, 1878, S. 279.

durch das a priori vorhandene Bild gewährleistet. Es stellt die anwendbare Formel dar, ohne welche die Apprehension eines neuen Tatbestandes unmöglich wäre.

Denken. Ich fasse das Denken als eine der vier psychologischen Grundfunktionen auf (siehe *Funktion*). Das Denken ist diejenige psychologische Funktion, welche, ihren eigenen Gesetzen gemäß, gegebene Vorstellungsinhalte in (begrifflichen) Zusammenhang bringt. Es ist apperzeptive Tätigkeit und als solche zu unterscheiden in *aktive* und *passive* Denktätigkeit. Das aktive Denken ist eine Willenshandlung, das passive Denken ein Geschehnis. Im ersteren Fall unterwerfe ich die Vorstellungsinhalte einem gewollten Urteilsakt, im letzteren Fall ordnen sich begriffliche Zusammenhänge an, es formen sich Urteile, welche gegebenenfalls zu meiner Absicht in Widerspruch stehen, meiner Zielrichtung nicht entsprechen und daher für mich des Gefühles der Richtung entbehren, obschon ich nachträglich zur Anerkennung ihres Gerichtetseins durch einen aktiven Apperzeptionsakt gelangen kann. Das aktive Denken würde demnach meinem Begriffe des *gerichteten Denkens*[22] entsprechen. Das passive D. ist in meiner unten zitierten Arbeit ungenügend als »Phantasieren« gekennzeichnet worden.[23] Ich würde es heute als *intuitives* Denken bezeichnen.

Ein einfaches Aneinanderreihen von Vorstellungen, was von gewissen Psychologen als *assoziatives* D. bezeichnet wird, ist für mich kein Denken, sondern bloßes *Vorstellen*. Von D. sollte man meines Erachtens nur da sprechen, wo es sich um die Verbindung von Vorstellungen durch einen Begriff handelt, wo also mit anderen Worten ein Urteilsakt vorliegt, gleichviel, ob dieser Urteilsakt unserer Absicht entspringt oder nicht.

Das Vermögen des gerichteten D. bezeichne ich als *Intellekt,* das Vermögen des passiven oder nicht gerichteten D. bezeichne ich als *intellektuelle Intuition.* Ich bezeichne ferner das gerichtete Denken, den Intellekt, als *rationale* (siehe dort) Funktion, indem es nach der Voraussetzung der mir bewußten vernünftigen Norm die Vorstellungsinhalte unter Begriffen anordnet. Dagegen ist für mich das nichtgerichtete Denken, die intellektuelle Intuition, eine *irrationale* (siehe dort) Funktion, indem es die Vorstellungsinhalte nach mir unbewußten und darum nicht als vernunftgemäß erkannten Normen beurteilt und anordnet. Ich kann aber gegebenenfalls nachträglich erkennen, daß auch der intuitive Urteilsakt der Ver-

---

[22] Wandlungen und Symbole der Libido, 1912, S. 7 ff. (Neuausgabe: Symbole der Wandlung, GW 5).
[23] Ebenda, S. 19.

nunft entspricht, obschon er auf einem mir irrational erscheinenden Wege zustande gekommen ist.

Unter gefühlsmäßigem D. verstehe ich nicht das intuitive D., sondern ein Denken, das vom Fühlen abhängig ist, also ein Denken, das nicht seinem eigenen, logischen Prinzip folgt, sondern dem Prinzip des Fühlens untergeordnet ist. Im gefühlsmäßigen D. sind die Gesetze der Logik nur scheinbar vorhanden, in Wirklichkeit aber aufgehoben zugunsten der Gefühlsabsicht.

Differenzierung bedeutet Entwicklung von Unterschieden, Aussonderung von Teilen aus einem Ganzen. Ich gebrauche den Begriff der D. in dieser Arbeit hauptsächlich in Hinsicht auf psychologische Funktionen. Solange eine Funktion noch dermaßen mit einer oder mehreren andern Funktionen verschmolzen ist, zum Beispiel Denken und Fühlen, oder Fühlen und Empfindung und so weiter, daß sie für sich allein gar nicht auftreten kann, so ist sie in *archaischem* (siehe dort) Zustand, sie ist nicht differenziert, das heißt nicht als ein besonderer Teil vom Ganzen ausgeschieden und als solcher für sich bestehend. Ein nicht differenziertes Denken ist unfähig, von andern Funktionen abgesondert zu denken, das heißt, es mischen sich ihm beständig Empfindungen oder Gefühle oder Intuitionen bei; ein nicht differenziertes Fühlen vermischt sich zum Beispiel mit Empfindungen und Phantasien, zum Beispiel Sexualisierung (Freud) des Fühlens und Denkens in der Neurose. In der Regel ist die nicht differenzierte Funktion auch dadurch charakterisiert, daß sie die Eigenschaft der *Ambivalenz* und der *Ambitendenz*[24] hat, das heißt, jede Position führt die Negation merklich mit sich, woraus kennzeichnende Hemmungen im Gebrauch der nicht differenzierten Funktion entstehen. Die nicht differenzierte Funktion ist auch in ihren einzelnen Teilen verschmolzen, so ist zum Beispiel ein nicht differenziertes Empfindungsvermögen dadurch beeinträchtigt, daß sich die einzelnen Sinnessphären vermischen (audition coloriée), ein nicht differenziertes Fühlen zum Beispiel durch Vermengung von Haß und Liebe. Insofern eine Funktion ganz oder größtenteils unbewußt ist, ist sie auch nicht differenziert, sondern in ihren Teilen und mit andern Funktionen verschmolzen. Die D. besteht in der Absonderung der Funktion von andern Funktionen und in der Absonderung ihrer einzelnen Elemente von einander. Ohne D. ist Richtung unmöglich, denn die Richtung einer Funktion, respektive ihr Ge-

[24] Bleuler: Die negative Suggestibilität, in: Psychiatrisch-neurologische Wochenschrift, 1904. Ders.: Zur Theorie des schizophrenen Negativismus, in: Psychiatrisch-neurologische Wochenschrift, 1910. Ders.: Lehrbuch der Psychiatrie, 1916, S. 92, 285.

richtetsein beruht auf Besonderung und Ausschließung des Nicht-zugehörigen. Durch Verschmelzung mit Nichtzugehörigem ist das Gerichtetsein unmöglich gemacht; nur eine differenzierte Funktion erweist sich als *richtungsfähig*.

Dissimilation siehe *Assimilation*.

Einfühlung. E. ist eine *Introjektion* (siehe dort) des Objektes.[25] (Siehe auch *Projektion*.)

Einstellung. Dieser Begriff ist eine relativ neue Erwerbung der Psychologie. Er stammt von Mueller und Schumann.[26] Während Külpe[27] die E. als eine Prädisposition sensorischer oder motorischer Zentren für eine bestimmte Erregung oder einen beständigen Impuls definiert, faßt sie Ebbinghaus[28] in weiterem Sinne als eine Übungserscheinung auf, welche das Gewohnte in die vom Gewohnten abweichende Einzelleistung hineinträgt. Von dem Ebbinghausschen Begriffe der E. geht auch unser Gebrauch des Begriffes aus. E. ist für uns eine Bereitschaft der Psyche, in einer gewissen Richtung zu agieren oder zu reagieren. Der Begriff ist gerade für die Psychologie der komplexen seelischen Phänomene sehr wichtig, indem er jene eigenartige psychologische Erscheinung, daß gewisse Reize zu gewissen Zeiten stark, zu andern schwach oder gar nicht wirken, auf einen Ausdruck bringt. Eingestellt sein heißt: für etwas Bestimmtes bereit sein, auch wenn dieses Bestimmte unbewußt ist, denn Eingestelltsein ist gleichbedeutend mit apriorischer Richtung auf Bestimmtes, gleichviel ob dieses Bestimmte vorgestellt ist oder nicht. Die Bereitschaft, als welche ich die E. auffasse, besteht immer darin, daß eine gewisse subjektive Konstellation, eine bestimmte Kombination von psychischen Faktoren oder Inhalten vorhanden ist, welche entweder das Handeln in dieser oder jener bestimmten Richtung determinieren oder einen äußeren Reiz in dieser oder jener bestimmten Weise auffassen wird. Ohne E. ist aktive *Apperzeption* (siehe dort) unmöglich. E. hat immer einen Richtpunkt, der bewußt oder unbewußt sein kann, denn eine bereitgestellte Kombination von Inhalten wird unfehlbar im Akte der Apperzeption eines neuen Inhaltes jene Qualitäten oder Momente hervorheben, welche dem subjekti-

---

[25] Für die nähere Beschreibung der E. siehe ›Das Problem der typischen Einstellungen in der Ästhetik‹, in: Psychologische Typen, GW 6, §§ 553 ff.
[26] Archiv für die gesammte Physiologie des Menschen und der Thiere, Bd. 45, 1889, S. 37.
[27] Külpe: Grundriß der Psychologie, 1893, S. 44.
[28] Ebbinghaus: Grundzüge der Psychologie, Bd. 1, 1905, S. 681 f.

ven Inhalt als zugehörig erscheinen. Es findet daher eine Auswahl oder ein Urteil statt, welches Nichtzugehöriges ausschließt. Was zugehörig oder nichtzugehörig ist, wird durch die bereitgestellte Inhaltskombination oder -konstellation entschieden. Ob der Richtpunkt der E. bewußt oder unbewußt ist, hat keine Bedeutung für die auswählende Wirkung der E., indem die Auswahl durch die E. schon a priori gegeben ist und im übrigen automatisch erfolgt. Es ist aber praktisch zwischen bewußt und unbewußt zu unterscheiden, da ungemein häufig auch zwei E. vorhanden sind, nämlich eine bewußte und eine unbewußte E. Damit soll ausgedrückt sein, daß das Bewußtsein eine Bereitstellung von andern Inhalten hat als das Unbewußte. Besonders deutlich ist die Zweiheit der E. in der Neurose.

Der Begriff der E. hat mit dem Wundtschen Apperzeptionsbegriff eine gewisse Verwandtschaft, jedoch mit dem Unterschied, daß der Begriff der Apperzeption den Vorgang der Beziehung des bereitgestellten Inhaltes zum neuen, zu apperzipierenden Inhalt in sich faßt, während der Begriff der E. sich ausschließlich auf den subjektiv bereitgestellten Inhalt bezieht. Die Apperzeption ist gewissermaßen die Brücke, die den bereits vorhandenen und bereitgestellten Inhalt mit dem neuen Inhalt verbindet, während die E. gewissermaßen das Widerlager der Brücke auf dem einen Ufer, der neue Inhalt aber das Widerlager auf dem andern Ufer darstellt. E. bedeutet eine *Erwartung*, und Erwartung wirkt immer auswählend und Richtung gebend. Ein starkbetonter, im Blickfeld des Bewußtseins befindlicher Inhalt bildet (eventuell mit andern Inhalten zusammen) eine gewisse Konstellation, welche gleichbedeutend mit einer bestimmten E. ist, denn ein solcher Bewußtseinsinhalt fördert die Wahrnehmung und Apperzeption alles Gleichartigen und hemmt diejenige alles Ungleichartigen. Er erzeugt die ihm entsprechende E. Dieses automatische Phänomen ist ein wesentlicher Grund zur Einseitigkeit der bewußten Orientierung. Es würde zu einem völligen Gleichgewichtsverlust führen, wenn nicht eine selbstregulierende, *kompensatorische* (siehe dort) Funktion in der Psyche bestünde, welche die bewußte E. korrigiert. In diesem Sinn ist die Zweiheit der E. also ein normales Phänomen, das nur dann störend in Erscheinung tritt, wenn die bewußte Einseitigkeit exzessiv ist. Die E. kann als gewöhnliche *Aufmerksamkeit* eine relativ unbedeutende Teilerscheinung sein oder auch ein die ganze Psyche bestimmendes allgemeines Prinzip. Aus Gründen der Disposition oder der Milieubeeinflussung oder der Erziehung oder der allgemeinen Lebenserfahrung oder der Überzeugung kann habituell eine Inhaltskonstellation vorhanden sein, welche beständig und oft bis ins allerkleinste eine gewisse E. erzeugt. Jemand, der das Unlustvolle des Lebens besonders tief empfindet, wird naturgemäß eine E. haben, welche stets das Unlustvolle erwartet. Diese exzessive bewußte E. ist durch unbewußte Einstellung auf Lust kompensiert. Der Unterdrückte hat eine bewußte E. auf alles, was ihn unterdrücken könnte, er wählt in der Erfahrung dieses Moment aus, er wittert es überall; seine unbewußte E. geht daher auf Macht und Überlegenheit.

Je nach der Art der habituellen E. ist die gesamte Psychologie des Individuums auch in den Grundzügen verschieden orientiert. Obschon die allgemeinen psychologischen Gesetze in jedem Individuum Geltung haben, so sind sie für das einzelne Individuum doch nicht charakteristisch, denn die Art ihres Wirkens ist ganz verschieden je nach der Art der allgemeinen E. Die allgemeine E. ist immer ein Resultat aller Faktoren, welche die Psyche wesentlich zu beeinflussen vermögen, also der angeborenen Disposition, der Erziehung, der Milieueinflüsse, der Lebenserfahrungen, der durch *Differenzierung* (siehe dort) gewonnenen Einsichten und Überzeugungen, der Kollektivvorstellungen und so weiter. Ohne die durchaus fundamentale Bedeutung der E. wäre die Existenz einer individuellen Psychologie ausgeschlossen. Die allgemeine E. aber bewirkt dermaßen große Kräfteverschiebungen und Beziehungsveränderungen der einzelnen Funktionen unter sich, daß daraus Gesamtwirkungen resultieren, welche die Gültigkeit allgemeiner psychologischer Gesetze öfters in Frage stellen. Obschon zum Beispiel ein gewisses Maß an Betätigung der Sexualfunktion aus physiologischen und psychologischen Gründen als unerläßlich gilt, so gibt es dennoch Individuen, welche ohne Einbuße, das heißt ohne pathologische Erscheinungen und ohne irgendwie nachweisbare Einschränkung der Leistungsfähigkeit ihrer in hohem Maße entraten, während in andern Fällen schon geringfügige Störungen auf diesem Gebiet ganz beträchtliche allgemeine Folgen nach sich ziehen können. Wie gewaltig die individuellen Verschiedenheiten sind, sieht man vielleicht am besten in der Lust-Unlustfrage. Hier versagen sozusagen alle Regeln. Was gibt es schließlich, das dem Menschen nicht gelegentlich Lust, und was, das ihm nicht gelegentlich Unlust verursachte? Jeder Trieb, jede Funktion kann der anderen sich unterordnen und ihr Gefolgschaft leisten. Der Ich- oder Machttrieb kann sich die Sexualität dienstbar machen, oder die Sexualität benützt das Ich. Das Denken überwuchert alles andere, oder das Fühlen verschluckt das Denken und das Empfinden, alles je nach der E.

Im Grunde genommen ist die E. ein individuelles Phänomen und entzieht sich der wissenschaftlichen Betrachtungsweise. In der Erfahrung jedoch lassen sich gewisse E.-Typen unterscheiden, insofern sich auch gewisse psychische Funktionen unterscheiden lassen. Wenn eine Funktion habituell überwiegt, so entsteht dadurch eine typische E. Je nach der Art der differenzierten Funktion ergeben sich Inhaltskonstellationen, welche eine entsprechende E. erzeugen. So gibt es eine typische E. des Denkenden, des Fühlenden, des Empfindenden und des Intuierenden. Außer diesen rein psychologischen E.-Typen, deren Zahl sich vielleicht noch vermehren läßt, gibt es auch soziale Typen, nämlich solche, denen eine Kollektivvorstellung den Stempel aufdrückt. Sie sind charakterisiert durch die verschiedenen -ismen. Diese kollektiv bedingten E. sind jedenfalls sehr wichtig, in gewissen Fällen den rein individuellen E. an Bedeutung sogar überlegen.

Emotion siehe *Affekt*.

Empfindung. E. ist nach meiner Auffassung eine der psychologischen Grundfunktionen (siehe *Funktion*). Wundt rechnet die E. ebenfalls zu den psychischen Elementarphänomenen.[29]
   Die E. oder das Empfinden ist diejenige psychologische Funktion, welche einen physischen Reiz der Wahrnehmung vermittelt. E. ist daher identisch mit Perzeption. E. ist streng zu unterscheiden von *Gefühl*, indem das Gefühl ein ganz anderer Vorgang ist, der sich zum Beispiel als »Gefühlston« der E. hinzugesellen kann. Die E. bezieht sich nicht nur auf den äußeren physischen Reiz, sondern auch auf den inneren, das heißt auf die Veränderungen der inneren Organe. Die E. ist daher in erster Linie *Sinnesempfindung*, das heißt Perzeption vermittels der Sinnesorgane und des »Körpersinnes« (kinästhetische, vasomotorische und so weiter E.). Sie ist einerseits ein Element des Vorstellens, indem sie dem Vorstellen das Perzeptionsbild des äußeren Objektes vermittelt, anderseits ein Element des Gefühls, indem sie durch die Perzeption der Körperveränderung dem Gefühl den Affektcharakter verleiht (siehe *Affekt*). Indem die E. dem Bewußtsein die Körperveränderung vermittelt, repräsentiert sie auch die physiologischen Triebe. Sie ist nicht damit identisch, indem sie eine bloß perzeptive Funktion ist.
   Es ist zu unterscheiden zwischen sinnlicher oder konkreter und abstrakter E. Erstere begreift die oben besprochenen Formen unter sich. Letztere aber bezeichnet eine abgezogene, das heißt von andern psychischen Elementen gesonderte Art der E. Die konkrete E. tritt nämlich nie »rein« auf, sondern ist immer mit Vorstel-

---

[29] Zur Geschichte des Begriffes der Empfindung vergleiche Wundt: Grundzüge der physiologischen Psychologie, Bd. 1, 5. Aufl., 1902, S. 350ff. Dessoir: Geschichte der neueren deutschen Psychologie, 1894. Villa: Einleitung in die Psychologie der Gegenwart, 1902. v. Hartmann: Die moderne Psychologie, 1901.

lungen, Gefühlen und Gedanken vermengt. Die abstrakte E. dagegen stellt eine differenzierte Art der Perzeption dar, welche als »ästhetisch« bezeichnet werden dürfte, insofern sie, ihrem eigenen Prinzip folgend, sich von allen Beimengungen der Unterschiede des perzipierten Objektes wie auch von subjektiven Beimengungen von Gefühl und Gedanken sondert und sich dadurch zu einem Reinheitsgrade erhebt, welcher der konkreten E. niemals zukommt. Die konkrete E. einer Blume zum Beispiel vermittelt nicht nur die Wahrnehmung der Blume selbst, sondern auch des Stengels, der Blätter, des Standortes und so weiter. Sie vermengt sich auch sofort mit den durch den Anblick erregten Lust- oder Unlustgefühlen, oder mit den gleichzeitig erregten Geruchsperzeptionen, oder mit Gedanken, zum Beispiel über ihre botanische Klassifikation. Die abstrakte E. dagegen erhebt sofort das hervorstehende sinnliche Merkmal der Blume, zum Beispiel ihre leuchtend rote Farbe zum alleinigen oder hauptsächlichen Inhalt des Bewußtseins, abgesondert von allen angedeuteten Beimengungen. Die abstrakte E. eignet hauptsächlich dem Künstler. Sie ist, wie jede Abstraktion, ein Produkt der Funktionsdifferenzierung, daher nichts Ursprüngliches. Die ursprüngliche Funktionsform ist immer konkret, das heißt vermischt (siehe *Archaismus* und *Konkretismus*). Die konkrete E. ist als solche ein reaktives Phänomen. Die abstrakte E. dagegen entbehrt, wie jede Abstraktion, niemals des Willens, das heißt des Richtungselementes. Der auf Abstraktion der E. gerichtete Wille ist der Ausdruck und die Betätigung der *ästhetischen Empfindungseinstellung.*

Die E. charakterisiert sehr stark das Wesen des Kindes und des Primitiven, insofern sie jedenfalls gegenüber dem Denken und Fühlen, nicht aber notwendigerweise gegenüber der Intuition überwiegt. Ich fasse die E. nämlich als die bewußte, die Intuition aber als die unbewußte Perzeption auf. E. und Intuition stellen für mich ein Gegensatzpaar dar oder zwei einander kompensierende Funktionen, wie Denken und Fühlen. Die Denk- und Fühlfunktion als selbständige Funktionen entwickeln sich ontogenetisch wie phylogenetisch aus der E. (Natürlich ebenso aus der Intuition, als dem notwendigen Gegenstück der E.)

Die E. ist, insofern sie ein Elementarphänomen ist, etwas schlechthin Gegebenes, das den Vernunftgesetzen nicht unterworfen ist, im Gegensatz zu Denken und Fühlen. Ich bezeichne daher die E. als *irrationale* (siehe dort) Funktion, obschon es dem Verstande gelingt, eine große Zahl von E. in rationale Zusammenhänge aufzunehmen.

Ein Mensch, der seine Gesamteinstellung nach dem Prinzip der E. orientiert, gehört zum *Empfindungstypus* (siehe *Typus*).

Normale E. sind relativ, das heißt, sie entsprechen schätzungs-
weise der Intensität des physischen Reizes. Pathologische E.
sind nicht relativ, das heißt, sie sind abnorm schwach oder abnorm stark; in ersterem Fall sind sie gehemmt, in letzterem Fall
übertrieben. Die Hemmung entsteht durch das Vorwiegen einer
andern Funktion, die Übertreibung durch ein abnormes Verschmolzensein mit einer andern Funktion, zum Beispiel durch
ein Verschmolzensein mit einer noch undifferenzierten Fühl-
oder Denkfunktion. Die Übertreibung der E. hört also auf, sobald die mit der E. verschmolzene Funktion für sich heraus differenziert ist. Besonders einleuchtende Beispiele liefert die Neurosenpsychologie, wo sehr oft eine starke *Sexualisierung* (Freud)
anderer Funktionen vorliegt, das heißt also ein Verschmolzensein der Sexualempfindung mit andern Funktionen.

Enantiodromie. E. heißt »Entgegenlaufen«. Mit diesem Begriff
wird in der Philosophie des Heraklit[30] das Gegensatzspiel des
Geschehens bezeichnet, nämlich die Anschauung, nach der alles,
was ist, in sein Gegenteil übergeht. »Aus dem Lebenden wird
Totes und aus dem Toten Lebendiges, aus dem Jungen Altes,
und aus dem Alten Junges, aus dem Wachen Schlafendes und
aus dem Schlafenden Waches, der Strom der Erzeugung und des
Untergangs steht nie stille.«[31] »Denn Aufbau und Zerstörung,
Zerstörung und Aufbau, dies ist die Norm, welche alle Kreise
des Naturlebens, die kleinsten wie die größten, umspannt. Soll
doch auch der Kosmos selbst, gleichwie er aus dem Urfeuer hervorgegangen ist, wieder in dasselbe zurückkehren – ein Doppel-
prozeß, der sich in bemessenen Fristen, wenn dies gleich ungeheure Zeiträume sind, abspielt und immer von neuem abspielen
wird.«[32] Dies ist die E. des Heraklit nach den Worten berufener
Interpreten. Reichlich sind die Aussprüche aus dem Munde He-
raklits, welche dieser Ansicht Ausdruck verleihen. So sagt er:
»Auch die Natur strebt wohl nach dem Entgegengesetzten und
bringt hieraus und nicht aus dem Gleichen den Einklang hervor.«
»Wann sie geboren sind, schicken sie sich an zu leben und dadurch den Tod zu erleiden.«
»Für die Seelen ist es Tod zu Wasser zu werden, für das Was-

---

[30] Stobaeus: Eclogarum libri duo, Bd. 1, 1609, S. 60: heimarmenēn de logon ek tēs
enantiodromias dēmiourgon tōn ontōn (daß das Verhängte als das Weltgesetz durch das
Entgegenlaufen Schöpfer der seienden Dinge sei).
[31] Zeller: Die Philosophie der Griechen in ihrer geschichtlichen Entwicklung, Bd. 1,
5. Aufl. 1856, S. 456.
[32] Gomperz: Griechische Denker, Bd. 1, 3. Aufl. 1911, S. 53.

ser Tod zur Erde zu werden. Aus der Erde wird Wasser, aus Wasser Seele.«

»Umsatz findet wechselweise statt, des Alls gegen das Feuer und des Feuers gegen das All, wie des Goldes gegen Waren und der Waren gegen Gold.«

In psychologischer Anwendung seines Prinzips sagt Heraklit: »Möge es euch nie an Reichtum fehlen, Ephesier, damit eure Verlotterung an den Tag kommen kann.«[33]

Mit E. bezeichne ich das Hervortreten des unbewußten Gegensatzes, namentlich in der zeitlichen Folge. Dieses charakteristische Phänomen findet beinahe überall da statt, wo eine extrem einseitige Richtung das bewußte Leben beherrscht, so daß sich in der Zeit eine ebenso starke, unbewußte Gegenposition ausbildet, welche sich zunächst durch Hemmung der bewußten Leistung, später durch Unterbrechung der bewußten Richtung äußert. Ein gutes Beispiel für E. ist die Psychologie des Paulus und seiner Bekehrung zum Christentum, ebenso die Bekehrungsgeschichte des Raymundus Lullius, die Christusidentifikation des erkrankten Nietzsche, seine Verhimmelung Wagners und die spätere Gegnerschaft zu Wagner, die Verwandlung Swedenborgs aus dem Gelehrten in den Seher und so weiter.

Extraversion. E. heißt Auswärtswendung der *Libido* (siehe dort). Mit diesem Begriff bezeichne ich eine offenkundige Beziehung des Subjektes auf das Objekt im Sinne einer positiven Bewegung des subjektiven Interesses zum Objekt. Jemand, der sich in einem extravertierten Zustande befindet, denkt, fühlt und handelt in bezug auf das Objekt, und zwar in einer direkten und äußerlich deutlich wahrnehmbaren Weise, so daß kein Zweifel über seine positive Einstellung auf das Objekt bestehen kann. Die E. ist daher gewissermaßen eine Hinausverlegung des Interesses aus dem Subjekt auf das Objekt. Ist die E. intellektuell, so denkt sich das Subjekt in das Objekt ein; ist die E. gefühlsmäßig, so fühlt sich das Subjekt in das Objekt ein. Im Zustande der E. ist eine starke, wenn auch nicht ausschließliche Bedingtheit durch das Objekt vorhanden. Es ist von einer *aktiven* E. zu sprechen, wenn die E. absichtlich gewollt ist, und von einer *passiven* E., wenn das Objekt die E. erzwingt, d. h. von sich aus das Interesse des Subjektes anzieht, eventuell entgegen der Absicht des Subjektes.

Ist der Zustand der E. habituell, so entsteht daraus der *extravertierte Typus* (s. *Typus*).

[33] Diels: Die Fragmente der Vorsokratiker, Bd. 1, 3. Aufl., 1912, S. 79, 82, 85, 95, 102.

Fühlen. Ich rechne das F. zu den vier psychologischen Grundfunktionen. Ich kann mich jener psychologischen Richtung, welche das F. als eine sekundäre, von »Vorstellungen« oder Empfindungen abhängige Erscheinung auffaßt, nicht anschließen, sondern
sehe das F. mit Hoeffding, Wundt, Lehmann, Külpe, Baldwin und
andern als eine selbständige Funktion sui generis an.[34] Das Gefühl
ist zunächst ein Vorgang, der zwischen dem Ich und einem gegebenen Inhalt stattfindet, und zwar ein Vorgang, welcher dem Inhalt einen bestimmten *Wert* im Sinne des Annehmens oder Zurückweisens (»Lust« oder »Unlust«) erteilt, sodann aber auch ein
Vorgang, der, abgesehen vom momentanen Bewußtseinsinhalt
oder von momentanen Empfindungen sozusagen isoliert als
»Stimmung« auftreten kann. Dieser letztere Vorgang kann sich auf
frühere Bewußtseinsinhalte kausal beziehen, braucht es aber nicht
notwendigerweise, indem er ebenso gut auch aus unbewußten Inhalten hervorgehen kann, wie die Psychopathologie reichlich beweist. Aber auch die Stimmung, sei sie nun allgemein oder bloß als
partielles F. gegeben, bedeutet eine Bewertung, aber nicht die eines
bestimmten, einzelnen Bewußtseinsinhaltes, sondern der ganzen
momentanen Bewußtseinslage, und zwar wiederum im Sinne des
Annehmens oder Zurückweisens. Das F. ist daher zunächst ein
gänzlich *subjektiver* Vorgang, der in jeder Hinsicht vom äußeren
Reiz unabhängig sein kann, obschon er sich jeder Empfindung
hinzugesellt.[35] Sogar eine »gleichgültige« Empfindung hat einen
»Gefühlston«, nämlich den der Gleichgültigkeit, womit wiederum
eine Bewertung ausgedrückt ist. Das F. ist daher auch eine Art des
Urteilens, das aber insofern vom intellektuellen Urteil verschieden
ist, als es nicht in Absicht der Herstellung eines begrifflichen Zusammenhanges, sondern in Absicht eines zunächst subjektiven
Annehmens oder Zurückweisens erfolgt. Die Bewertung durch
das F. erstreckt sich auf *jeden* Bewußtseinsinhalt, von welcher Art
er immer sein mag. Steigert sich die Intensität des F., so entsteht
ein *Affekt* (siehe dort), das heißt ein Gefühlszustand mit merklichen Körperinnervationen. Das Gefühl unterscheidet sich dadurch
vom Affekt, daß es keine merklichen Körperinnervationen veranlaßt, das heißt so wenig oder so viel wie ein gewöhnlicher Denk-
vorgang.

---

[34] Zur Geschichte des Begriffes des Fühlens und zur Theorie des Gefühls vgl. Wundt:
Grundriß der Psychologie, 5. Aufl., 1902, S. 35 ff. Nahlowsky: Das Gefühlsleben in
seinen wesentlichsten Erscheinungen und Beziehungen, 3. Aufl., 1907. Ribot: Psychologie der Gefühle, 1903. Lehmann: Die Hauptgesetze des menschlichen Gefühlslebens,
2. Aufl., 1914. Villa: Einleitung in die Psychologie der Gegenwart, 1902, S. 208 ff.
[35] Zur Unterscheidung von Gefühl und Empfindung vgl. Wundt: Grundzüge der
physiologischen Psychologie, Bd. 1, 5. Aufl., 1902, S. 350 ff.

Das gewöhnliche, »einfache« F. ist *konkret* (siehe dort), das heißt vermischt mit andern Funktionselementen, zum Beispiel sehr häufig mit Empfindungen. Man kann es in diesem besonderen Fall als *affektiv* bezeichnen, oder (wie es zum Beispiel in dieser Arbeit geschieht) als *Gefühlsempfindung,* worunter eine zunächst untrennbare Verschmelzung des F. mit Empfindungselementen verstanden ist. Diese charakteristische Vermischung findet sich überall da, wo das F. sich als nicht differenzierte Funktion erweist, am deutlichsten in der Psyche eines Neurotikers mit differenziertem Denken. Obschon das F. eine an sich selbständige Funktion ist, so kann es doch in die Abhängigkeit von einer andern Funktion geraten, zum Beispiel vom Denken, wodurch ein F. entsteht, das sich zum Denken begleitend verhält und nur insofern nicht aus dem Bewußtsein verdrängt wird, als es in die intellektuellen Zusammenhänge paßt.

Vom gewöhnlichen konkreten F. ist das *abstrakte* F. zu unterscheiden. Wie der abstrakte Begriff (siehe *Denken*) die Unterschiede der von ihm begriffenen Dinge wegfallen läßt, so erhebt sich das abstrakte F. über die Unterschiede der einzelnen von ihm bewerteten Inhalte und stellt eine »Stimmung« oder Gefühlslage her, welche die verschiedenen Einzelbewertungen in sich begreift und damit aufhebt. So wie das Denken die Bewußtseinsinhalte unter Begriffen anordnet, so ordnet das F. die Bewußtseinsinhalte nach ihrem Werte an. Je konkreter das F. ist, desto subjektiver und persönlicher ist der von ihm erteilte Wert, je abstrakter dagegen das F., desto allgemeiner und objektiver ist der von ihm erteilte Wert. So wie ein vollkommen abstrakter Begriff nicht mehr die Einzelheit und Besonderheit der Dinge deckt, sondern nur ihre Allgemeinheit und Ununterschiedenheit, so deckt sich auch das vollkommen abstrakte F. mit dem Einzelmoment und seiner Gefühlsqualität nicht mehr, sondern nur mit der Gesamtheit aller Momente und ihrer Ununterschiedenheit. Das F. ist demnach wie das Denken eine *rationale* Funktion, indem, wie die Erfahrung zeigt, die Werte im allgemeinen nach Gesetzen der Vernunft zuerteilt werden, so wie auch Begriffe im allgemeinen nach Gesetzen der Vernunft gebildet werden.

Mit den obigen Definitionen ist natürlich das Wesen des F. gar nicht charakterisiert, sondern das F. ist damit nur äußerlich umschrieben. Das intellektuelle Begriffsvermögen erweist sich als unfähig, das Wesen des F. in einer begrifflichen Sprache zu formulieren, da das Denken einer dem F. inkommensurabeln Kategorie angehört, wie überhaupt keine psychologische Grundfunktion sich durch eine andere völlig ausdrücken läßt. Diesem Umstand ist es zuzuschreiben, daß keine intellektuelle Definition jemals in der

Lage sein wird, das Spezifische des Gefühls in einer nur einigermaßen genügenden Weise wiederzugeben. Damit, daß die Gefühle klassifiziert werden, ist für die Erfassung ihres Wesens nichts gewonnen, denn auch die genaueste Klassifikation wird immer nur jenen intellektuell faßbaren Inhalt angeben können, mit welchem verbunden Gefühle auftreten, ohne aber das Spezifische des Gefühls damit erfaßt zu haben. So viele verschiedene und intellektuell erfaßbare Inhaltsklassen es gibt, so viele Gefühle lassen sich unterscheiden, ohne daß damit aber die Gefühle selber erschöpfend klassifiziert wären, denn es gibt über alle möglichen intellektuell erfaßbaren Klassen von Inhalten hinaus noch Gefühle, welche sich einer intellektuellen Rubrizierung entziehen. Schon der Gedanke einer Klassifizierung ist intellektuell und darum dem Wesen des Gefühls inkommensurabel. Wir müssen uns daher damit begnügen, die Grenzen des Begriffes anzugeben.

Die Art der Bewertung durch das F. ist der intellektuellen Apperzeption zu vergleichen, als eine *Apperzeption des Wertes.* Es läßt sich eine *aktive* und eine *passive* Gefühlsapperzeption unterscheiden. Der passive Fühlakt ist dadurch charakterisiert, daß ein Inhalt das Gefühl erregt oder anzieht, er erzwingt die Gefühlsbeteiligung des Subjektes. Der aktive Fühlakt dagegen erteilt vom Subjekt aus Werte, er bewertet die Inhalte nach Intention, und zwar nach gefühlsmäßiger und nicht intellektueller Intention. Das aktive F. ist daher eine *gerichtete* Funktion, eine Willenshandlung, zum Beispiel Lieben im Gegensatz zu Verliebtsein, welch letzterer Zustand ein *nichtgerichtetes,* passives F. wäre, wie auch schon der Sprachgebrauch zeigt, indem er ersteres als Tätigkeit, letzteres als Zustand bezeichnet. Das nichtgerichtete F. ist *Gefühlsintuition.* In strengerem Sinne darf also nur das aktive, gerichtete F. als *rational* bezeichnet werden, dagegen ist das passive F. *irrational,* insofern es Werte herstellt ohne Zutun, eventuell sogar gegen die Absicht des Subjektes.

Orientiert sich die Gesamteinstellung des Individuums nach der Funktion des F., so sprechen wir von einem *Fühltypus* (siehe *Typus*).

Funktion (siehe auch *Minderwertige Funktion*). Unter psychologischer F. verstehe ich eine gewisse, unter verschiedenen Umständen sich prinzipiell gleichbleibende psychische Tätigkeitsform. Energetisch betrachtet ist die F. eine Erscheinungsform der *Libido* (siehe dort), die unter verschiedenen Umständen sich prinzipiell gleichbleibt, etwa in ähnlicher Weise, wie die physikalische Kraft als die jeweilige Erscheinungsform der physikalischen Energie betrachtet werden kann. Ich unterscheide im ganzen vier Grundfunktionen, zwei rationale und zwei irrationale F., nämlich *Denken* und *Fühlen*, *Empfinden* und *Intuieren*. Warum ich gerade die vier F. als Grundfunktionen anspreche, dafür kann ich keinen Grund a priori angeben, sondern nur hervorheben, daß sich mir diese Auffassung im Laufe jahrelanger Erfahrung herausgebildet hat. Ich unterscheide diese F. voneinander, weil sie sich nicht aufeinander beziehen, respektive reduzieren lassen. Das Prinzip des Denkens zum Beispiel ist vom Prinzip des Fühlens absolut verschieden und so weiter. Ich unterscheide diese F. prinzipiell vom Phantasieren, weil mir das Phantasieren als eine eigentümliche Tätigkeitsform erscheint, die sich in allen vier Grund-F. zeigen kann. Der Wille erscheint mir als eine durchaus sekundäre psychische Erscheinung, ebenso die Aufmerksamkeit.

Gedanke. G. ist der durch denkende Diskrimination bestimmte Inhalt oder Stoff der *Denkfunktion* (siehe *Denken*).

Gefühl. G. ist der durch einfühlende Diskrimination bestimmte Inhalt oder Stoff der *Fühlfunktion* (siehe *Fühlen*).

Ich. Unter »Ich« verstehe ich einen Komplex von Vorstellungen, der mir das Zentrum meines Bewußtseinsfeldes ausmacht und mir von hoher Kontinuität und Identität mit sich selber zu sein scheint. Ich spreche daher auch von *Ich-Komplex*.[36] Der Ich-Komplex ist ein Inhalt des Bewußtseins sowohl wie eine Bedingung des *Bewußtseins* (siehe dort), denn bewußt ist mir ein psychisches Element, insofern es auf den Ich-Komplex bezogen ist. Insofern aber das Ich nur das Zentrum meines Bewußtseinsfeldes ist, ist es nicht identisch mit dem Ganzen meiner Psyche, sondern bloß ein Komplex unter andern Komplexen. Ich unterscheide daher zwischen *Ich* und *Selbst*, insofern das Ich nur das Subjekt meines Bewußtseins, das Selbst aber das Subjekt meiner gesamten, also auch der unbewußten Psyche ist. In diesem Sinne wäre das Selbst eine (ideelle) Größe, die das Ich in sich begreift. Das Selbst erscheint in der unbewußten Phantasie gerne als übergeordnete oder ideale Persönlichkeit, etwa wie Faust bei Goethe und Zarathustra bei Nietzsche. Um der Idealität willen wurden die archaischen Züge des Selbst auch etwa als vom »höheren« Selbst getrennt dargestellt, bei Goethe in Gestalt des Mephisto, bei Spitteler in Gestalt des Epimetheus, in der christlichen Psychologie als der Teufel oder Antichrist, bei Nietzsche entdeckt Zarathustra seinen Schatten im »häßlichsten Menschen«.

[36] Über die Psychologie der Dementia praecox, GW 3, § 82.

Idee. Ich gebrauche in dieser Arbeit bisweilen den Begriff der I., um damit ein gewisses psychologisches Element zu bezeichnen, welches eine nahe Beziehung hat zu dem, was ich *Bild* (siehe dort) nenne. Das Bild kann *persönlicher* oder *unpersönlicher* Provenienz sein. In letzterem Fall ist es kollektiv und durch mythologische Qualitäten ausgezeichnet. Ich bezeichne es dann als *urtümliches Bild.* Hat es dagegen keinen mythologischen Charakter, das heißt, fehlen ihm die anschaulichen Qualitäten und ist es bloß kollektiv, dann spreche ich von einer I. Ich gebrauche demnach I. als einen Ausdruck für den Sinn eines urtümlichen Bildes, welcher von dem Konkretismus des Bildes abgezogen, abstrahiert wurde. Insofern die I. eine Abstraktion ist, erscheint sie als etwas aus Elementarerem Abgeleitetes oder Entwickeltes, als ein Produkt des Denkens. In diesem Sinne eines Sekundären und Abgeleiteten wird die I. von Wundt[37] und anderen aufgefaßt.

Insofern aber die I. nichts anderes ist als der formulierte Sinn eines urtümlichen Bildes, in welchem er schon *symbolisch* dargestellt war, ist das Wesen der I. nichts Abgeleitetes oder Hervorgebrachtes, sondern, psychologisch betrachtet, a priori vorhanden, als eine gegebene Möglichkeit von Gedankenverbindungen überhaupt. Daher ist die I. dem Wesen (nicht der Formulierung) nach eine a priori existierende und bedingende psychologische Größe. In diesem Sinn ist die Idee bei Platon ein Urbild der Dinge, bei Kant das »Urbild des Gebrauchs des Verstandes«, ein transzendenter Begriff, der als solcher die Grenze der Erfahrbarkeit überschreitet,[38] ein Vernunftbegriff, »dessen Gegenstand gar nicht in der Erfahrung kann angetroffen werden«.[39] Kant sagt: »Ob wir nun gleich von den transzendentalen Vernunftbegriffen sagen müssen: *sie sind nur Ideen,* so werden wir sie doch keineswegs für überflüssig und nichtig anzusehen haben. Denn wenn schon dadurch kein Objekt bestimmt werden kann, so können sie doch im Grunde und unbemerkt dem Verstande zum Kanon seines ausgebreiteten und einhelligen Gebrauchs dienen, dadurch er zwar keinen Gegenstand *mehr* erkennt, als er nach seinen Begriffen erkennen würde, aber doch in dieser Erkenntnis besser und weiter geleitet wird. Zu geschweigen: daß sie vielleicht von den Naturbegriffen zu den praktischen einen Übergang möglich machen und den moralischen Ideen selbst auf solche Art Haltung und Zusammen-

[37] Philosophische Studien, hrsg. von Wundt, Bd. 7, S. 13.
[38] Kant: Kritik der reinen Vernunft, hrsg. von Kehrbach, 1878, S. 279ff.
[39] Kant: Logik I, in: Werke, Bd. 8, 1922, § 3; zitiert nach: Eisler: Wörterbuch der philosophischen Begriffe, 3. Aufl., 1910.

hang mit den spekulativen Erkenntnissen der Vernunft verschaffen können.«[40]

Schopenhauer sagt: »Ich verstehe also unter Idee jede bestimmte und feste Stufe der Objektivation des Willens, sofern er Ding an sich und daher der Vielheit fremd ist, welche Stufen sich zu den einzelnen Dingen allerdings verhalten, wie ihre ewigen Formen oder ihre Musterbilder.«[41] Bei Schopenhauer ist die Idee allerdings anschaulich, weil er sie ganz im Sinne dessen auffaßt, was ich als urtümliches Bild bezeichne, immerhin ist sie für das Individuum unerkennbar, sie offenbart sich nur dem »reinen Subjekt des Erkennens«, das sich über Wollen und Individualität erhoben hat.[42]

Hegel hypostasiert die I. völlig und verleiht ihr das Attribut des allein realen Seins. Sie ist »der Begriff, die Realität des Begriffs und die Einheit beider«.[43] Sie ist »ewiges Erzeugen«.[44]

Bei Laßwitz ist die I. ein »Gesetz, welches die Richtung anweist, in der unsere Erfahrung sich entwickeln soll«. Sie ist die »sicherste und höchste Realität«.[45]

Bei Cohen ist die I. das »Selbstbewußtsein des Begriffs«, die »Grundlegung« des Seins.[46]

Ich will die Zeugnisse für die primäre Natur der I. nicht vermehren. Die Anführungen mögen genügen, um darzutun, daß die I. auch als eine grundlegende, a priori vorhandene Größe aufgefaßt wird. Diese letztere Qualität hat sie von ihrer Vorstufe, dem urtümlichen, symbolischen Bild (siehe dort). Ihre sekundäre Natur des Abstrakten und Abgeleiteten hat sie von der rationalen Bearbeitung, welcher das urtümliche Bild unterworfen wird, um es für den rationalen Gebrauch geschickt zu machen. Indem das urtümliche Bild eine stets und überall autochthon wiedererstehende psychologische Größe ist, kann in einem gewissen Sinne dasselbe auch von der I. gesagt werden, jedoch unterliegt sie, ihrer rationalen Natur wegen, weit mehr der Veränderung durch die durch Zeit und Umstände stark beeinflußte rationale Bearbeitung, die ihr Formulierungen gibt, welche dem jeweiligen Zeitgeist entsprechen. Wegen ihrer Abstammung vom urtümlichen Bild sprechen ihr einige Philosophen transzendente Qualität zu, was eigentlich

[40] Kant: Kritik der reinen Vernunft, hrsg. von Kehrbach, 1878, S. 284.

[41] Schopenhauer: Die Welt als Wille und Vorstellung, Bd. 1, in: Sämmtliche Werke, Bd. 1, 1891, § 25.

[42] Ebenda, § 49.

[43] Hegel: Vorlesungen über die Ästhetik, Bd. 1, in: Sämtliche Werke, Bd. 12, 1927, S. 138.

[44] Hegel: Wissenschaft der Logik, 2. Teil, in: Sämtliche Werke, Bd. 5, 1928, S. 242 f.; zitiert nach: Eisler: Wörterbuch der philosophischen Begriffe, 3. Aufl., 1910.

[45] Laßwitz: Wirklichkeiten, 1900, S. 152, 154.

[46] Cohen: Logik der reinen Erkenntnis, 1902, S. 14, 18.

der I., wie ich sie fasse, nicht zukommt, sondern vielmehr dem urtümlichen Bilde, dem die Qualität der Zeitlosigkeit anhaftet, indem es von jeher und überall als integrierender Bestandteil dem menschlichen Geiste mitgegeben ist. Ihre Qualität der Selbständigkeit bezieht sie ebenfalls vom urtümlichen Bild, das nie gemacht, sondern stets vorhanden ist und aus sich in die Wahrnehmung tritt, so daß man auch sagen könnte, daß es von sich aus nach seiner Verwirklichung strebe, indem es vom Geiste als aktiv bestimmende Potenz empfunden wird. Diese Anschauung ist allerdings nicht allgemein, sondern ist vermutlich Angelegenheit der Einstellung.[47]

Die I. ist eine psychologische Größe, die nicht nur das Denken, sondern auch (als praktische Idee) das Fühlen bestimmt. Ich gebrauche den Terminus I. allerdings meist nur dann, wenn ich von der Bestimmung des Denkens beim Denkenden rede; ebenso würde ich von I. sprechen bei der Bestimmung des Fühlens beim Fühlenden. Hingegen ist es terminologisch am Platze, von der Bestimmung durch das urtümliche Bild zu reden, wenn es sich um die apriorische Bestimmung einer nichtdifferenzierten Funktion handelt. Die Doppelnatur der I. als etwas Primäres und zugleich Sekundäres bringt es mit sich, daß der Ausdruck gelegentlich promiscue mit »urtümlichem Bild« gebraucht wird. Die I. ist für die introvertierte Einstellung das primum movens, für die extravertierte Einstellung ein Produkt.

Identifikation. Unter I. ist ein psychologischer Vorgang verstanden, bei dem die Persönlichkeit teilweise oder total von sich selbst *dissimiliert* (siehe *Assimilation*) wird. I. ist eine Entfremdung des Subjektes von sich selber zugunsten eines Objektes, in das sich das Subjekt gewissermaßen verkleidet. I. mit dem Vater zum Beispiel bedeutet praktisch eine Adoption der Art und Weise des Vaters, wie wenn der Sohn dem Vater gleich wäre und nicht eine vom Vater verschiedene Individualität. I. unterscheidet sich von *Imitation* dadurch, daß die I. eine *unbewußte Imitation* ist, während Imitation ein bewußtes Nachahmen. Die Imitation ist ein unerläßliches Hilfsmittel für die sich noch entwickelnde jugendliche Persönlichkeit. Sie wirkt fördernd, solange sie nicht als Mittel bloßer Bequemlichkeit dient und damit die Entwicklung einer passenden individuellen Methode verhindert. Ebenso kann die I. fördernd sein, solange der individuelle Weg noch nicht gangbar ist. Eröffnet sich aber eine bessere individuelle Möglichkeit, so be-

---

[47] Vgl. ›Das Problem der typischen Einstellungen in der Ästhetik‹, in: Psychologische Typen, GW 6, §§ 553 ff.

weist die I. ihren pathologischen Charakter dadurch, daß sie nunmehr ebenso hinderlich ist, wie sie vorher unbewußt tragend und fördernd war. Sie wirkt dann dissoziierend, indem das Subjekt durch sie in zwei einander fremde Persönlichkeitsteile zerspalten wird.

Die I. bezieht sich nicht immer auf Personen, sondern auch auf Sachen (zum Beispiel auf eine geistige Bewegung, ein Geschäft und so weiter) und auf psychologische Funktionen. Letzterer Fall ist sogar besonders wichtig.[48] In diesem Fall führt die I. zur Ausbildung eines sekundären Charakters und zwar dadurch, daß sich das Individuum mit seiner am besten entwickelten Funktion dermaßen identifiziert, daß es sich von seiner ursprünglichen Charakteranlage zum großen Teil oder gänzlich entfernt, wodurch seine eigentliche Individualität dem Unbewußten verfällt. Dieser Fall bildet fast die Regel bei allen Menschen mit einer differenzierten Funktion. Er ist sogar ein notwendiger Durchgangspunkt auf dem Wege der Individuation überhaupt. Die I. mit den Eltern oder den nächsten Familienangehörigen ist zum Teil eine normale Erscheinung, insofern sie zusammenfällt mit der a priori bestehenden *familiären Identität*. In diesem Fall empfiehlt es sich, nicht von I. zu reden, sondern, wie es der Sachlage entspricht, von Identität. Die I. mit den Familienangehörigen unterscheidet sich nämlich dadurch von der Identität, daß sie keine a priori gegebene Tatsache ist, sondern erst sekundär entsteht durch folgenden Prozeß: das aus der ursprünglichen familiären Identität sich herausentwickelnde Individuum stößt in seinem Anpassungs- und Entwicklungsprozeß auf ein nicht ohne weiteres zu bewältigendes Hindernis; infolgedessen entsteht eine Libidostauung, welche allmählich einen regressiven Ausweg sucht. Durch die Regression werden frühere Zustände wiederbelebt, unter anderem die familiäre Identität. Diese regressiv wiederbelebte, eigentlich schon fast überwundene Identität ist die I. mit den Familienangehörigen. Alle I. mit Personen erfolgen auf diesem Wege. Die I. verfolgt immer den Zweck, auf die Art und Weise des andern einen Vorteil zu erreichen oder ein Hindernis zu beseitigen oder eine Aufgabe zu lösen.

Identität. Von I. spreche ich im Falle eines psychologischen Gleichseins. Die I. ist immer ein unbewußtes Phänomen, denn ein bewußtes Gleichsein würde immer schon das Bewußtsein zweier Dinge, die einander gleich sind, mithin also eine Trennung von Subjekt und Objekt voraussetzen, wodurch das Phänomen der I.

---

[48] Vgl. ›Über Schillers Ideen zum Typenproblem‹, in: Psychologische Typen, GW 6, §§ 96 ff.

bereits aufgehoben wäre. Die psychologische I. setzt ihr Unbewußtsein voraus. Sie ist ein Charakteristikum der primitiven Mentalität und die eigentliche Grundlage der »participation mystique«,
welche nämlich nichts anderes ist, als ein Überbleibsel der uran-
fänglichen psychischen Ununterschiedenheit von Subjekt und Objekt, also des primordialen unbewußten Zustandes; sodann ist sie
ein Charakteristikum des früh-infantilen Geisteszustandes, und
schließlich ist sie auch ein Charakteristikum des Unbewußten
beim erwachsenen Kulturmenschen, das, insofern es nicht zum
Bewußtseinsinhalt geworden ist, dauernd im Zustand der I. mit
den Objekten verharrt. Auf der I. mit den Eltern beruht die *Identifikation* (siehe dort) mit den Eltern; ebenso beruht auf ihr die
Möglichkeit der *Projektion* und der *Introjektion* (siehe dort).

Die I. ist in erster Linie ein unbewußtes Gleichsein mit den
Objekten. Sie ist *keine Gleichsetzung*, keine Identifikation, sondern ein apriorisches Gleichsein, das überhaupt nie Gegenstand
des Bewußtseins war. Auf der I. beruht das naive Vorurteil, daß
die Psychologie des einen gleich sei der des andern, daß überall
dieselben Motive gälten, daß, was mir angenehm ist, selbstverständlich für den andern auch ein Vergnügen sei, daß, was für mich
unmoralisch ist, für den andern auch unmoralisch sein müsse und
so weiter. Auf I. beruht auch das allgemein verbreitete Streben, am
andern das verbessern zu wollen, was man bei sich selber ändern
sollte. Auf I. beruht ferner die Möglichkeit der Suggestion und der
psychischen Ansteckung. Besonders klar tritt die I. hervor in pathologischen Fällen, zum Beispiel im paranoischen Beziehungs-
wahn, wo beim andern selbstverständlich der eigene subjektive
Inhalt vorausgesetzt wird. Die I. ist aber auch die Möglichkeit
eines bewußten Kollektivismus, einer bewußten sozialen Einstellung, die im Ideal der christlichen Nächstenliebe ihren höchsten
Ausdruck gefunden hat.

Imagination siehe *Phantasie*.

Individualität. Unter I. verstehe ich die Eigenart und Besonderheit
des Individuums in jeder psychologischen Hinsicht. Individuell ist
alles, was nicht kollektiv ist, was also nur einem zukommt und
nicht einer größeren Gruppe von Individuen. Von den psychischen Elementen wird sich kaum I. aussagen lassen, sondern wohl
nur von ihrer eigenartigen und einzigartigen Gruppierung und
Kombination (siehe *Individuum*).

Individuation. Der Begriff der I. spielt in unserer Psychologie
keine geringe Rolle. Die I. ist allgemein der Vorgang der Bildung

und Besonderung von Einzelwesen, speziell die Entwicklung des psychologischen Individuums als eines vom Allgemeinen, von der Kollektivpsychologie unterschiedenen Wesens. Die I. ist daher ein *Differenzierungsprozeß*, der die Entwicklung der individuellen Persönlichkeit zum Ziele hat. Die Notwendigkeit der I. ist insofern eine natürliche, als eine Verhinderung der I. durch überwiegende oder gar ausschließliche Normierung an Kollektivmaßstäben eine Beeinträchtigung der individuellen Lebenstätigkeit bedeutet. Die Individualität ist aber schon physisch und physiologisch gegeben und drückt sich dementsprechend auch psychologisch aus. Eine wesentliche Behinderung der Individualität bedeutet daher eine künstliche Verkrüppelung. Es ist ohne weiteres klar, daß eine soziale Gruppe, die aus verkrüppelten Individuen besteht, keine gesunde und auf die Dauer lebensfähige Institution sein kann; denn nur diejenige Sozietät, welche ihren inneren Zusammenhang und ihre Kollektivwerte bei größtmöglicher Freiheit des Einzelnen bewahren kann, hat eine Anwartschaft auf dauerhafte Lebendigkeit. Da das Individuum nicht nur Einzelwesen ist, sondern auch kollektive Beziehung zu seiner Existenz voraussetzt, so führt auch der Prozeß der I. nicht in die *Vereinzelung*, sondern in einen intensiveren und allgemeineren Kollektivzusammenhang.

Der psychologische Vorgang der I. ist eng verknüpft mit der sogenannten *transzendenten Funktion*, indem durch diese Funktion die individuellen Entwicklungslinien gegeben werden, welche auf dem durch Kollektivnormen vorgezeichneten Wege niemals erreicht werden können (siehe *Symbol*).

Die I. kann unter keinen Umständen das einzige Ziel der psychologischen Erziehung sein. Bevor die I. zum Ziele genommen werden kann, muß das Erziehungsziel der Anpassung an das zur Existenz notwendige Minimum von Kollektivnormen erreicht sein: Eine Pflanze, die zur größtmöglichen Entfaltung ihrer Eigentümlichkeit gebracht werden soll, muß zuallererst in dem Boden, in den sie gepflanzt ist, auch wachsen können.

Die I. befindet sich immer mehr oder weniger im Gegensatz zur Kollektivnorm, denn sie ist Abscheidung und Differenzierung vom Allgemeinen und Herausbildung des Besonderen, jedoch nicht einer *gesuchten* Besonderheit, sondern einer Besonderheit, die a priori schon in der Anlage begründet ist. Der Gegensatz zur Kollektivnorm ist aber nur ein scheinbarer, indem bei genauerer Betrachtung der individuelle Standpunkt *nicht gegensätzlich* zur Kollektivnorm, sondern nur *anders* orientiert ist. Der individuelle Weg kann auch gar nicht eigentlich ein Gegensatz zur Kollektivnorm sein, weil der Gegensatz zu letzterer nur eine entgegengesetzte *Norm* sein könnte. Der individuelle Weg ist aber eben nie-

mals eine Norm. Eine Norm entsteht aus der Gesamtheit individueller Wege und hat nur dann eine Existenzberechtigung und eine
lebenfördernde Wirkung, wenn individuelle Wege, die sich von
Zeit zu Zeit an einer Norm orientieren wollen, überhaupt vorhanden sind. Eine Norm dient zu nichts, wenn sie absolute Geltung
hat. Ein wirklicher Konflikt mit der Kollektivnorm entsteht nur
dann, wenn ein individueller Weg zur Norm erhoben wird, was
die eigentliche Absicht des extremen Individualismus ist. Diese
Absicht ist natürlich pathologisch und durchaus lebenswidrig. Sie
hat demgemäß nichts mit I. zu tun, welch letztere zwar den individuellen Nebenweg einschlägt, eben deshalb auch die Norm
braucht zur Orientierung der Gesellschaft gegenüber und zur
Herstellung des lebensnotwendigen Zusammenhanges der Individuen in der Sozietät. Die I. führt daher zu einer natürlichen Wert-
schätzung der Kollektivnormen, während einer ausschließlich kollektiven Lebensorientierung die Norm in zunehmendem Maße
überflüssig wird, wodurch die eigentliche Moralität zugrunde
geht. *Je stärker die kollektive Normierung des Menschen, desto
größer ist seine individuelle Immoralität.* Die I. fällt zusammen mit
der Entwicklung des Bewußtseins aus dem ursprünglichen *Identitätszustand* (siehe *Identität*). Die I. bedeutet daher eine Erweite-
rung der Sphäre des Bewußtseins und des bewußten psychologischen Lebens.

Individuum. I. ist Einzelwesen; das psychologische I. ist charakterisiert durch seine eigenartige und in gewisser Hinsicht einmalige
Psychologie. Die Eigenart der individuellen Psyche erscheint weniger an ihren Elementen als vielmehr an ihren komplexen Gebil-
den. Das (psychologische) I. oder die psychologische Individualität existiert unbewußt a priori, bewußt aber nur insoweit, als ein
Bewußtsein der Eigenart vorhanden ist, das heißt insoweit eine
bewußte Verschiedenheit von andern I. vorhanden ist. Mit der
physischen ist auch die psychische Individualität als Korrelat gegeben, jedoch, wie gesagt, zunächst unbewußt. Es bedarf eines bewußten Differenzierungsprozesses, der *Individuation* (siehe dort),
um die Individualität bewußt zu machen, das heißt sie aus der
Identität mit dem Objekt herauszuheben. Die Identität der Individualität mit dem Objekt ist gleichbedeutend mit ihrem Unbewußtsein. Ist die Individualität unbewußt, so ist kein psychologisches I. vorhanden, sondern bloß eine Kollektivpsychologie des
Bewußtseins. In diesem Fall erscheint die unbewußte Individualität als identisch mit dem Objekt, projiziert auf das Objekt. Das
Objekt hat infolgedessen einen zu großen Wert und wirkt zu stark
determinierend.

Intellekt. I. nenne ich das *gerichtete Denken* (siehe dort).

Introjektion. I. wurde von Avenarius[49] als ein der *Projektion* entsprechender Terminus eingeführt. Die damit gemeinte *Hineinver-
legung* eines subjektiven Inhaltes in ein Objekt wird aber ebenso
gut auch durch den Begriff der Projektion ausgedrückt, weshalb
für diesen Vorgang der Terminus »Projektion« beizubehalten wäre. Ferenczi hat nun den Begriff der I. als im Gegensatz zu »Projektion« definiert, nämlich als eine Einbeziehung des Objektes in
den subjektiven Interessenkreis, während »Projektion« eine Hinausverlegung subjektiver Inhalte in das Objekt bedeutet.[50] »Während der Paranoische die unlustvoll gewordenen Regungen aus
dem Ich hinaus verdrängt, hilft sich der Neurotiker auf die Art,
daß er einen möglichst großen Teil der Außenwelt in das Ich aufnimmt und zum Gegenstand unbewußter Phantasien macht.« Ersterer Mechanismus ist Projektion, letzterer I. Die I. ist eine Art
»Verdünnungsprozeß«, eine »Ausweitung des Interessenkreises«.
Nach Ferenczi ist die I. auch ein normaler Vorgang.

Psychologisch ist die I. also ein *Assimilationsvorgang* (siehe
dort), während die Projektion ein Dissimilationsvorgang ist. Die I.
bedeutet eine Angleichung des Objektes an das Subjekt, die Projektion dagegen eine Unterscheidung des Objektes vom Subjekt
vermittels eines auf das Objekt verlegten subjektiven Inhaltes. Die
I. ist ein Extraversionsvorgang, indem zur Angleichung des Objektes eine Einfühlung, überhaupt eine Besetzung des Objektes
nötig ist. Man kann eine *passive* und eine *aktive* I. unterscheiden;
zur ersteren Form gehören die Übertragungsvorgänge bei der Behandlung von Neurosen, überhaupt alle Fälle, wo das Objekt eine
unbedingte Anziehung auf das Subjekt ausübt; zur letzteren Form
gehört die *Einfühlung* als Anpassungsvorgang.

Introversion. I. heißt Einwärtswendung der *Libido* (siehe dort).
Damit ist eine negative Beziehung des Subjektes zum Objekt ausgedrückt. Das Interesse bewegt sich nicht zum Objekt, sondern
zieht sich davor zurück auf das Subjekt. Jemand, der introvertiert
eingestellt ist, denkt, fühlt und handelt in einer Art und Weise, die
deutlich erkennen läßt, daß das Subjekt in erster Linie motivierend
ist, während dem Objekt höchstens ein sekundärer Wert zukommt. Die I. kann einen mehr intellektuellen oder mehr gefühlsmäßigen Charakter haben, ebenso kann sie durch Intuition oder

[49] Avenarius: Der menschliche Weltbegriff, 1905, S. 25 ff.
[50] Ferenczi: Introjektion und Übertragung, in: Jahrbuch für psychoanalytische und
psychopathologische Forschungen, Bd. 2, 1910, S. 10 ff.

durch Empfindung gekennzeichnet sein. Die I. ist *aktiv*, πΗ·|||ι das
Subjekt eine gewisse Abschließung gegenüber dem Objekt *will*,
passiv, wenn das Subjekt nicht imstande ist, die vom Objekt zu-
rückströmende Libido wieder auf das Objekt zurückzubringen.
Ist die I. habituell, so spricht man von einem *introvertierten Typus*
(siehe *Typus*).

Intuition (von intueri-anschauen) ist nach meiner Auffassung eine
psychologische Grundfunktion (siehe *Funktion*). Die I. ist diejenige psychologische Funktion, welche Wahrnehmungen *auf unbewußtem Wege* vermittelt. Gegenstand dieser Wahrnehmung kann
alles sein, äußere und innere Objekte oder deren Zusammenhänge.
Das Eigentümliche der I. ist, daß sie weder Sinnesempfindung,
noch Gefühl, noch intellektueller Schluß ist, obschon sie auch in
diesen Formen auftreten kann. Bei der I. präsentiert sich irgendein
Inhalt als fertiges Ganzes, ohne daß wir zunächst fähig wären
anzugeben oder herauszufinden, auf welche Weise dieser Inhalt
zustande gekommen ist. Die I. ist eine Art instinktiven Erfassens,
gleichviel welcher Inhalte. Sie ist, wie die *Empfindung* (siehe dort),
eine *irrationale* (siehe dort) Wahrnehmungsfunktion. Ihre Inhalte
haben, wie die der Empfindung, den Charakter der Gegebenheit,
im Gegensatz zu dem Charakter des »Abgeleiteten«, »Hervorgebrachten« der Gefühls- und Denkinhalte. Die intuitive Erkenntnis
hat daher ihren Charakter von Sicherheit und Gewißheit, der Spinoza vermochte, die »scientia intuitiva« für die höchste Form der
Erkenntnis zu halten.[51] Die I. hat diese Eigenschaft mit der Empfindung gemein, deren physische Grundlage Grund und Ursache
ihrer Gewißheit ist. Ebenso beruht die Gewißheit der I. auf einem
bestimmten psychischen Tatbestand, dessen Zustandekommen
und Bereitsein aber unbewußt war. Die I. tritt auf in *subjektiver*
oder *objektiver* Form; erstere ist eine Wahrnehmung unbewußter
psychischer Tatbestände, die wesentlich subjektiver Provenienz
sind, letztere eine Wahrnehmung von Tatbeständen, die auf subliminalen Wahrnehmungen am Objekte und auf durch sie veranlaß-
ten subliminalen Gefühlen und Gedanken beruhen. Es sind auch
konkrete und *abstrakte* Formen der I. zu unterscheiden, je nach
dem Grade der Mitbeteiligung der Empfindung. Die konkrete I.
vermittelt Wahrnehmungen, welche die Tatsächlichkeit der Dinge
betreffen, die abstrakte I. dagegen vermittelt die Wahrnehmung
ideeller Zusammenhänge. Die konkrete I. ist ein reaktiver Vorgang, indem sie aus gegebenen Tatbeständen ohne weiteres erfolgt.
Die abstrakte I. dagegen benötigt, wie die abstrakte Empfindung,

---

[51] Ähnlich Bergson.

eines gewissen Richtungselementes, eines Willens oder einer Absicht.

Die I. ist neben der Empfindung ein Charakteristikum der infantilen und primitiven Psychologie. Sie vermittelt dem Kinde und dem Primitiven gegenüber dem stark hervortretenden Empfindungseindruck die Wahrnehmung der mythologischen Bilder, der Vorstufen der *Ideen* (siehe dort). Die I. verhält sich kompensierend zur Empfindung und ist, wie die Empfindung, die Mutterstätte, von wo sich Denken und Fühlen als rationale Funktionen entwickeln. Die I. ist eine irrationale Funktion, obschon viele I. nachträglich in ihre Komponenten zerlegt werden können, und somit auch ihr Zustandekommen mit den Vernunftgesetzen in Einklang gebracht werden kann. Jemand, der seine allgemeine Einstellung nach dem Prinzip der I., also nach Wahrnehmungen über das Unbewußte orientiert, gehört zum *intuitiven Typus*[52] (siehe *Typus*). Je nach der Verwertung der I. nach innen, ins Erkennen oder innere Anschauen, oder nach außen ins Handeln und Ausführen kann man introvertierte und extravertierte Intuitive unterscheiden. In abnormen Fällen tritt eine starke Verschmelzung mit und eine ebenso große Bedingtheit durch Inhalte des kollektiven Unbewußten zutage, wodurch der intuitive Typus äußerst irrational und unbegreiflich erscheinen kann.

Irrational. Ich verwende diesen Begriff nicht im Sinne des *Widervernünftigen*, sondern im Sinne des *Außervernünftigen*, nämlich dessen, was mit der Vernunft nicht zu begründen ist. Dazu gehören die elementaren Tatsachen, zum Beispiel daß die Erde einen Mond hat, daß Chlor ein Element ist, daß Wasser bei 4°C seine größte Dichtigkeit erreicht und so weiter. I. ist ferner der *Zufall*, wennschon nachträglich seine vernünftige Kausalität eventuell nachgewiesen werden könnte.[53] Das I. ist ein Faktor des Seins, der zwar durch Komplikation der vernünftigen Erklärung immer weiter hinausgeschoben werden kann, der aber dadurch die Erklärung schließlich dermaßen kompliziert, daß sie die Fassungskraft des vernünftigen Denkens übersteigt und somit dessen Grenzen erreicht, noch bevor sie das Ganze der Welt mit dem Gesetze der Vernunft umspannt hätte. Eine völlig rationale Erklärung eines wirklich seienden Objektes (also nicht eines bloß gesetzten) ist eine Utopie oder ein Ideal. Nur ein Objekt, das gesetzt wurde, kann rational auch völlig erklärt werden, denn es ist von vornherein nicht mehr darin, als eben durch die Vernunft des Denkens

---

[52] Das Verdienst, die Existenz dieses Typus entdeckt zu haben, gebührt M. Moltzer.
[53] Vgl. Synchronizität als ein Prinzip akausaler Zusammenhänge, GW 8.

gesetzt wurde. Auch die empirische Wissenschaft setzt rational beschränkte Objekte, indem sie durch beabsichtigten Ausschluß des Zufälligen das wirkliche Objekt als Ganzes nicht in Betracht kommen läßt, sondern immer nur einen für die rationale Betrachtung desselben hervorgehobenen Teil. So ist das Denken als *gerichtete Funktion* rational, ebenso das Fühlen. Stellen diese Funktionen aber nicht auf eine rational bestimmte Auswahl von Objekten oder Eigenschaften und Beziehungen von Objekten ab, sondern auf zufällig Wahrgenommenes, das am wirklichen Objekt niemals zu fehlen pflegt, so entbehren sie der Richtung und verlieren dadurch etwas von ihrem rationalen Charakter, weil sie Zufälliges aufnehmen. Sie werden dadurch zum Teil irrational. Das Denken und Fühlen, das sich nach zufälligen Wahrnehmungen richtet und deshalb eben irrational ist, ist *intuitives* oder *empfindendes* Denken und Fühlen. *Intuition* sowohl wie *Empfindung* sind psychologische Funktionen, die ihre Vollkommenheit in der *absoluten Wahrnehmung* des überhaupt Geschehenden erreichen. Ihrem Wesen entsprechend müssen sie daher auf absolute Zufälligkeit und auf jede Möglichkeit eingestellt sein; sie müssen daher der rationalen Richtung gänzlich entbehren. Ich bezeichne sie darum als irrationale Funktionen, im Gegensatz zu Denken und Fühlen. Diese Funktionen erreichen ihre Vollkommenheit in einer völligen Übereinstimmung mit den Vernunftgesetzen.

Obschon das I. als solches niemals der Gegenstand einer Wissenschaft sein kann, so ist es doch für eine praktische Psychologie von großem Belang, das Moment des I. richtig eingeschätzt zu haben. Die praktische Psychologie wirft nämlich viele Probleme auf, die rational überhaupt nicht gelöst werden können, sondern eine irrationale Erledigung verlangen, das heißt auf einem Wege, welcher den Vernunftgesetzen nicht entspricht. Durch eine zu ausschließliche Erwartung oder gar Überzeugung, daß für jeden Konflikt auch eine vernünftige Möglichkeit der Beilegung existieren müsse, kann eine wirkliche Lösung von irrationaler Natur verhindert werden (siehe *Rational*).

Kollektiv. Als kollektiv bezeichne ich alle diejenigen psychischen Inhalte, die nicht einem, sondern vielen Individuen zugleich, das heißt also einer Gesellschaft, einem Volke oder der Menschheit eigentümlich sind. Solche Inhalte sind die von Lévy-Bruhl[54] beschriebenen »mystischen Kollektivvorstellungen« (représentations collectives) der Primitiven, ebenso die dem Kulturmenschen geläufigen *allgemeinen Begriffe* von Recht, Staat, Religion, Wissen-

---

[54] Lévy-Bruhl: Les fonctions mentales dans les sociétés inférieures, 1912, S. 27 ff.

schaft und so weiter. Aber es sind nicht nur Begriffe und Anschauungen, die als kollektiv zu bezeichnen sind, sondern auch *Gefühle*. Lévy-Bruhl zeigt, wie bei den Primitiven die Kollektivvorstellungen auch zugleich Kollektivgefühle darstellen. Um dieses kollektiven Gefühlswertes willen bezeichnet er die »représentations collectives« auch als »mystiques«, weil diese Vorstellungen nicht bloß intellektuell, sondern auch emotional sind.[55] Beim Kulturmenschen verknüpfen sich mit gewissen kollektiven Begriffen auch kollektive Gefühle, zum Beispiel mit der kollektiven Idee Gottes oder des Rechtes oder des Vaterlandes und so weiter. Der kollektive Charakter kommt nun nicht nur einzelnen psychischen Elementen oder Inhalten zu, sondern auch ganzen *Funktionen* (siehe dort). So kann zum Beispiel das Denken überhaupt als ganze Funktion kollektiven Charakter haben, insofern es nämlich ein allgemeingültiges, zum Beispiel den Gesetzen der Logik entsprechendes Denken ist. Ebenso kann das Fühlen als ganze Funktion kollektiv sein, insofern es zum Beispiel mit dem allgemeinen Fühlen identisch ist, mit anderen Worten den allgemeinen Erwartungen, zum Beispiel dem allgemeinen moralischen Bewußtsein und so weiter entspricht. Ebenso ist diejenige Empfindung oder Empfindungsart und diejenige Intuition kollektiv, welche zugleich einer größeren Gruppe von Menschen eigentümlich ist. Der Gegensatz zu kollektiv ist *individuell* (siehe dort).

Kompensation bedeutet *Ausgleichung* oder *Ersetzung*. Der Begriff der Kompensation wurde eigentlich von A. Adler[56] in die Neurosenpsychologie eingeführt.[57] Er versteht unter Kompensation die funktionelle Ausgleichung des Minderwertigkeitsgefühles durch ein kompensierendes psychologisches System, vergleichbar den kompensierenden Organentwicklungen bei Organminderwertigkeit. So sagt Adler: »Mit der Loslösung vom mütterlichen Organismus beginnt für diese minderwertigen Organe und Organsysteme der Kampf mit der Außenwelt, der notwendigerweise entbrennen muß und mit größerer Heftigkeit einsetzt als bei normal entwickeltem Apparat ... Doch verleiht der fötale Charakter zugleich die erhöhte Möglichkeit der Kompensation und Überkompensation, steigert die Anpassungsfähigkeit an gewöhnliche und ungewöhnliche Widerstände und sichert die Bildung von neuen und höheren Formen, von neuen und höheren Leistungen.«[58] Das Minderwertigkeitsgefühl des Neurotikers, das nach Adler ätiologisch

[55] Ebenda, S. 28f.
[56] Adler: Über den nervösen Charakter, 1912.
[57] Andeutungen der Kompensationslehre auch bei Gross, angeregt von Anton.
[58] Adler: Studie über Minderwertigkeit von Organen, 1907, S. 73.

einer Organminderwertigkeit entspricht, gibt Anlaß zu einer »Hilfskonstruktion«,[59] eben einer Kompensation, welche in der Herstellung einer die Minderwertigkeit ausgleichenden Fiktion besteht. Die Fiktion oder »fiktive Leitlinie« ist ein psychologisches System, welches die Minderwertigkeit in eine Mehrwertigkeit umzuwandeln sucht. Bedeutsam an dieser Auffassung ist die erfahrungsgemäß nicht zu leugnende Existenz einer kompensierenden Funktion im Gebiete der psychologischen Vorgänge. Sie entspricht einer ähnlichen Funktion auf physiologischem Gebiet, der Selbststeuerung oder Selbstregulierung des Organismus.

Während Adler seinen Begriff der Kompensation auf die Ausgleichung des Minderwertigkeitsgefühles einschränkt, fasse ich den Begriff der Kompensation allgemein als funktionelle Ausgleichung, als Selbstregulierung des psychischen Apparates[60] auf. In diesem Sinne fasse ich die Tätigkeit des *Unbewußten* (siehe dort) als Ausgleichung der durch die Bewußtseinsfunktion erzeugten Einseitigkeit der allgemeinen Einstellung auf. Das Bewußtsein wird von den Psychologen gerne dem Auge verglichen, man spricht von einem Blickfeld und Blickpunkt des Bewußtseins. Mit diesem Vergleich ist das Wesen der Bewußtseinsfunktion treffend charakterisiert: Nur wenige Inhalte können den höchsten Bewußtseinsgrad erreichen, und nur eine beschränkte Anzahl von Inhalten kann sich zugleich im Bewußtseinsfelde aufhalten. Die Tätigkeit des Bewußtseins ist *auswählend*. Die Auswahl erfordert *Richtung*. Richtung aber erfordert *Ausschließung alles Nichtzugehörigen*. Daraus muß jeweils eine gewisse Einseitigkeit der Bewußtseinsorientierung entstehen. Die von der gewählten Richtung ausgeschlossenen und gehemmten Inhalte verfallen zunächst dem Unbewußten, bilden aber wegen ihrer effektiven Existenz doch ein Gegengewicht gegen die bewußte Orientierung, das sich durch Vermehrung der bewußten Einseitigkeit ebenfalls vermehrt und schließlich zu einer merklichen Spannung führt. Diese Spannung bedeutet eine gewisse Hemmung der bewußten Tätigkeit, welche zwar zunächst durch vermehrte bewußte Anstrengung durchbrochen werden kann. Aber auf die Dauer erhöht sich die Spannung derart, daß die gehemmten unbewußten Inhalte sich dem Bewußtsein doch mitteilen, und zwar vermittels der Träume und »freisteigender« Bilder. Je größer die Einseitigkeit der bewußten Einstellung ist, desto gegensätzlicher sind die dem Unbewußten entstammenden Inhalte, so daß man von einem eigentlichen Kontraste zwischen Bewußtsein und Unbewußtem sprechen kann. In diesem

---

[59] Adler: Über den nervösen Charakter, 1912, S. 14.
[60] Über die Bedeutung des Unbewußten in der Psychopathologie, GW 3.

Falle tritt die Kompensation in Form einer kontrastierenden Funktion auf. Dieser Fall ist extrem. In der Regel ist die Kompensation durch das Unbewußte kein Kontrast, sondern eine Ausgleichung oder Ergänzung der bewußten Orientierung. Das Unbewußte gibt zum Beispiel im Traume alle diejenigen zur bewußten Situation konstellierten, aber durch die bewußte Wahl gehemmten Inhalte, deren Kenntnis dem Bewußtsein zu einer völligen Anpassung unerläßlich wäre.

Im Normalzustande ist die Kompensation unbewußt, das heißt, sie wirkt unbewußt regulierend auf die bewußte Tätigkeit. In der Neurose tritt das Unbewußte in so starken Kontrast zum Bewußtsein, daß die Kompensation gestört wird. Die analytische Therapie zielt daher auf eine Bewußtmachung der unbewußten Inhalte, um auf diese Weise die Kompensation wieder herzustellen.

Konkretismus. Unter dem Begriff des Konkretismus verstehe ich eine bestimmte Eigentümlichkeit des *Denkens* und *Fühlens,* welche den Gegensatz zur Abstraktion darstellt. Konkret heißt eigentlich »zusammengewachsen«. Ein konkret gedachter Begriff ist ein Begriff, der mit andern Begriffen verwachsen oder verschmolzen vorgestellt wird. Ein solcher Begriff ist nicht abstrakt, nicht abgesondert und an sich gedacht, sondern bezogen und vermischt. Er ist kein differenzierter Begriff, sondern er steckt noch im sinnlich vermittelten Anschauungsmaterial drin. Das konkretistische Denken bewegt sich in ausschließlich konkreten Begriffen und Anschauungen, es ist stets auf die Sinnlichkeit bezogen. Ebenso ist das konkretistische Fühlen niemals von sinnlicher Bezogenheit abgesondert.

Das primitive Denken und Fühlen ist ausschließlich konkretistisch, es ist immer auf die Sinnlichkeit bezogen. Der Gedanke des Primitiven hat keine abgesonderte Selbständigkeit, sondern klebt an der materiellen Erscheinung. Er erhebt sich höchstens zur Stufe der Analogie. Ebenso ist das primitive Fühlen immer auf die materielle Erscheinung bezogen. Denken und Fühlen beruhen auf der Empfindung und unterscheiden sich nur wenig von ihr. Der Konkretismus ist daher ein *Archaismus* (siehe dort). Der magische Einfluß des Fetisch wird nicht als subjektiver Gefühlszustand erlebt, sondern als magische Wirkung empfunden. Das ist Konkretismus des Gefühls. Der Primitive erfährt nicht den Gedanken der Gottheit als subjektiven Inhalt, sondern der heilige Baum ist der Wohnsitz, ja der Gott selber. Das ist Konkretismus des Denkens. Beim Kulturmenschen besteht der Konkretismus des Denkens zum Beispiel in der Unfähigkeit, etwas anderes zu denken als sinnlich vermittelte Tatsachen von unmittelbarer Anschaulichkeit, oder in

der Unfähigkeit, das subjektive Fühlen vom sinnlich gegebenen
Objekt des Fühlens zu unterscheiden.

Der Konkretismus ist ein Begriff, der unter den allgemeineren
Begriff der »*participation mystique*« (siehe dort) fällt. Wie die
»participation mystique« eine Vermischung des Individuums mit
äußeren Objekten darstellt, so stellt der Konkretismus eine Vermischung des Denkens und Fühlens mit der Empfindung dar. Der
Konkretismus bedingt, daß der Gegenstand des Denkens und
Fühlens allemal zugleich auch ein Gegenstand des Empfindens ist.
Diese Vermischung verhindert eine Differenzierung des Denkens
und Fühlens und hält beide Funktionen in der Sphäre der Empfindung, das heißt der sinnlichen Bezogenheit fest, wodurch sie sich
nie zu reinen Funktionen entwickeln können, sondern stets im
Gefolge der Empfindung bleiben. Dadurch entsteht ein Vorwiegen
des Empfindungsfaktors in der psychologischen Orientierung.
(Über die Bedeutung des Empfindungsfaktors siehe *Empfindung*
und *Typus*.)

Der Nachteil des Konkretismus ist die Gebundenheit der Funktion an die Empfindung. Da die Empfindung Wahrnehmung physiologischer Reize ist, so hält der Konkretismus die Funktion entweder in der sinnlichen Sphäre fest oder führt sie immer wieder
dahin zurück. Damit ist eine sinnliche Gebundenheit der psychologischen Funktionen bewirkt, welche die psychische Selbständigkeit des Individuums verhindert zugunsten der sinnlich gegebenen
Tatsachen. In Ansehung der Anerkennung von Tatsachen ist diese
Orientierung natürlich wertvoll, nicht aber in Ansehung der *Deutung* der Tatsachen und ihres Verhältnisses zum Individuum. Der
Konkretismus schafft ein Überwiegen der Tatsachenbedeutung
und damit eine Unterdrückung der Individualität und ihrer Freiheit zugunsten des objektiven Vorganges. Da das Individuum aber
nicht nur durch physiologische Reize bestimmt ist, sondern auch
durch Faktoren, welche gegebenenfalls der äußeren Tatsache entgegengesetzt sind, so bewirkt der Konkretismus eine Projektion
dieser inneren Faktoren in die äußere Tatsache und damit eine
sozusagen abergläubische Überbewertung der bloßen Tatsachen,
genau wie beim Primitiven. Ein gutes Beispiel hiefür ist der Konkretismus des Fühlens bei Nietzsche und die dadurch bewirkte
Überbewertung der Diät, ebenso der Materialismus Moleschotts
(»Der Mensch ist, was er ißt«, vgl. oben, S. 51). Ein Beispiel für die
abergläubische Überbewertung der Tatsachen ist die Hypostasie-
rung des Energiebegriffes im Ostwaldschen *Monismus*.

Konstruktiv. Dieser Begriff wird von mir in ähnlicher Weise gebraucht wie *synthetisch*, gewissermaßen zur Erläuterung des letz-

teren Begriffes. Konstruktiv bedeutet »aufbauend«. Ich gebrauche »konstruktiv« und »synthetisch« zur Bezeichnung einer Methode, die der reduktiven Methode entgegengesetzt ist. Die konstruktive Methode betrifft die Bearbeitung unbewußter Produkte (Träume, Phantasien). Sie geht vom unbewußten Produkt aus als von einem *symbolischen* (siehe dort) Ausdruck, welcher vorausgreifend ein Stück psychologischer Entwicklung darstellt.[61] Maeder spricht in dieser Hinsicht von einer eigentlichen *prospektiven Funktion* des Unbewußten, welches quasi spielend die zukünftige psychologische Entwicklung antizipiert.[62] Auch Adler anerkennt eine vorausgreifende Funktion des Unbewußten.[63] Sicher ist, daß das Produkt des Unbewußten nicht einseitig als Gewordenes, gewissermaßen als Endprodukt betrachtet werden darf, sonst müßte ihm jeder zweckmäßige Sinn abgesprochen werden. Selbst Freud weist dem Traum die teleologische Rolle wenigstens als »Hüter des Schlafes« zu,[64] während sich die prospektive Funktion für ihn wesentlich auf »Wünsche« beschränkt. Der Zweckmäßigkeitscharakter der unbewußten Tendenzen kann aber nach Analogie mit anderen psychologischen oder physiologischen Funktionen nicht a priori bestritten werden. Wir fassen darum das Produkt des Unbewußten als einen nach einem Ziel oder einem Zweck orientierten Ausdruck auf, der aber den Richtpunkt in symbolischer Sprache charakterisiert.[65]

Dieser Auffassung entsprechend beschäftigt sich die k. Methode der Deutung nicht mit den dem unbewußten Produkt zugrunde liegenden Quellen oder Ausgangsmaterialien, sondern sie sucht das symbolische Produkt auf einen allgemeinen und verständlichen Ausdruck zu bringen.[66] Die freien Einfälle zum unbewußten Produkt werden also in Hinsicht einer Zielrichtung und nicht in Hinsicht der Herkunft betrachtet. Sie werden unter dem Gesichtswinkel zukünftigen Tuns oder Lassens betrachtet; ihr Verhältnis zur Bewußtseinslage wird dabei sorgfältig berücksichtigt, denn nach der kompensatorischen Auffassung des Unbewußten hat die Tätigkeit des Unbewußten eine hauptsächlich ausgleichende oder ergänzende Bedeutung für die Bewußtseinslage. Da es sich um eine Vorausorientierung handelt, kommt die wirkliche Beziehung zum

---

[61] Ein ausführliches Beispiel hiefür in ›Zur Psychologie und Pathologie sogenannter occulter Phänomene‹, GW 1.

[62] Maeder: Über das Traumproblem, in: Jahrbuch für psychoanalytische und psychopathologische Forschungen, Bd. 5, S. 647.

[63] Adler: Über den nervösen Charakter, 1912.

[64] Freud: Die Traumdeutung, 1900.

[65] Silberer drückt sich in der Formulierung der *anagogischen* Bedeutung ähnlich aus. Vgl. Silberer: Probleme der Mystik und ihrer Symbolik, 1914, S. 149 ff.

[66] Über die Psychologie des Unbewußten, GW 7, §§ 121 ff.

Objekt viel weniger in Frage als beim reduktiven Verfahren, welches sich mit wirklich stattgehabten Beziehungen zum Objekt beschäftigt. Es handelt sich vielmehr um die subjektive Einstellung, in der das Objekt zunächst nur ein Zeichen für Tendenzen des Subjektes bedeutet. Die Absicht der k. Methode ist daher die Herstellung eines auf die zukünftige Einstellung des Subjektes bezüglichen Sinnes des unbewußten Produktes. Da das Unbewußte in der Regel nur symbolische Ausdrücke zu schaffen vermag, so dient die k. Methode dazu, den symbolisch ausgedrückten Sinn dermaßen zu verdeutlichen, daß ein die bewußte Orientierung richtig stellender Hinweis dabei herauskommt, womit dem Subjekt das für sein Handeln notwendige Einssein mit dem Unbewußten vermittelt wird.

So wie sich keine psychologische Deutungsmethode auf das Assoziationsmaterial des Analysanden allein gründet, so bedient sich auch der k. Standpunkt gewisser Vergleichsmaterialien. So wie sich die reduktive Deutung gewisser biologischer, physiologischer, folkloristischer, literarischer und anderer Vergleichsvorstellungen bedient, so ist die k. Behandlung des Denkproblems auf philosophische, und die des Intuitionsproblems auf mythologische und religionsgeschichtliche Parallelen angewiesen.

Die k. Methode ist notgedrungenerweise *individualistisch*, denn eine zukünftige Kollektiveinstellung entwickelt sich nur über das Individuum. Im Gegensatz dazu ist die reduktive Methode *kollektiv*, denn sie führt aus dem individuellen Fall zurück auf allgemeine Grundeinstellungen oder -tatsachen. Die k. Methode kann auch vom Subjekt direkt auf seine subjektiven Materialien angewendet werden. In diesem letzteren Fall ist sie eine *intuitive* Methode, verwendet zur Ausarbeitung des allgemeinen Sinnes eines Produktes des Unbewußten. Diese Ausarbeitung erfolgt durch die *assoziative* (also nicht aktiv *apperzeptive*, siehe dort) Angliederung weiteren Materials, welches den symbolischen Ausdruck des Unbewußten (zum Beispiel den Traum) dermaßen bereichert und vertieft, daß er jene Deutlichkeit erreicht, welche das bewußte Begreifen ermöglicht. Durch die Bereicherung des symbolischen Ausdruckes wird er in allgemeinere Zusammenhänge verwoben und dadurch assimiliert.

Libido.[67] Unter L. verstehe ich die *psychische Energie*. Psychische Energie ist die Intensität des psychischen Vorganges, sein *psycho-*

---

[67] Wandlungen und Symbole der Libido, 1912, S. 119 ff. (Neuausgabe: Symbole der Wandlung, GW 5) und Über psychische Energetik und das Wesen der Träume, 1948, S. 7 ff. (leicht revidierte Fassung von ›Über die Energetik der Seele‹, GW 8).

logischer Wert. Darunter ist kein erteilter Wert moralischer, ästhetischer oder intellektueller Art zu verstehen, sondern der psychologische Wert wird einfach bestimmt nach seiner *determinierenden* Kraft, die sich in bestimmten psychischen Wirkungen (»Leistungen«) äußert. Ich verstehe unter L. auch nicht eine psychische *Kraft*, als welche sie oft von Kritikern mißverstanden wurde. Ich hypostasiere den Energiebegriff nicht, sondern gebrauche ihn als einen Begriff für Intensitäten oder Werte. Die Frage, ob es eine spezifische psychische Kraft gibt oder nicht, hat mit dem Begriff der L. nichts zu tun. Ich gebrauche den Ausdruck L. öfters promiscue mit »Energie«. Die Berechtigung, die psychische Energie L. zu nennen, habe ich in den in der Fußnote angeführten Arbeiten ausführlich dargetan.

Machtkomplex. Mit M. bezeichne ich gelegentlich den gesamten Komplex aller jener Vorstellungen und Strebungen, welche die Tendenz haben, das Ich über andere Einflüsse zu stellen und diese dem Ich unterzuordnen, mögen diese Einflüsse von Menschen und Verhältnissen stammen, oder mögen sie von eigenen, subjektiven Trieben, Gefühlen und Gedanken herkommen.

Minderwertige Funktion. Unter m. F. verstehe ich jene F., welche beim Differenzierungsprozeß im Rückstand bleibt. Es ist nämlich erfahrungsgemäß kaum möglich – aus Ungunst der allgemeinen Bedingungen –, daß jemand zugleich alle seine psychologischen F. zur Entwicklung bringe. Schon die sozialen Anforderungen bringen es mit sich, daß der Mensch zu allernächst und allermeist jene F. am stärksten differenziert, zu welcher er entweder von Natur aus am besten fähig ist, oder welche ihm zu seinem sozialen Erfolg die wirksamsten Mittel leiht. Sehr häufig, fast in der Regel, identifiziert man sich auch mehr oder weniger vollständig mit der meist begünstigten und daher am weitesten entwickelten F. Daraus entstehen die psychologischen *Typen* (siehe dort). Bei der Einseitigkeit dieses Entwicklungsprozesses bleiben eine oder mehrere Funktionen notwendigerweise in der Entwicklung zurück. Man kann sie daher passenderweise als »minderwertig« bezeichnen, und zwar in psychologischem, aber nicht in psycho-pathologischem Sinne; denn diese zurückgebliebenen F. sind keineswegs krankhaft, sondern nur rückständig im Vergleich zur begünstigten F. Die minderwertige F. ist als Phänomen zwar bewußt, aber in ihrer eigentlichen Bedeutung nicht erkannt. Sie verhält sich wie viele verdrängte oder nicht genügend beachtete Inhalte, die einerseits bewußt, andererseits aber unbewußt sind, wie es häufig Fälle gibt, wo man zwar einen gewissen Menschen seiner äußeren Erscheinungsweise nach kennt, aber nicht wirklich weiß, wer er ist. So bleibt in normalen Fällen die m.F., wenigstens in ihren Auswirkungen, bewußt; in der Neurose dagegen verfällt sie teilweise oder größtenteils dem Unbewußten. In dem Maße nämlich, als alle Libido der begünstigten F. zugeführt wird, entwickelt sich die m.F. regressiv, das heißt, sie kehrt in ihre archaischen Vorstadien zurück, wodurch sie inkompatibel mit der bewußten und begünstigten F. wird. Wenn eine F., die normalerweise bewußt sein sollte, dem Unbewußten verfällt, so verfällt auch die dieser F. spezifische Energie dem Unbewußten. Eine natürliche F., wie zum Beispiel das Fühlen, besitzt eine ihr von Natur aus zukommende Energie, sie ist ein festorganisiertes lebendiges System, das unter keinen Umständen seiner Energie gänzlich zu berauben ist.

Durch das Unbewußtwerden der m.F. wird ihr Energierest ins Unbewußte überführt, wodurch das Unbewußte in unnatürlicher Weise belebt wird. Daraus entstehen der archaisch gewordenen F. entsprechende Phantasien. Eine analytische Befreiung der m.F. aus dem Unbewußten kann daher nur stattfinden durch die Heraufbringung der unbewußten Phantasiegebilde, die eben durch die unbewußt gewordene F. angeregt worden waren. Durch die Bewußtmachung dieser Phantasien wird auch die m.F. wieder zum Bewußtsein gebracht und damit der Entwicklungsmöglichkeit zugeführt.

Objektstufe. Unter Deutung auf der O. verstehe ich diejenige Auffassung eines Traumes oder einer Phantasie, bei der die darin auftretenden Personen oder Verhältnisse auf objektiv-reale Personen oder Verhältnisse bezogen werden. Dies im Gegensatz zur *Subjektstufe* (siehe dort), bei der die im Traume vorkommenden Personen und Verhältnisse ausschließlich auf subjektive Größen bezogen werden. Die Freudsche Traumauffassung bewegt sich fast ausschließlich auf der Objektstufe, insofern die Traumwünsche als auf reale Objekte bezüglich gedeutet oder auf Sexualvorgänge bezogen werden, die in die physiologische, also außerpsychologische Sphäre fallen.

Orientierung. Als O. bezeichne ich das allgemeine Prinzip einer *Einstellung* (siehe dort). Jede Einstellung orientiert sich nach einem gewissen Gesichtspunkt, ob nun dieser Gesichtspunkt bewußt sei oder nicht. Eine sogenannte Machteinstellung orientiert sich nach dem Gesichtspunkt der Macht des Ich über unterdrückende Einflüsse und Bedingungen. Eine Denkeinstellung orientiert sich zum Beispiel am logischen Prinzip als ihrem höchsten Gesetz. Eine Empfindungseinstellung orientiert sich an der sinnlichen Wahrnehmung gegebener Tatsachen.

»Participation mystique«. Dieser Terminus stammt von Lévy-Bruhl.[68] Es wird darunter eine eigentümliche Art einer psychologischen Verbundenheit mit dem Objekt verstanden. Sie besteht darin, daß das Subjekt sich nicht klar vom Objekt unterscheiden kann, sondern mit diesem durch eine unmittelbare Beziehung, die man als partielle Identität bezeichnen kann, verbunden ist. Diese Identität beruht auf einem apriorischen Einssein von Objekt und Subjekt. Die p. m. ist daher ein Überbleibsel dieses Urzustandes. Sie betrifft nicht das Ganze der Beziehung von Subjekt und Objekt, sondern nur gewisse Fälle, in denen das Phänomen dieser eigenartigen Bezogenheit auftritt. Die p. m. ist natürlich eine Erscheinung, die am besten bei den Primitiven zu beobachten ist; sie ist jedoch auch beim Kulturmenschen sehr häufig vorhanden, wenn auch nicht in derselben Ausdehnung und Intensität. In der Regel findet sie beim Kulturmenschen statt zwischen Personen, seltener zwischen einer Person und einer Sache. Im ersteren Fall ist sie ein sogenanntes Übertragungsverhältnis, bei welchem dem Objekt (in der Regel) eine gewissermaßen magische, das heißt unbedingte Wirkung auf das Subjekt zukommt. In letzterem Fall handelt es sich entweder um ähnliche Wirkungen einer Sache oder um eine Art von Identifikation mit einer Sache oder der Idee derselben.

Persona s. Seele.

Phantasie. Unter Ph. verstehe ich zwei verschiedene Dinge, nämlich erstens das *Phantasma* und zweitens die *imaginative Tätigkeit*. Es geht aus dem Text meiner Arbeit hervor, was jeweils mit dem Ausdruck Ph. gemeint ist. Unter Ph. als *Phantasma* verstehe ich einen Vorstellungskomplex, welcher sich vor andern Vorstellungskomplexen dadurch auszeichnet, daß ihm kein äußerlich realer Sachverhalt entspricht. Obschon eine Ph. ursprünglich auf Erinnerungsbildern wirklich stattgehabter Erlebnisse beruhen kann, so entspricht doch ihr Inhalt keiner äußeren Realität, sondern ist wesentlich nur der Ausfluß der schöpferischen Geistestätigkeit, eine Betätigung oder ein Produkt der Kombination energiebesetzter psychischer Elemente. Insofern die psychische Energie einer willkürlichen Richtung unterworfen werden kann, kann auch die Ph. bewußt und willkürlich hervorgebracht werden, ent-

---

[68] Lévy-Bruhl: Les fonctions mentales dans les sociétés inférieures, 1912.

weder als Ganzes oder wenigstens als Teil. Im ersteren Fall ist sie
dann nichts anderes als eine Kombination bewußter Elemente.
Jedoch ist dieser Fall nur ein künstliches und theoretisch bedeutsa-
mes Experiment. In der Wirklichkeit der alltäglichen psychologischen Erfahrung ist die Ph. meistens entweder durch eine erwar-
tende, intuitive Einstellung ausgelöst, oder sie ist eine Irruption
unbewußter Inhalte ins Bewußtsein.

Man kann *aktive* und *passive* Ph. unterscheiden; erstere sind
veranlaßt durch Intuition, das heißt durch eine auf Wahrnehmung
unbewußter Inhalte gerichtete Einstellung, wobei die Libido alle
aus dem Unbewußten auftauchenden Elemente sofort besetzt und
durch Assoziation paralleler Materialien zur Höhe der Klarheit
und Anschaulichkeit bringt; letztere treten ohne vorhergehende
und begleitende intuitive Einstellung von vornherein in anschauli-
cher Form auf bei völlig passiver Einstellung des erkennenden
Subjektes. Diese Ph. gehören zu den psychischen »Automatis-
men« (Janet). Diese letzteren Ph. können natürlich nur bei einer
relativen Dissoziation der Psyche vorkommen, denn ihr Zustandekommen setzt voraus, daß ein wesentlicher Energiebetrag sich der
bewußten Kontrolle entzogen und unbewußte Materialien besetzt
hat. So setzt die Vision des Saulus voraus, daß er unbewußt bereits
ein Christ ist, was seiner bewußten Einsicht entgangen war. Die
passive Ph. entstammt wohl immer einem im Verhältnis zum Bewußtsein gegensätzlichen Vorgang im Unbewußten, der annähernd so viel Energie auf sich vereinigt wie die bewußte Einstellung und deshalb auch befähigt ist, den Widerstand letzterer zu
durchbrechen.

Die aktive Ph. dagegen verdankt ihre Existenz nicht bloß einseitig einem intensiven und gegensätzlichen unbewußten Vorgang,
sondern ebensowohl der Geneigtheit der bewußten Einstellung,
die Andeutungen oder Fragmente relativ schwach betonter, unbewußter Zusammenhänge aufzunehmen und durch Assoziierung
paralleler Elemente bis zur völligen Anschaulichkeit auszugestal-
ten. Bei der aktiven Ph. handelt es sich also nicht notwendigerweise um einen dissoziierten Seelenzustand, sondern vielmehr um eine
positive Anteilnahme des Bewußtseins.

Wenn die passive Form der Ph. nicht selten den Stempel des
Krankhaften oder wenigstens Abnormen trägt, so gehört die aktive Form oft zu den höchsten menschlichen Geistestätigkeiten.
Denn in ihr fließt die bewußte und die unbewußte Persönlichkeit
des Subjektes in ein gemeinsames und vereinigendes Produkt zusammen. Eine derart gestaltete Ph. kann der höchste Ausdruck der
Einheit einer Individualität sein und diese letztere eben gerade
durch den vollkommenen Ausdruck ihrer Einheit auch erzeugen.

(Vgl. dazu Schillers Begriff der »ästhetischen Stimmung«.) Die passive Ph. ist in der Regel wohl nie der Ausdruck einer zur Einheit gelangten Individualität, denn sie setzt, wie gesagt, eine starke Dissoziation voraus, die ihrerseits nur auf einem ebenso starken Gegensatz des Unbewußten zum Bewußtsein beruhen kann. Die aus einem solchen Zustand durch Irruption ins Bewußtsein hervorgegangene Ph. wird daher wohl nie der vollkommene Ausdruck einer in sich geeinten Individualität sein können, sondern vorwiegend den Standpunkt der unbewußten Persönlichkeit darstellen. Das Leben des Paulus ist ein gutes Beispiel hiefür: Seine Wendung zum christlichen Glauben entsprach einem Annehmen des vorher unbewußten Standpunktes und einer Verdrängung des bisherigen antichristlichen Standpunktes, welch letzterer sich dann in seinen hysterischen Anfällen bemerkbar machte. Die passive Ph. bedarf daher immer einer bewußten *Kritik*, wenn sie nicht einseitig den Standpunkt des unbewußten Gegensatzes zur Geltung bringen soll. Die aktive Ph. dagegen, als das Produkt einerseits einer zum Unbewußten *nicht* gegensätzlichen bewußten Einstellung und andererseits unbewußter Vorgänge, die sich nicht gegensätzlich, sondern bloß kompensatorisch zum Bewußtsein verhalten, bedarf dieser Kritik nicht, sondern bloß des *Verständnisses*.

Wie beim Traume (der nichts anderes als eine passive Ph. ist), so ist auch bei der Ph. ein *manifester* und ein *latenter* Sinn zu unterscheiden. Ersterer ergibt sich aus der unmittelbaren Anschauung des Ph.-bildes, der unmittelbaren Aussage des phantastischen Vorstellungskomplexes. Der manifeste Sinn verdient allerdings oft kaum diesen Namen, obschon er bei der Ph. immer sehr viel mehr entwickelt ist als beim Traum, was wahrscheinlich daher rühren dürfte, daß die Traum-Ph. in der Regel keiner besonderen Energie bedarf, um sich dem schwachen Widerstand des schlafenden Bewußtseins wirksam entgegensetzen zu können, weshalb auch wenig gegensätzliche und bloß leicht kompensatorische Tendenzen schon zur Wahrnehmung gelangen können. Die Wach-Ph. dagegen muß schon über eine beträchtliche Energie verfügen, um die von der bewußten Einstellung ausgehende Hemmung überwinden zu können. Dazu muß der unbewußte Gegensatz also schon sehr wichtig sein, um ins Bewußtsein hineingelangen zu können. Wenn er nur in vagen und schwer faßbaren Andeutungen bestünde, so wäre er niemals imstande, die Aufmerksamkeit (die bewußte Libido) dermaßen auf sich zu lenken, daß er den Zusammenhang der Bewußtseinsinhalte unterbrechen könnte. Der unbewußte Inhalt ist daher auf einen sehr starken inneren Zusammenhang, der sich eben in einem ausgesprochenen, manifesten Sinn äußert, angewiesen.

Der manifeste Sinn hat immer den Charakter eines anschaulichen und konkreten Vorganges, der wegen seiner objektiven Irrealität den Anspruch des Bewußtseins auf Verständnis nicht befriedigen kann. Er wird daher nach einer andern Bedeutung der Ph., nach einer *Deutung* derselben suchen, also nach einem latenten Sinne. Obschon nun die Existenz eines latenten Sinnes der Ph. zunächst keineswegs sicher ist, und einer eventuellen Bestreitung der Möglichkeit eines latenten Sinnes nichts im Wege steht, so ist doch der Anspruch auf ein befriedigendes Verständnis Motiv genug für eine eingehende Nachforschung. Diese Erforschung des latenten Sinnes kann zunächst rein *kausaler* Natur sein, unter der Fragestellung nach den psychologischen Ursachen des Zustandekommens der Ph. Diese Fragestellung führt einerseits zu weiter rückwärts gelegenen Anlässen zur Ph. und anderseits zur Feststellung der Triebkräfte, welche energetisch für das Zustandekommen der Ph. verantwortlich zu machen sind. Wie bekannt, hat Freud diese Richtung besonders intensiv ausgebaut. Ich habe diese Art der Deutung als *reduktive* bezeichnet. Die Berechtigung einer reduktiven Auffassung ist ohne weiteres ersichtlich, und ebenso ist es durchaus verständlich, wenn für ein gewisses Temperament diese Art der Deutung psychologischer Tatbestände etwas Befriedigendes hat, so daß kein Anspruch auf weiteres Verständnis mehr erhoben wird. Wenn jemand einen Hilferuf ausstößt, so ist dieses Faktum hinreichend und befriedigend erklärt, wenn nachgewiesen ist, daß der Betreffende sich momentan in Lebensgefahr befindet. Wenn jemand von vollbesetzten Tafeln träumt, und es ist nachgewiesen, daß er beim Zubettegehen an Hunger litt, so ist diese Erklärung seines Traumes befriedigend. Wenn jemand, der seine Sexualität unterdrückt, etwa ein mittelalterlicher Heiliger, sexuelle Ph. hat, so ist diese Tatsache durch Reduktion auf die unterdrückte Sexualität hinreichend erklärt.

Wenn wir hingegen die Vision des Petrus dadurch erklären wollten, daß wir sie etwa auf die Tatsache zurückführen, daß er an Hunger gelitten und darum vom Unbewußten die Aufforderung zum Essen der unreinen Tiere erhalten hätte, oder daß das Essen der unreinen Tiere überhaupt bloß die Erfüllung eines verbotenen Wunsches bedeutet hätte, so hat eine solche Erklärung wenig Befriedigendes an sich. Ebenso kann es unsern Anspruch nicht befriedigen, wenn wir die Vision des Saulus beispielsweise auf seinen verdrängten Neid auf die Rolle, die Christus bei seinen Volksgenossen spielte, vermöge dessen er sich mit Christus identifizierte, zurückführen wollten. Beide Erklärungen mögen etwas Wahres an sich haben, sie stehen jedoch in keinem Verhältnis zu der zeitgeschichtlich bedingten Psychologie des Petrus sowohl wie des Paulus. Diese Erklärung ist zu einfach und zu billig. Man kann die Weltgeschichte nicht als ein Problem der Physiologie oder der persönlichen chronique scandaleuse abhandeln. Dieser Standpunkt wäre zu beschränkt. Wir sind daher genötigt, unsere Auffassung vom latenten Sinn der Ph. bedeutend zu erweitern; zunächst in kausaler Hinsicht: die Psychologie des einzelnen ist niemals erschöpfend aus ihm selber zu erklären, sondern es muß auch klar erkannt sein, daß und wie seine individuelle Psychologie durch die zeitgeschichtlichen Umstände bedingt ist. Sie ist nicht bloß ein physiologisches, biologisches oder persönliches, sondern auch ein zeitgeschichtliches Problem. Und sodann läßt sich irgendein psychologischer Tatbestand niemals erschöpfend aus seiner Kausalität allein erklären; er ist ja als lebendiges Phänomen immer in die Kontinuität des Lebensprozesses unauflöslich verknüpft, so daß er zwar einerseits stets ein Gewordenes, anderseits aber auch stets ein Werdendes, Schöpferisches ist.

Der psychologische Moment hat ein Janusgesicht: Er blickt rückwärts und vorwärts. Indem er wird, bereitet er auch das Zukünftige vor. Wenn dem nicht so wäre, so wären die Absicht, der Zweck, das Setzen von Zielen, die Vorausberechnung oder Vorausahnung psychologische Unmöglichkeiten. Wenn jemand eine Meinung äußert, und wir beziehen diesen Tatbestand lediglich darauf, daß zuvor ein anderer eine Meinung äußerte, so ist diese Erklärung praktisch ganz unzulänglich, denn wir wollen nicht bloß die Ursache dieses Tuns wissen, um es zu begreifen, sondern auch, was er damit meint, was er bezweckt und beabsichtigt, was er damit erreichen will. Wenn wir auch darum noch wissen, so geben wir uns in der Regel zufrieden. Im alltäglichen Leben fügen wir ohne weiteres und ganz instinktiv einen finalen Standpunkt der Erklärung ein; ja, wir halten sehr oft gerade den finalen Gesichtspunkt für den ausschlaggebenden unter gänzlicher Übergehung des strikte ursächlichen Momentes, offenbar in der instinktiven Anerkennung des schöpferischen Momentes des psychischen Wesens. Wenn wir in der alltäglichen Erfahrung dermaßen handeln, so muß auch eine wissenschaftliche Psychologie diesem Umstand Rechnung tragen, und zwar dadurch, daß sie sich nicht ausschließlich auf den strikte kausalen Standpunkt, den sie ursprünglich von der Naturwissenschaft übernommen hat, begibt, sondern daß sie auch die finale Natur des Psychischen berücksichtigt.

Wenn nun durch die alltägliche Erfahrung die finale Orientierung der Bewußtseinsinhalte über allen Zweifel hinaus feststeht, so ist zunächst gar kein Anlaß vorhanden anzunehmen, daß dies nicht auch bei den Inhalten des Unbewußten der Fall wäre, gegenteilige Erfahrung vorbehalten. Nach meiner Erfahrung besteht nun keineswegs ein Anlaß, die finale Orientierung unbewußter Inhalte zu bestreiten, im Gegenteil; die Fälle, in denen eine befriedigende Erklärung nur durch die Einführung des finalen Gesichtspunktes erreicht wird, sind recht zahlreich. Wenn wir also zum Beispiel die Vision des Saulus in Ansehung der paulinischen Weltmission betrachten und darum zum Schlusse kommen, daß Saulus zwar bewußt ein Christenverfolger war, unbewußt aber den christlichen Standpunkt adoptiert hatte und durch Überwiegen und Irruption des Unbewußten zum Christen gemacht wurde, weil seine unbewußte Persönlichkeit nach diesem Ziele strebte, in instinktiver Erfassung der Notwendigkeit und Bedeutsamkeit dieser Tat, so erscheint mir diese Erklärung der Bedeutung dieses Tatbestandes adäquater zu sein als eine reduktive Erklärung durch persönliche Momente, obschon letztere zweifellos in dieser oder jener Form mitbeteiligt waren, denn das »Allzumenschliche« fehlt nirgends. Auch ist die in der Apostelgeschichte gegebene Andeutung einer finalen Erklärung der Petrusvision weit befriedigender als eine physiologisch-persönliche Mutmaßung.

Zusammenfassend können wir also sagen, daß die Ph. sowohl kausal wie final zu verstehen ist. Der kausalen Erklärung erscheint sie als ein *Symptom* eines physiologischen oder persönlichen Zustandes, welcher das Resultat vorausgegangener Geschehnisse ist. Der finalen Erklärung dagegen erscheint die Ph. als ein *Symbol*, welches mit Hilfe der vorhandenen Materialien ein bestimmtes Ziel oder vielmehr eine gewisse zukünftige psychologische Entwicklungslinie zu kennzeichnen oder zu erfassen sucht. Weil die aktive Ph. das hauptsächliche Merkmal der künstlerischen Geistestätigkeit ist, so ist der Künstler nicht bloß ein *Darsteller*, sondern ein *Schöpfer* und darum ein *Erzieher*, denn seine Werke haben den Wert von Symbolen, welche künftige Entwicklungslinien vorzeichnen. Die beschränktere oder allgemeinere soziale Gültigkeit der Symbole hängt ab von der beschränkteren oder allgemeineren Lebensfähigkeit der schöpferischen Individualität. Je abnormer, das heißt, je lebensunfähiger die Individualität ist, desto beschränktere soziale Gültigkeit haben die durch sie hervorgebrachten Symbole, wenn schon die Symbole für die betreffende Individualität von absoluter Bedeutung sind.

Man kann die Existenz des latenten Sinnes der Ph. nur dann bestreiten, wenn man auch der Ansicht ist, daß ein Naturvorgang überhaupt eines befriedigenden Sinnes entbehre. Die Naturwissenschaft hat indes den Sinn des Naturvorganges in Form der Naturgesetze herausgehoben. Die Naturgesetze sind zugestandenermaßen menschliche Hypothesen, aufgestellt zur Erklärung des Naturvorganges. In dem Maße aber, als es sicher gestellt ist, daß das aufgestellte Gesetz mit dem objektiven Vorgang übereinstimmt, sind wir berechtigt, von einem Sinn des Naturgeschehens zu reden. In dem Maße nun, in dem es uns gelingt, eine Gesetzmäßigkeit der Ph. aufzuweisen, sind wir auch berechtigt, von einem Sinn derselben zu reden. Der aufgefundene Sinn ist aber nur dann befriedigend, oder mit andern Worten: die nachgewiesene Gesetzmäßigkeit verdient nur dann diesen Namen, wenn sie das Wesen der Ph. adäquat wiedergibt. Es gibt eine Gesetzmäßigkeit am Naturvorgang und eine Gesetzmäßigkeit des Naturvorganges. Es ist zwar gesetzmäßig, daß man träumt, wenn man schläft; das ist aber keine Gesetzmäßigkeit, welche etwas über das Wesen des Traumes aussagt. Es ist eine bloße Bedingung des Traumes. Der Nachweis einer physiologischen Quelle der Ph. ist eine bloße Bedingung ihres Vorhandenseins, aber kein Gesetz ihres Wesens. Das Gesetz der Ph. als eines psychologischen Phänomens kann nur ein psychologisches sein.

Wir gelangen nun zum zweiten Punkte unserer Erklärung des Begriffes der Ph., nämlich zum Begriff der *imaginativen Tätigkeit*. Die Imagination ist die reproduktive oder schöpferische Tätigkeit des Geistes überhaupt, ohne ein besonderes Vermögen zu sein, denn sie kann sich in allen Grundformen des psychischen Geschehens abspielen, im Denken, Fühlen, Empfinden und Intuieren. Die Ph. als imaginative Tätigkeit ist für mich einfach der unmittelbare Ausdruck der psychischen Lebenstätigkeit, der psychischen Energie, die dem Bewußtsein nicht anders als in Form von Bildern oder Inhalten gegeben ist, wie auch die physische Energie nicht anders in Erscheinung tritt, denn als physischer Zustand, der die Sinnesorgane auf physischem Wege reizt. Wie jeder physische Zustand – energetisch betrachtet – nichts anderes ist als ein Kräftesystem, so ist auch ein psychischer Inhalt nichts anderes – wenn energetisch betrachtet – als ein dem Bewußtsein erscheinendes Kräftesystem. Man kann daher von diesem Standpunkt aus sagen, daß die Ph. als Phantasma nichts anderes sei als ein bestimmter Libidobetrag, der dem Bewußtsein niemals anders erscheinen kann als eben in der Form eines Bildes. Das Phantasma ist eine »idée-force«. Das Phantasieren als imaginative Tätigkeit ist identisch mit dem Ablauf des psychischen Energieprozesses.

Projektion. P. bedeutet die Hinausverlegung eines subjektiven Vorganges in ein Objekt. (Dies im Gegensatz zur *Introjektion*, siehe dort.) Die P. ist demnach ein Dissimilationsvorgang, indem ein subjektiver Inhalt dem Subjekt entfremdet und gewissermaßen dem Objekt einverleibt wird. Es sind ebensowohl peinliche, inkompatible Inhalte, deren sich das Subjekt durch P. entledigt, wie auch positive Werte, die dem Subjekt aus irgendwelchen Gründen, zum Beispiel infolge Selbstunterschätzung, unzugänglich sind. Die P. beruht auf der archaischen *Identität* (siehe dort) von Subjekt und Objekt, ist aber erst dann als P. zu bezeichnen, wenn die Notwendigkeit der Auflösung der Identität mit dem Objekt eingetreten ist. Diese Notwendigkeit tritt ein, wenn die Identität störend wird, das heißt, wenn durch das Fehlen des projizierten Inhaltes die Anpassung wesentlich beeinträchtigt und deshalb die Zurückbringung des projizierten Inhaltes ins Subjekt wünschenswert wird. Von diesem Moment an erhält die bisherige partielle Identität den Charakter der P. Der Ausdruck P. bezeichnet daher einen Identitätszustand, der merkbar und dadurch Gegenstand der Kritik geworden ist, sei es der eigenen Kritik des Subjektes, sei es der Kritik eines andern.

Man kann eine *passive* und eine *aktive* P. unterscheiden. Erstere Form ist die gewöhnliche Form aller pathologischen und vieler normalen P., welche keiner Absicht entspringen, sondern lediglich automatisches Geschehen sind. Letztere Form findet sich als wesentlicher Bestandteil des *Einfühlungsaktes*. Die *Einfühlung* (siehe dort) ist zwar als Ganzes ein Introjektionsprozeß, indem sie dazu dient, das Objekt in eine intime Beziehung zum Subjekt zu bringen. Um diese Beziehung herzustellen, trennt das Subjekt einen Inhalt, zum Beispiel ein Gefühl, von sich ab, versetzt es ins Objekt, es damit belebend, und bezieht auf diese Weise das Objekt in die subjektive Sphäre ein. Die aktive Form der P. findet sich aber auch als Urteilsakt, der eine Trennung von Subjekt und Objekt bezweckt. In diesem Fall wird ein subjektives Urteil als gültiger Sachverhalt vom Subjekt abgetrennt und ins Objekt versetzt, wodurch das Subjekt sich vom Objekt absetzt. Die P. ist demnach ein Introversionsvorgang, indem sie im Gegensatz zur Introjektion keine Einbeziehung und Angleichung, sondern eine Unterscheidung und Abtrennung des Subjektes vom Objekt herbeiführt. Sie spielt daher eine Hauptrolle bei der Paranoia, welche in der Regel zu einer totalen Isolierung des Subjektes führt.

Psyche siehe *Seele*.

Rational. Das Rationale ist das Vernünftige, der Vernunft Entsprechende. Ich fasse die Vernunft als eine Einstellung auf, deren Prinzip es ist, das Denken, Fühlen und Handeln gemäß objektiven Werten zu gestalten. Die objektiven Werte stellen sich her durch die durchschnittliche Erfahrung einerseits äußerer, anderseits innerer psychologischer Tatsachen. Diese Erfahrungen könnten allerdings keine objektiven »Werte« darstellen, wenn sie nicht vom

Subjekt als solche »bewertet« würden, was allbereits ein Akt der Vernunft ist. Die vernünftige Einstellung, welche uns erlaubt, objektive Werte überhaupt als gültig zu erklären, ist nun aber nicht das Werk des einzelnen Subjektes, sondern der Menschheitsgeschichte.

Die meisten objektiven Werte – und eben damit die Vernunft – sind seit alters überkommene, festgefügte Vorstellungskomplexe, an deren Organisation ungezählte Jahrtausende gearbeitet haben mit derselben Notwendigkeit, mit der die Natur des lebenden Organismus überhaupt auf die durchschnittlichen und stets sich wiederholenden Bedingungen der Umwelt reagiert und ihnen entsprechende Funktionskomplexe gegenüberstellt, wie zum Beispiel das der Natur des Lichtes vollkommen entsprechende Auge. Man könnte daher von einer präexistierenden, metaphysischen Weltvernunft sprechen, wenn nicht das der durchschnittlichen äußeren Einwirkung entsprechende Reagieren des lebendigen Organismus die unerläßliche Bedingung seiner Existenz überhaupt wäre, welchen Gedanken schon Schopenhauer geäußert hat. Die menschliche Vernunft ist daher nichts anderes als der Ausdruck der Angepaßtheit an das durchschnittlich Vorkommende, das sich in allmählich festorganisierten Vorstellungskomplexen, welche die objektiven Werte ausmachen, niedergeschlagen hat. Die Gesetze der Vernunft sind also diejenigen Gesetze, welche die durchschnittliche »richtige«, die angepaßte Einstellung bezeichnen und regulieren. R. ist alles, was mit diesen Gesetzen übereinstimmt, *irrational* (siehe dort) dagegen alles, was sich mit diesen Gesetzen nicht deckt.

Denken und Fühlen sind rationale Funktionen, insofern sie durch das Moment der Überlegung ausschlaggebend beeinflußt sind. Sie erreichen ihre Bestimmung am völligsten in einer möglichst vollkommenen Übereinstimmung mit den Vernunftgesetzen. Irrationale Funktionen dagegen sind solche, die eine reine Wahrnehmung bezwecken, wie Intuieren und Empfinden, denn sie müssen des R., welches die Ausschließung alles Außervernünftigen voraussetzt, so viel wie möglich entbehren, um zu einer vollständigen Wahrnehmung alles Vorkommenden gelangen zu können.

Reduktiv. R. bedeutet »zurückführend«. Ich gebrauche diesen Ausdruck zur Bezeichnung jener psychologischen Deutungsmethode, welche das unbewußte Produkt nicht unter dem Gesichtswinkel des symbolischen Ausdrucks, sondern als *semiotisch,* als Zeichen oder als Symptom eines grundlegenden Vorganges auffaßt. Dementsprechend behandelt die r. Methode das unbewußte

Produkt im Sinne einer Zurückführung auf die Elemente, auf die
Grundvorgänge, seien sie nun Reminiszenzen an wirklich stattge-
habte Ereignisse oder seien sie elementare, die Psyche affizierende
Vorgänge. Die r. Methode ist daher rückwärts orientiert, im Gegensatz zur *konstruktiven Methode* (siehe dort), entweder im historischen Sinne oder im übertragenen Sinne einer Rückführung
einer komplexen und differenzierten Größe auf Allgemeineres und
Elementareres. Die Freudsche so wie die Adlersche Deutungsmethode ist r., indem beide auf elementare Wunsch- oder Strebungs-
vorgänge, in letzter Linie infantiler oder physiologischer Natur
reduzieren. Dem unbewußten Produkt kommt dabei notwendigerweise nur der Wert eines uneigentlichen Ausdrucks zu, wofür
der Terminus *Symbol* (siehe dort) eigentlich nicht verwendet werden sollte. Die Wirkung der Reduktion ist in bezug auf die Bedeutung des unbewußten Produktes eine auflösende, indem es entweder auf seine historischen Vorstufen zurückgeführt und dadurch
vernichtet wird, oder indem es wieder demjenigen Elementarvor-
gang integriert wird, aus dem es hervorgegangen ist.

Seele. Ich habe mich im Verlaufe meiner Untersuchungen der
Struktur des Unbewußten veranlaßt gesehen, eine begriffliche Unterscheidung durchzuführen zwischen S. und *Psyche*. Unter Psyche verstehe ich die Gesamtheit aller psychischen Vorgänge, der
bewußten sowohl wie der unbewußten. Unter S. dagegen verstehe
ich einen bestimmten, abgegrenzten Funktionskomplex, den man
am besten als eine »Persönlichkeit« charakterisieren könnte. Um
zu beschreiben, was ich des näheren damit meine, muß ich noch
einige fernerliegende Gesichtspunkte herbeiziehen. Es sind besonders die Erscheinungen des Somnambulismus, der Charakterver-
doppelung, der Persönlichkeitsspaltung, um deren Erforschung
sich in erster Linie französische Forscher verdient gemacht haben,
welche uns den Gesichtspunkt einer möglichen Mehrheit von Persönlichkeiten in einem und demselben Individuum nahegelegt haben.[69]
   Es ist ohne weiteres klar, daß bei einem normalen Individuum
eine solche Mehrheit von Persönlichkeiten niemals in Erscheinung
treten kann; aber die durch diese Fälle dargetane Möglichkeit einer
Persönlichkeitsdissoziation dürfte wenigstens als Andeutung auch
in der normalen Breite existieren. Tatsächlich gelingt es auch einer

[69] Azam: Hypnotisme, double conscience et altérations de la personnalité, 1887.
Prince: The Dissociation of a Personality, 1906. Landmann: Die Mehrheit geistiger
Persönlichkeiten in einem Individuum, 1894. Ribot: Die Persönlichkeit, 1894. Flournoy:
Des Indes à la planète Mars, 3. Aufl., 1900. Jung: Zur Psychologie und Pathologie
sogenannter occulter Phänomene, GW 1.

etwas geschärften psychologischen Beobachtung unter nicht allzu großen Schwierigkeiten, bei normalen Individuen wenigstens andeutungsweise Spuren einer Charakterspaltung nachzuweisen. Man muß zum Beispiel nur jemand unter verschiedenen Umständen genau beobachten, dann wird man entdecken, wie auffallend seine Persönlichkeit beim Übergang von einem Milieu ins andere sich verändert, wobei jedesmal ein scharfumrissener und von dem früheren deutlich verschiedener Charakter herauskommt. Der sprichwörtliche Ausdruck »Gassenengel-Hausteufel« ist eine der alltäglichen Erfahrung entsprungene Formulierung des Phänomens der Persönlichkeitsspaltung. Ein bestimmtes Milieu erfordert eine bestimmte Einstellung. Je länger oder je öfter diese dem Milieu entsprechende Einstellung erfordert ist, desto eher wird sie habituell. Sehr viele Menschen von der gebildeten Klasse müssen sich meistens in zwei total verschiedenen Milieus bewegen, im häuslichen Kreise, in der Familie und im Geschäftsleben. Die beiden total verschiedenen Umgebungen erfordern zwei total verschiede Einstellungen, die je nach dem Grade der *Identifikation* (siehe dort) des Ich mit der jeweiligen Einstellung eine Verdoppelung des Charakters bedingen. Den sozialen Bedingungen und Notwendigkeiten entsprechend orientiert sich der soziale Charakter einerseits nach den Erwartungen oder den Anforderungen des geschäftlichen Milieus, anderseits nach den sozialen Absichten und Bestrebungen des Subjekts. Der häusliche Charakter dürfte sich in der Regel mehr nach den gemütlichen und den Bequemlichkeitsansprüchen des Subjekts gestalten, woher es kommt, daß Leute, die im öffentlichen Leben äußerst energisch, mutig, hartnäckig, eigensinnig und rücksichtslos sind, zu Hause und in der Familie als gutmütig, weich, nachgiebig und schwach erscheinen. Welches ist nun der wahre Charakter, die wirkliche Persönlichkeit? Diese Frage ist oft unmöglich zu beantworten.

Diese kurze Überlegung zeigt, daß auch beim normalen Individuum die Charakterspaltung keineswegs zu den Unmöglichkeiten gehört. Man ist darum wohl berechtigt, die Frage der Persönlichkeitsdissoziation auch als ein Problem der normalen Psychologie zu behandeln. Nach meiner Ansicht wäre – um die Erörterung fortzusetzen – die obige Frage dahin zu beantworten, daß ein solcher Mensch überhaupt keinen wirklichen Charakter hat, das heißt überhaupt nicht *individuell* (siehe dort) ist, sondern *kollektiv* (siehe dort), das heißt den allgemeinen Umständen, den allgemeinen Erwartungen entsprechend. Wäre er individuell, so hätte er nur einen und denselben Charakter bei aller Verschiedenheit der Einstellung. Er wäre nicht identisch mit der jeweiligen Einstellung und könnte und wollte es nicht hindern, daß seine Individualität im einen wie im andern Zustand irgendwie zum Ausdruck käme. Tatsächlich ist er individuell, wie jedes Wesen, aber unbewußt. Durch seine mehr oder weniger vollständige Identifikation mit der jeweiligen Einstellung täuscht er mindestens die andern, oft auch sich selbst, über seinen wirklichen Charakter; er nimmt eine *Maske* vor, von der er weiß, daß sie einerseits seinen Absichten, anderseits den Ansprüchen und Meinungen seiner Umgebung entspricht, wobei bald das eine, bald das andere Moment überwiegt. Diese Maske, nämlich die ad hoc vorgenommene Einstellung, nenne ich *Persona*.[70] Mit diesem Begriff wurde die Maske des antiken Schauspielers bezeichnet.

Die beiden Einstellungen des obigen Falles sind zwei kollektive Persönlichkeiten, die wir schlechthin unter dem Namen Persona oder Personae zusammenfassen wollen. Ich habe oben bereits angedeutet, daß die wirkliche Individualität von beiden verschieden ist. Die Persona ist also ein Funktionskomplex, der aus Gründen der Anpassung oder der notwendigen Bequemlichkeit zustande gekommen, aber nicht identisch ist mit der Individualität. Der Funktionskomplex der Persona bezieht sich ausschließlich auf das Verhältnis zu den Objekten.

Von der Beziehung des Individuums zum äußeren Objekt ist nun die Beziehung zum Subjekt scharf zu unterscheiden. Mit dem Subjekt meine ich zunächst jene vagen oder dunklen Regungen, Gefühle, Gedanken und Empfindungen, die uns nicht nachweisbar aus der Kontinuität des bewußten Erlebens am Objekt zufließen, sondern eher störend und hemmend, bisweilen auch fördernd aus dem dunklen Innern, aus den Unter- und Hintergründen des Bewußtseins auftauchen und in ihrer Gesamtheit die Wahrnehmung vom Leben des Unbewußten ausmachen. Das Subjekt, als »inneres Objekt« aufgefaßt, ist das Unbewußte. Wie es ein Verhältnis zum äußeren Objekt, eine äußere Einstellung gibt, so gibt es auch ein Verhältnis zum inneren Objekt, eine innere Einstellung. Es ist verständlich, daß diese innere Einstellung wegen ihres äußerst intimen und schwer zugänglichen Wesens eine bei weitem unbekanntere Sache ist, als die äußere Einstellung, die jedermann ohne weiteres sehen kann. Jedoch scheint es mir nicht zu schwierig, sich von dieser inneren Einstellung einen Begriff zu machen. Alle jene sogenannten zufälligen Hemmungen, Launen, Stimmungen, vagen Gefühle und Phantasiefragmente, welche bisweilen die konzentrierte Arbeitsleistung, bisweilen auch die Ruhe des normalsten Menschen stören und bald auf körperliche Ursachen, bald auf sonstige Anlässe zurückrationalisiert werden, haben fast in der Regel

[70] Vgl. Die Beziehungen zwischen dem Ich und dem Unbewußten, GW 7, §§ 243 ff.

ihren Grund nicht in den ihnen vom Bewußtsein zugedachten Ursachen, sondern sind Wahrnehmungen von unbewußten Vorgängen. Zu diesen Erscheinungen gehören natürlich auch die Träume, die man ja, wie bekannt, gerne auf solche äußere und oberflächliche Ursachen, wie Indigestionen, Rückenlage und dergleichen mehr zurückführt, obschon eine solche Erklärung einer strengeren Kritik niemals standhält. Die Einstellung der einzelnen Menschen ist diesen Dingen gegenüber eine ganz verschiedene. Der eine läßt sich von seinen inneren Vorgängen nicht im geringsten anfechten, er kann darüber sozusagen gänzlich hinwegsehen, der andere aber ist ihnen im höchsten Maß unterworfen; schon beim Aufstehen verdirbt ihm irgend eine Phantasie oder ein widerwärtiges Gefühl die Laune für den ganzen Tag, eine vage, unangenehme Empfindung suggeriert ihm den Gedanken an eine heimliche Krankheit, ein Traum hinterläßt ihm eine düstere Ahnung, obschon er sonst nicht abergläubisch ist. Andere wiederum sind nur episodisch diesen unbewußten Regungen zugänglich oder nur einer gewissen Kategorie derselben. Dem einen sind sie vielleicht überhaupt noch nie zum Bewußtsein gekommen als etwas, worüber man nachdenken könnte, dem andern aber sind sie ein Problem täglichen Grübelns. Der eine bewertet sie physiologisch oder schreibt sie dem Verhalten des Nächsten zu, der andere findet in ihnen eine religiöse Offenbarung.

Diese gänzlich verschiedenen Arten, mit den Regungen des Unbewußten umzugehen, sind ebenso habituell wie die Einstellungen zum äußeren Objekt. Die innere Einstellung entspricht daher einem ebenso bestimmten Funktionskomplex wie die äußere Einstellung. Jene Fälle, in denen die inneren psychischen Vorgänge anscheinend gänzlich übersehen werden, ermangeln ebenso wenig einer typischen inneren Einstellung wie jene, welche konstant das äußere Objekt, die Realität der Tatsachen übersehen, einer typischen äußeren Einstellung ermangeln. Die Persona dieser letzteren nicht allzu seltenen Fälle hat den Charakter der Beziehungslosigkeit, bisweilen sogar einer blinden Rücksichtslosigkeit, die sich oft erst harten Schicksalsschlägen beugt. Es ist nicht selten, daß oft gerade solche Individuen, deren Persona durch eine starre Rücksichtslosigkeit gekennzeichnet ist, den Vorgängen des Unbewußten gegenüber eine Einstellung besitzen, deren Charakter eine äußerste Beeinflußbarkeit ist. So unbeeinflußbar und unzugänglich sie außen sind, so weich, schlaff und bestimmbar sind sie gegenüber ihren inneren Vorgängen. In diesen Fällen entspricht daher die innere Einstellung einer von der äußeren diametral verschiedenen inneren Persönlichkeit. Ich kenne zum Beispiel einen Menschen, der schonungslos und blind das Lebensglück seiner Nächsten zerstört hat, der aber wichtige Geschäftsreisen unterbricht, um die Schönheit eines Waldrandes, den er von der Eisenbahn aus erspäht hat, genießen zu können. Solche oder ähnliche Fälle sind gewiß jedem bekannt, so daß ich die Beispiele nicht zu häufen brauche.

Ebensogut, wie uns die tägliche Erfahrung berechtigt, von einer äußeren Persönlichkeit zu sprechen, berechtigt sie uns auch, die Existenz einer inneren Persönlichkeit anzunehmen. Die innere Persönlichkeit ist die Art und Weise, wie sich einer zu den inneren psychischen Vorgängen verhält, sie ist die innere Einstellung, der Charakter, den er dem Unbewußten zukehrt. Ich bezeichne die äußere Einstellung, den äußeren Charakter als Persona, die innere Einstellung bezeichne ich als *Anima*, als *Seele*. In demselben Maße als eine Einstellung habituell ist, ist sie ein mehr oder weniger festgefügter Funktionskomplex, mit dem sich das Ich mehr oder weniger identifizieren kann. Die Sprache drückt es plastisch aus; wenn jemand eine habituelle Einstellung gewissen Situationen gegenüber hat, so pflegt man zu sagen: er ist ein ganz *anderer,* wenn er dies oder jenes tut. Damit ist die Selbständigkeit des Funktionskomplexes einer habituellen Einstellung dargetan: Es ist, wie wenn eine andere Persönlichkeit vom Individuum Besitz ergreifen würde, wie wenn »ein anderer Geist in ihn gefahren wäre«. Dieselbe Selbständigkeit, wie sie der äußeren Einstellung sehr oft zukommt, beansprucht auch die innere Einstellung, die Seele. Es gehört zu den allerschwierigsten Kunststücken der Erziehung, die Persona, die äußere Einstellung zu ändern. Ebenso schwierig ist es, die Seele zu ändern, denn ihre Struktur pflegt genau so fest gefügt zu sein wie die der Persona. Wie die Persona ein Wesen ist, das oft den ganzen anscheinenden Charakter eines Menschen ausmacht und ihn gegebenenfalls durch sein ganzes Leben unveränderlich begleitet, so ist auch seine Seele ein bestimmt umrissenes Wesen von einem bisweilen unveränderlich festen und selbständigen Charakter. Sie läßt sich darum öfters sehr wohl charakterisieren und beschreiben.

Was den Charakter der Seele anbetrifft, so gilt nach meiner Erfahrung der allgemeine Grundsatz, daß sie sich im großen und ganzen zum äußeren Charakter *komplementär* verhält. Die Seele pflegt erfahrungsgemäß alle diejenigen allgemein menschlichen Eigenschaften zu enthalten, welche der bewußten Einstellung fehlen. Der von bösen Träumen, düsteren Ahnungen und innerlichen Ängsten geplagte Tyrann ist eine typische Figur. Äußerlich rücksichtslos, hart und unzugänglich, ist er innerlich jedem Schatten zugänglich, jeder Laune unterworfen, wie wenn er das unselbständigste, bestimmbarste Wesen wäre. Seine Seele enthält also jene allgemein menschlichen Eigenschaften der Bestimmbarkeit und der Schwäche, die seiner äußeren Einstellung, seiner Persona gänzlich fehlen. Ist die Persona intellektuell, so ist die Seele ganz sicher sentimental. Der Komplementärcharakter der Seele betrifft aber auch den Geschlechtscharakter, wie ich vielfach unzweifelhaft gesehen habe. Eine sehr weibliche Frau hat eine männliche Seele, ein sehr männlicher Mann eine weibliche Seele. Dieser Gegensatz rührt daher, daß zum Beispiel der Mann nicht durchaus und in allen Dingen männlich ist, sondern er hat normalerweise auch gewisse weibliche Züge. Je männlicher seine äußere Einstellung ist, desto mehr sind darin die weiblichen Züge ausgemerzt; sie treten daher im Unbewußten auf. Dieser Umstand erklärt, warum gerade sehr männliche Männer charakteristischen Schwächen unterworfen sind: Sie verhalten sich zu den Regungen des Unbewußten weiblich-bestimmbar und beeinflußbar. Umgekehrt sind oft gerade die weiblichsten Frauen gewissen inneren Dingen gegenüber von einer Unbelehrbarkeit, Hartnäckigkeit und Eigensinnigkeit, welche Eigenschaften in solcher Intensität nur beim Manne als äußere Einstellung zu finden sind. Es sind Züge männlicher Art, die, von der weiblichen äußeren Einstellung ausgeschlossen, zu Eigenschaften der Seele geworden sind. Wenn wir daher beim Manne von einer *Anima* sprechen, so müßten wir folgerichtigerweise bei der Frau von einem *Animus* reden. Wie beim Manne im allgemeinen in der äußeren Einstellung Logik und Sachlichkeit überwiegen oder wenigstens als Ideale betrachtet werden, so bei der Frau das Gefühl. In der Seele aber kehrt sich das Verhältnis um, der Mann fühlt nach innen, die Frau aber überlegt. Deshalb ist der Mann leichter total verzweifelt, wo die Frau immer noch trösten und hoffen kann, darum bringt er sich eher um als die Frau. So sehr die Frau den sozialen Umständen, zum Beispiel als Prostituierte, zum Opfer fallen kann, so sehr verfällt der Mann den Impulsen des Unbewußten, dem Alkoholismus und andern Lastern.

Was die allgemein menschlichen Eigenschaften betrifft, so läßt sich der Charakter der Seele aus dem Charakter der Persona deduzieren. Alles, was normalerweise in der äußeren Einstellung sein sollte, dort aber auffallenderweise fehlt, findet sich unzweifelhaft in der inneren Einstellung. Dies ist eine Grundregel, die sich mir immer wieder bestätigte. Was aber die individuellen Eigenschaften anbetrifft, so läßt sich in dieser Hinsicht nichts deduzieren. Man kann nur gewiß sein, daß, wenn jemand mit seiner Persona identisch ist, die individuellen Eigenschaften mit der Seele assoziiert sind. Aus dieser Assoziation geht das in Träumen häufige Symbol der Seelenschwangerschaft hervor, das sich an das urtümliche Bild der Heldengeburt anlehnt. Das zu gebärende Kind bedeutet dann die noch nicht bewußt vorhandene Individualität. So wie die Persona als Ausdruck der Anpassung an das Milieu in der Regel stark vom Milieu beeinflußt und geformt ist, so ist auch die Seele stark vom Unbewußten und dessen Qualitäten geformt. Wie die Persona in einem primitiven Milieu fast notwendigerweise primitive Züge annimmt, so übernimmt die Seele einerseits die archaischen Züge des Unbewußten, anderseits den symbolisch-prospektiven Charakter des Unbewußten. Daher stammt das »Ahnungsreiche« und »Schöpferische« der inneren Einstellung.

Die Identität mit der Persona bedingt automatisch eine unbewußte Identität mit der Seele, denn wenn das Subjekt, das Ich, ununterschieden ist von der Persona, so hat es keine bewußte Beziehung zu den Vorgängen des Unbewußten. Es ist daher diese Vorgänge selber, es ist identisch damit. Wer seine äußere Rolle unbedingt selber ist, der ist auch unweigerlich den inneren Vorgängen verfallen, das heißt, er wird gegebenenfalls seine äußere Rolle mit unbedingter Notwendigkeit durchkreuzen oder sie ad absurdum führen (*Enantiodromie*, siehe dort). Eine Behauptung der individuellen Linie ist dadurch ausgeschlossen, und das Leben verläuft in den unausweichlichen Gegensätzen. In diesem Falle ist die Seele auch immer projiziert in ein entsprechendes, reales Objekt, zu welchem dann ein fast unbedingtes Abhängigkeitsverhältnis existiert. Alle Reaktionen, die von diesem Objekt ausgehen, haben eine unmittelbare, von innen angreifende Wirkung auf das Subjekt. Es handelt sich oft um tragische Bindungen (siehe *Seelenbild*).

Seelenbild. Das S. ist ein bestimmter Fall unter den psychischen *Bildern* (siehe dort), die das Unbewußte produziert. Wie die Persona, die äußere Einstellung, in den Träumen durch die Bilder gewisser Personen, welche die betreffenden Eigenschaften in besonders ausgeprägter Form besitzen, dargestellt wird, so wird auch die Seele, die innere Einstellung, vom Unbewußten durch bestimmte Personen, welche die der Seele entsprechenden Eigenschaften besitzen, dargestellt. Ein solches Bild heißt S. Gelegentlich sind es auch ganz unbekannte oder mythologische Personen. Bei Männern wird die Seele vom Unbewußten in der Regel als weibliche Person dargestellt, bei Frauen als männliche Person. In jenen Fällen, wo die Individualität unbewußt und darum mit der Seele assoziiert ist, hat das S. gleichgeschlechtlichen Charakter. In allen jenen Fällen, wo eine Identität mit der Persona (siehe *Seele*) vorliegt, und daher die Seele unbewußt ist, ist das Seelenbild in eine reale Person verlegt. Diese Person ist der Gegenstand einer

intensiven Liebe oder eines ebenso intensiven Hasses (oder auch
der Furcht). Die Einflüsse dieser Person haben den Charakter der
Unmittelbarkeit und des unbedingt Zwingenden, indem sie stets
affektiv beantwortet werden. Der Affekt rührt daher, daß eine
wirkliche bewußte Anpassung an das das S. vorstellende Objekt
unmöglich ist. Wegen der Unmöglichkeit und Nichtexistenz einer
objektiven Beziehung staut sich die Libido auf und explodiert in
einer Affektentladung. Affekte finden sich stets anstelle mißglück-
ter Anpassungen. Eine bewußte Anpassung an das das S. darstel-
lende Objekt ist eben darum unmöglich, weil dem Subjekt die
Seele unbewußt ist. Wäre sie ihm bewußt, so könnte es sie vom
Objekt unterscheiden und damit auch die unmittelbaren Wirkungen des Objektes aufheben, denn diese Wirkungen rühren von der
Projektion des S. auf das Objekt her.[71]

Als realer Träger des S. eignet sich für den Mann am besten eine
Frau, wegen der weiblichen Qualität seiner Seele, für die Frau am
ehesten ein Mann. Wo immer eine unbedingte, sozusagen magisch
wirkende Beziehung zwischen den Geschlechtern besteht, handelt
es sich um eine Projektion des S. Da nun diese Beziehungen häufig
sind, so muß auch die Seele häufig unbewußt sein, das heißt, es
muß vielen Menschen unbewußt sein, wie sie sich zu den inneren
psychischen Vorgängen verhalten. Weil diese Unbewußtheit immer zusammengeht mit einer entsprechend vollständigen Identifikation mit der Persona, so muß diese letztere offenbar häufig sein.
Dies trifft nun insofern mit der Wirklichkeit zusammen, als tatsächlich sehr viele Menschen sich mit ihrer äußeren Einstellung
identifizieren und daher kein bewußtes Verhältnis zu den inneren
Vorgängen haben. Immerhin kommt auch der umgekehrte Fall
vor, daß das S. nicht projiziert wird, sondern beim Subjekt bleibt,
woraus insofern eine Identifikation mit der Seele hervorgeht, als
das betreffende Subjekt dann überzeugt ist, daß die Art und Weise,
wie es sich zu den inneren Vorgängen verhält, auch sein einziger
und wirklicher Charakter sei. In diesem Fall wird die Persona
infolge ihres Unbewußtseins projiziert, und zwar auf ein gleichge-
schlechtliches Objekt, eine Grundlage für viele Fälle von offener
oder mehr latenter Homosexualität oder von Vaterübertragungen
bei Männern und Mutterübertragungen bei Frauen. Solche Fälle
betreffen immer Menschen mit defekter äußerer Anpassung und
relativer Beziehungslosigkeit, denn die Identifikation mit der Seele
schafft eine Einstellung, die sich vorwiegend an der Wahrnehmung
innerer Vorgänge orientiert, wodurch dem Objekt der bedingende
Einfluß weggenommen wird.

---

[71] Vgl. Die Psychologie der Übertragung, GW 16.

Wird das S. projiziert, so tritt eine unbedingte affektive Bindung an das Objekt ein. Wird es nicht projiziert, so entsteht ein relativ unangepaßter Zustand, den Freud als *Narzißmus* zum Teil beschrieben hat. Die Projektion des S. entbindet von der Beschäftigung mit den inneren Vorgängen, so lange das Verhalten des Objektes mit dem S. übereinstimmt. Dadurch ist das Subjekt in den Stand gesetzt, seine Persona zu leben und weiter zu entwickeln. Auf die Dauer wird allerdings das Objekt kaum imstande sein, den Anforderungen des S. stets zu entsprechen, obschon es Frauen gibt, die unter Hintansetzung des eigenen Lebens es fertig bringen, ihren Ehemännern die längste Zeit hindurch das S. darzustellen. Dazu hilft ihnen der biologische weibliche Instinkt. Dasselbe kann ein Mann unbewußt für seine Frau tun, nur wird er dadurch zu Taten veranlaßt, die im Guten und im Schlechten schließlich seine Fähigkeiten übersteigen. Auch dazu hilft ihm der biologische männliche Instinkt.

Wird das S. nicht projiziert, so entsteht mit der Zeit eine geradezu krankhafte Differenzierung der Beziehung zum Unbewußten. Das Subjekt wird in zunehmendem Maße von unbewußten Inhalten überschwemmt, die es wegen der mangelnden Beziehung zum Objekt weder verwerten, noch irgendwie sonst verarbeiten kann. Es ist selbstverständlich, daß solche Inhalte das Verhältnis zum Objekt in hohem Maße beeinträchtigen. Diese beiden Einstellungen sind natürlich äußerste Grenzfälle, zwischen denen die normalen Einstellungen liegen. Wie bekannt, zeichnet sich der Normale keineswegs durch eine besondere Klarheit, Reinheit oder Tiefe seiner psychologischen Phänomene aus, sondern vielmehr durch deren allgemeine Dämpfung und Verwischtheit. Bei Menschen mit einer gutmütigen und nicht aggressiven äußeren Einstellung hat das S. in der Regel einen bösartigen Charakter. Ein literarisches Beispiel hiefür ist das dämonische Weib, das den Zeus begleitet in Spittelers ›Olympischem Frühling‹. Der verkommene Mann ist für idealistische Frauen öfters ein Träger des S., daher die in solchen Fällen häufige »Rettungsphantasie«; dasselbe ist der Fall bei Männern, wo die Prostituierte mit dem Glorienschein der zu rettenden Seele umgeben ist.

Selbst.[72] Als empirischer Begriff bezeichnet das Selbst den Gesamtumfang aller psychischen Phänomene im Menschen. Es drückt die Einheit und Ganzheit der Gesamtpersönlichkeit aus. Insofern aber

[72] Die Definition des »Selbst«, das in früheren Auflagen noch unter dem Begriff des »Ich« figuriert, wurde 1958 von Jung für ›Psychologische Typen‹, GW 6, formuliert. Der Begriff hatte in Jungs Werk eine so zentrale Bedeutung angenommen, daß eine eigene Definition geboten schien.

letztere infolge ihres unbewußten Anteils nur zum Teil bewußt sein kann, ist der Begriff des S. eigentlich zum Teil potentiell empirisch und daher im selben Maße ein *Postulat.* Mit anderen Worten, er umfaßt Erfahrbares und Unerfahrbares beziehungsweise noch nicht Erfahrenes. Diese Eigenschaften hat er mit sehr vielen naturwissenschaftlichen Begriffen, welche mehr Nomina als Ideen sind, gemein. Insofern die Ganzheit, welche aus bewußten sowohl wie aus unbewußten Inhalten besteht, ein Postulat ist, ist ihr Begriff *transzendent,* denn sie setzt das Vorhandensein von unbewußten Faktoren aus empirischen Gründen voraus und charakterisiert damit eine Wesenheit, die nur zum Teil beschrieben werden kann, zu einem anderen Teil aber pro tempore unerkennbar und unbegrenzbar bleibt. Da es praktisch Phänomene des Bewußtseins und des Unbewußten gibt, so hat das S. als psychische Ganzheit einen bewußten sowohl als einen unbewußten Aspekt. Empirisch erscheint das S. in Träumen, Mythen und Märchen in der Figur der »übergeordneten Persönlichkeit«, wie König, Held, Prophet, Heiland etc., oder eines Ganzheitssymboles wie Kreis, Viereck, quadratura circuli, Kreuz etc. Insofern es eine complexio oppositorum, eine Vereinigung von Gegensätzen darstellt, so kann es auch als eine geeinte Zweiheit erscheinen, wie zum Beispiel das Tao als Zusammenspiel von Jang und Jin, als das Brüderpaar oder als der Held und sein Gegenspieler (Drache, feindlicher Bruder, Erzfeind, Faust und Mephisto etc.); das heißt, empirisch erscheint das S. als ein Spiel von Licht und Schatten, obschon es begrifflich als Ganzheit und darum als Einheit, in der die Gegensätze geeint sind, verstanden wird. Da ein solcher Begriff unanschaulich ist – tertium non datur – so ist er auch aus diesem Grunde transzendent. Er wäre sogar – logisch – eine müßige Spekulation, wenn er nicht die empirisch vorkommenden Einheitssymbole bezeichnen und benennen würde. Das S. ist insofern keine philosophische Idee, als es nicht seine eigene Existenz aussagt, das heißt sich nicht hypostasiert. Es hat intellektuell nur die Bedeutung einer Hypothese. Seine empirischen Symbole dagegen besitzen sehr oft eine bedeutende *Numinosität* (zum Beispiel das Mandala), das heißt einen apriorischen Gefühlswert (zum Beispiel »Deus est circulus ...«, die pythagoräische Tetraktys, die Quaternität etc.) und es erweist sich damit als eine *archetypische Vorstellung,* die sich von anderen Vorstellungen solcher Art dadurch auszeichnet, daß sie entsprechend der Bedeutsamkeit ihres Inhaltes und ihrer Numinosität eine zentrale Stellung einnimmt.

Subjektstufe. Unter Deutung auf der S. verstehe ich diejenige Auffassung eines Traumes oder einer Phantasie, bei der die darin auftretenden Personen oder Verhältnisse als auf subjektive, gänzlich der eigenen Psyche angehörende Faktoren bezogen werden. Bekanntlich ist das in unserer Psyche befindliche Bild eines Objektes niemals dem Objekt absolut gleich, sondern höchstens ähnlich. Es kommt zwar durch die sinnliche Perzeption und durch die Apperzeption dieser Reize zustande, aber eben durch Vorgänge, welche schon unserer Psyche angehören und vom Objekt bloß veranlaßt sind. Das Zeugnis unserer Sinne deckt sich zwar erfahrungsgemäß weitgehend mit den Qualitäten des Objektes, unsere Apperzeption aber steht unter fast unabsehbaren subjektiven Einflüssen, welche die richtige Erkenntnis eines menschlichen Charakters außerordentlich erschweren. Eine so komplexe psychische Größe, wie sie ein menschlicher Charakter darstellt, bietet zudem der reinen Sinnesperzeption nur sehr geringe Anhaltspunkte. Seine Erkenntnis erfordert auch Einfühlung, Überlegung und Intuition. Infolge dieser Komplikationen ist natürlich das endliche Urteil immer nur von sehr zweifelhaftem Wert, so daß das Bild, das wir uns von einem menschlichen Objekte formen, unter allen Umständen äußerst subjektiv bedingt ist. Man tut darum in der praktischen Psychologie gut daran, wenn man das Bild, die *Imago* eines Menschen streng unterscheidet von seiner wirklichen Existenz. Infolge des äußerst subjektiven Zustandekommens einer Imago ist sie nicht selten eher ein Bild eines subjektiven Funktionskomplexes als des Objektes selbst. Darum ist es bei der analytischen Behandlung unbewußter Produkte wesentlich, daß die Imago nicht ohne weiteres als mit dem Objekt identisch gesetzt, sondern vielmehr als ein Bild der subjektiven Beziehung zum Objekt aufgefaßt wird. Dies ist die Auffassung auf der S.

Die Behandlung eines unbewußten Produktes auf der S. ergibt das Vorhandensein subjektiver Urteile und Tendenzen, zu deren Träger das Objekt gemacht wird. Wenn nun in einem unbewußten Produkt eine Objektimago auftritt, so handelt es sich also nicht eo ipso um das reale Objekt, sondern ebensowohl, vielleicht sogar vorwiegend, um einen subjektiven Funktionskomplex (siehe *Seelenbild*). Die Anwendung der Deutung auf der S. erlaubt uns eine umfassende psychologische Deutung nicht nur des Traumes, sondern auch literarischer Werke, in denen die einzelnen Figuren Vertreter für relativ selbständige Funktionskomplexe in der Psyche des Dichters sind.

Symbol. Der Begriff eines S. ist in meiner Auffassung streng unterschieden von dem Begriff eines bloßen *Zeichens*. *Symbolische* und *semiotische* Bedeutung sind ganz verschiedene Dinge. Ferrero[73]

[73] Ferrero: Les lois psychologiques du symbolisme, 1895.

spricht in seinem Buche streng genommen nicht von S., sondern
von *Zeichen*. Zum Beispiel der alte Gebrauch, beim Verkaufe eines
Grundstückes ein Stück Rasen zu überreichen, läßt sich vulgär als
»symbolisch« bezeichnen, ist aber seiner Natur nach durchaus semiotisch. Das Stück Rasen ist ein *Zeichen*, gesetzt für das ganze
Grundstück. Das Flügelrad des Eisenbahnbeamten ist kein S. der
Eisenbahn, sondern ein Zeichen, das die Zugehörigkeit zum Eisen-
bahnbetrieb kennzeichnet. Das S. dagegen setzt immer voraus, daß
der gewählte Ausdruck die bestmögliche Bezeichnung oder Formel für einen relativ unbekannten, jedoch als vorhanden erkannten
oder geforderten Tatbestand sei. Wenn also das Flügelrad des Eisenbahnbeamten als S. erklärt wird, so wäre damit gesagt, daß
dieser Mann mit einem unbekannten Wesen zu tun habe, das sich
nicht anders und besser ausdrücken ließe als durch ein geflügeltes
Rad.

Jede Auffassung, welche den symbolischen Ausdruck als Analogie oder abgekürzte Bezeichnung einer bekannten Sache erklärt, ist
semiotisch. Eine Auffassung, welche den symbolischen Ausdruck
als bestmögliche und daher zunächst gar nicht klarer oder charakteristischer darzustellende Formulierung einer relativ unbekannten
Sache erklärt, ist *symbolisch*. Eine Auffassung, welche den symbolischen Ausdruck als absichtliche Umschreibung oder Umgestal-
tung einer bekannten Sache erklärt, ist *allegorisch*. Die Erklärung
des Kreuzes als eines S. der göttlichen Liebe ist *semiotisch*, denn
»göttliche Liebe« bezeichnet den auszudrückenden Tatbestand
treffender und besser als ein Kreuz, das noch viele andere Bedeutungen haben kann. Symbolisch hingegen ist diejenige Erklärung
des Kreuzes, welche es über alle erdenkbaren Erklärungen hinaus
als einen Ausdruck eines bis dahin unbekannten und unverstehba-
ren mystischen oder transzendenten, das heißt also zunächst psychologischen Tatbestandes, der sich schlechthin am treffendsten
durch das Kreuz darstellen läßt, ansieht.

Solange ein S. lebendig ist, ist es der Ausdruck einer sonstwie
nicht besser zu kennzeichnenden Sache. Das S. ist nur lebendig,
solange es bedeutungsschwanger ist. Ist aber sein Sinn aus ihm
geboren, das heißt ist derjenige Ausdruck gefunden, welcher die
gesuchte, erwartete oder geahnte Sache noch besser als das bisherige S. formuliert, so ist das S. *tot*, das heißt es hat nur noch historische Bedeutung. Man kann deshalb immer noch davon als von
einem S. reden, unter der stillschweigenden Voraussetzung, daß
man von dem spricht, was es war, als es seinen besseren Ausdruck
noch nicht aus sich geboren hatte. Die Art und Weise, wie Paulus
und die ältere mystische Spekulation das Kreuzsymbol behandeln,
zeigt, daß es für sie ein lebendiges S. war, welches Unaussprechli-

ches in *unübertrefflicher Weise* darstellte. Für jede esoterische Erklärung ist das S. tot, denn es ist durch die Esoterik auf einen – sehr oft vermeintlich – besseren Ausdruck gebracht, wodurch es zum bloßen konventionellen Zeichen für anderwärts völliger und besser bekannte Zusammenhänge wird. Lebendig ist das S. immer nur für den exoterischen Standpunkt.

Ein Ausdruck, der für eine bekannte Sache gesetzt wird, bleibt immer ein bloßes Zeichen und ist niemals S. Es ist darum ganz unmöglich, ein lebendiges, das heißt bedeutungsschwangeres S. aus bekannten Zusammenhängen zu schaffen. Denn das so Geschaffene enthält nie mehr, als was darein gelegt wurde. Jedes psychische Produkt, insofern es der augenblicklich bestmögliche Ausdruck für einen bis dahin unbekannten oder bloß relativ bekannten Tatbestand ist, kann als Symbol aufgefaßt werden, insofern man geneigt ist anzunehmen, daß der Ausdruck auch das, was erst geahnt, aber noch nicht klar gewußt ist, bezeichnen wolle. Insofern jede wissenschaftliche Theorie eine Hypothese einschließt, also eine antizipierende Bezeichnung eines im wesentlichen noch unbekannten Tatbestandes ist, ist sie ein S. Des weiteren ist jede psychologische Erscheinung ein S. unter der Annahme, daß sie noch ein mehreres und anderes besage oder bedeute, das sich der gegenwärtigen Erkenntnis entziehe. Diese Annahme ist schlechterdings überall möglich, wo ein Bewußtsein ist, das auf weitere Bedeutungsmöglichkeiten der Dinge eingestellt ist. Sie ist nur da nicht möglich, und zwar bloß für dieses selbe Bewußtsein, wo es selber einen Ausdruck hergestellt hat, der genau soviel besagen soll, als die Absicht seiner Herstellung wollte, zum Beispiel ein mathematischer Ausdruck. Für ein anderes Bewußtsein aber besteht diese Einschränkung keineswegs. Es kann auch den mathematischen Ausdruck als ein S. auffassen für einen in der Absicht seiner Herstellung verborgenen, unbekannten psychischen Tatbestand, insofern dieser Tatbestand demjenigen, der den semiotischen Ausdruck geschaffen hat, nachweisbar nicht bekannt ist und darum nicht Gegenstand einer bewußten Benützung sein konnte.

Ob etwas ein S. sei oder nicht, hängt zunächst von der Einstellung des betrachtenden Bewußtseins ab, eines Verstandes zum Beispiel, der den gegebenen Tatbestand nicht bloß als solchen, sondern auch als Ausdruck von Unbekanntem ansieht. Es ist daher wohl möglich, daß jemand einen Tatbestand herstellt, der seiner Betrachtung keineswegs symbolisch erscheint, wohl aber einem andern Bewußtsein. Ebenso ist der umgekehrte Fall möglich. Es gibt nun allerdings Produkte, deren symbolischer Charakter nicht bloß von der Einstellung des betrachtenden Bewußtseins abhängt,

sondern sich von sich aus in einer symbolischen Wirkung auf den
Betrachtenden offenbart. Es sind dies Produkte, die so gestaltet
sind, daß sie jeglichen Sinnes entbehren müßten, wenn ihnen nicht
ein symbolischer Sinn zukäme. Ein Dreieck mit einem darin einge-
schlossenen Auge ist als reine Tatsächlichkeit dermaßen sinnlos,
daß der Betrachtende es unmöglich als eine bloß zufällige Spielerei
auffassen kann. Eine solche Gestaltung drängt eine symbolische
Auffassung unmittelbar auf. Unterstützt wird diese Wirkung entweder durch ein öfteres und identisches Vorkommen derselben
Gestaltung oder durch eine besonders sorgfältige Art der Herstellung, welche nämlich der Ausdruck eines darauf verlegten besonderen Wertes ist.

S., die nicht in dieser eben beschriebenen Weise aus sich wirken, sind entweder tot, das heißt durch bessere Formulierung
überholt, oder Produkte, deren symbolische Natur ausschließlich
von der Einstellung des betrachtenden Bewußtseins abhängt. Wir
können diese Einstellung, welche die gegebene Erscheinung als
symbolisch auffaßt, abgekürzt als *symbolische Einstellung* bezeichnen. Sie ist durch das Verhalten der Dinge nur zum Teil
berechtigt, zum andern Teil ist sie Ausfluß einer bestimmten
Weltanschauung, welche nämlich dem Geschehen, sei es im großen oder kleinen, einen Sinn beimißt und auf diesen Sinn einen
gewissen größeren Wert legt als auf die reine Tatsächlichkeit.
Dieser Anschauung steht eine andere Anschauung gegenüber, die
den Akzent stets auf die reine Tatsächlichkeit legt und den Sinn
den Tatsachen unterordnet. Für diese letztere Einstellung gibt es
überall dort keine S., wo die Symbolik ausschließlich auf der Art
der Betrachtung beruht. Dagegen gibt es auch für sie S., nämlich
eben solche, die den Betrachter zur Vermutung eines verborgenen
Sinnes auffordern. Ein stierköpfiges Götterbild kann zwar als ein
Menschenleib mit einem Stierkopf darauf erklärt werden. Diese
Erklärung dürfte aber der symbolischen Erklärung kaum die
Waage halten, denn das S. ist zu aufdringlich, als daß es übergan-
gen werden könnte.

Ein S., das seine symbolische Natur aufdringlich dartut,
braucht noch kein *lebendiges* S. zu sein. Es kann zum Beispiel
bloß auf den historischen oder philosophischen Verstand wirken.
Es erweckt intellektuelles oder ästhetisches Interesse. Lebendig
heißt ein S. aber nur dann, wenn es ein best- und höchstmögli-
cher Ausdruck des Geahnten und noch nicht Gewußten auch für
den Betrachtenden ist. Unter diesen Umständen bewirkt es unbewußte Anteilnahme. Es hat lebenerzeugende und -fördernde Wirkung. Wie Faust sagt: »Wie anders wirkt dies Zeichen auf mich
ein . . .«

Das lebendige S. formuliert ein wesentliches unbewußtes Stück, und je allgemeiner verbreitet dieses Stück ist, desto allgemeiner ist auch die Wirkung des S., denn es rührt in jedem die verwandte Saite an. Da das S. einerseits der bestmögliche und für die gegebene Epoche nicht zu übertreffende Ausdruck für das noch Unbekannte ist, so muß es aus dem Differenziertesten und Kompliziertesten der zeitgenössischen geistigen Atmosphäre hervorgehen. Da das lebendige S. andererseits aber das Verwandte einer größeren Menschengruppe in sich schließen muß, um überhaupt auf eine solche wirken zu können, so muß es gerade das erfassen, was einer größeren Menschengruppe gemeinsam sein kann. Dies kann nun niemals das Höchstdifferenzierte, das Höchsterreichbare sein, denn das erreichen und verstehen nur die wenigsten, sondern es muß etwas noch so Primitives sein, daß dessen Omnipräsenz außer allem Zweifel steht. Nur wenn das S. dieses erfaßt und auf den höchstmöglichen Ausdruck bringt, hat es allgemeine Wirkung. Darin besteht die gewaltige und zugleich erlösende Wirkung eines lebendigen sozialen S.

Das Gleiche nun, was ich hier vom sozialen S. sage, gilt für das individuelle S. Es gibt individuelle psychische Produkte, die offenkundig symbolischen Charakter haben, die ohne weiteres zu einer symbolischen Auffassung drängen. Für das Individuum haben sie eine ähnliche funktionelle Bedeutung wie das soziale S. für eine größere Menschengruppe. Diese Produkte sind aber nie von einer ausschließlich bewußten oder ausschließlich unbewußten Abstammung, sondern gehen aus einer gleichmäßigen Mitwirkung beider hervor. Die reinen Bewußtseinsprodukte sowohl wie die ausschließlich unbewußten Produkte sind nicht eo ipso überzeugend symbolisch, sondern es bleibt der symbolischen Einstellung des betrachtenden Bewußtseins überlassen, ihnen den Charakter des S. zuzuerkennen. Sie können aber ebensowohl auch als rein kausal bedingte Tatsachen aufgefaßt werden, etwa in dem Sinne, wie man das rote Exanthem des Scharlachs als ein »Symbol« des Scharlachs auffassen kann. Man spricht in diesem Fall allerdings mit Recht von »Symptom« und nicht von Symbol. Freud hat meines Erachtens darum von seinem Standpunkt aus mit Recht nicht von *symbolischen*, sondern von *Symptomhandlungen*[74] gesprochen, denn für ihn sind diese Erscheinungen nicht symbolisch in dem hier definierten Sinne, sondern symptomatische Zeichen eines bestimmten und allgemein bekannten grundlegenden Prozesses. Es gibt natürlich Neurotiker, die ihre unbewußten Produkte, welche in erster Linie und hauptsächlich Krankheitssymptome sind, als

---

[74] Freud: Zur Psychopathologie des Alltagslebens. 1904.

höchst bedeutungsvolle S. auffassen. Aber im allgemeinen ist dies
nicht der Fall. Im Gegenteil, der Neurotiker von heute ist nur zu
sehr geneigt, auch das Bedeutungsvolle nur als »Symptom« aufzufassen. Die Tatsache, daß es zwei distinkte, einander widersprechende und von hüben und drüben eifrig verfochtene Auffassungen gibt über Sinn und Nichtsinn der Dinge, belehrt uns, daß es
offenbar Vorgänge gibt, die keinen besonderen Sinn ausdrücken,
die bloße Konsequenzen, nichts als Symptome sind, und andere
Vorgänge, welche einen verborgenen Sinn in sich tragen, die nicht
bloß von etwas abstammen, sondern vielmehr zu etwas werden
wollen und die darum S. sind. Es ist unserem Takt und unserer
Kritik überlassen zu entscheiden, wo wir es mit Symptomen und
wo mit S. zu tun haben.

Das S. ist immer ein Gebilde höchst komplexer Natur, denn es
setzt sich zusammen aus den Daten aller psychischen Funktionen.
Es ist infolgedessen weder rationaler, noch irrationaler Natur. Es
hat zwar eine Seite, die der Vernunft entgegenkommt, aber auch
eine Seite, die der Vernunft unzugänglich ist, indem es nicht nur
aus Daten rationaler Natur, sondern auch aus den irrationalen
Daten der reinen inneren und äußeren Wahrnehmung zusammengesetzt ist. Das Ahnungsreiche und Bedeutungsschwangere des
Symbols spricht ebensowohl das Denken wie das Fühlen an, und
seine eigenartige Bildhaftigkeit, wenn zu sinnlicher Form gestaltet,
erregt die Empfindung sowohl wie die Intuition. Das lebendige S.
kann nicht zustande kommen in einem stumpfen und wenig entwickelten Geiste, denn ein solcher wird sich am schon vorhandenen S., wie es ihm das traditionell Bestehende darbietet, genügen
lassen. Nur die Sehnsucht eines hoch entwickelten Geistes, dem
das gebotene S. die höchste Vereinigung in *einem* Ausdruck nicht
mehr vermittelt, kann ein neues S. erzeugen. Indem das S. aber
eben aus seiner höchsten und letzten geistigen Errungenschaft hervorgeht und zugleich auch die tiefsten Gründe seines Wesens ein-
schließen muß, so kann es nicht einseitig aus den höchst differenzierten geistigen Funktionen hervorgehen, sondern es muß auch
im gleichen Maße den niedersten und primitivsten Regungen entstammen. Damit diese Zusammenwirkung gegensätzlicher Zustände überhaupt möglich wird, müssen sie beide in vollem Gegensatz
bewußt nebeneinanderstehen. Dieser Zustand muß eine heftigste
Entzweiung mit sich selbst sein, und zwar in dem Maße, daß sich
Thesis und Antithesis negieren und das Ich doch seine unbedingte
Anteilnahme an Thesis und Antithesis anerkennen muß. Besteht
aber eine Unterlegenheit des einen Teiles, so wird das S. vorwiegend das Produkt des andern Teiles sein und in demselben Maße
auch weniger S. als Symptom sein, nämlich Symptom einer unter-

drückten Antithesis. In dem Maße aber, in welchem ein S. bloßes Symptom ist, ermangelt es auch der befreienden Wirkung, denn es drückt nicht die völlige Existenzberechtigung aller Teile der Psyche aus, sondern erinnert an die Unterdrückung der Antithesis, auch wenn sich das Bewußtsein hievon nicht Rechenschaft ablegen sollte.

Besteht aber eine völlige Gleichheit und Gleichberechtigung der Gegensätze, bezeugt durch die unbedingte Anteilnahme des Ich an Thesis und Antithesis, so ist damit ein Stillstand des Wollens geschaffen, denn es kann nicht mehr gewollt werden, weil jedes Motiv sein gleich starkes Gegenmotiv neben sich hat. Da das Leben niemals einen Stillstand erträgt, so entsteht eine Stauung der Lebensenergie, die zu einem unerträglichen Zustand führen würde, wenn nicht aus der Gegensatzspannung eine neue vereinigende Funktion entstünde, welche über die Gegensätze hinausführt. Sie entsteht aber natürlicherweise aus der durch die Aufstauung bewirkten Regression der Libido. Da durch die gänzliche Entzweiung des Willens ein Fortschritt unmöglich gemacht ist, so strömt die Libido nach rückwärts ab, der Strom fließt gleichsam zur Quelle zurück, das heißt, bei Stillstellung und Inaktivität des Bewußtseins entsteht eine Aktivität des Unbewußten, wo alle differenzierten Funktionen ihre gemeinsame, archaische Wurzel haben, wo jene Vermischtheit der Inhalte besteht, von der die primitive Mentalität noch zahlreiche Überreste aufweist.

Durch die Aktivität des Unbewußten wird nun ein Inhalt zutage gefördert, der gleichermaßen durch Thesis und Antithesis konstelliert ist und sich zu beiden *kompensatorisch* (siehe dort) verhält. Da dieser Inhalt sowohl eine Beziehung zur Thesis wie zur Antithesis aufweist, so bildet er einen mittleren Grund, auf dem sich die Gegensätze vereinigen können. Fassen wir zum Beispiel den Gegensatz als den von Sinnlichkeit und Geistigkeit auf, so bietet der mittlere aus dem Unbewußten geborene Inhalt vermöge seines geistigen Beziehungsreichtums der geistigen Thesis einen willkommenen Ausdruck, und vermöge seiner sinnlichen Anschaulichkeit erfaßt er die sinnliche Antithesis. Das zwischen Thesis und Antithesis zerspaltene Ich aber findet in dem einen mittleren Grund sein Gegenstück, seinen einen und eigenen Ausdruck, und es wird ihn begierig ergreifen, um sich aus seiner Zerspaltung zu erlösen. Daher strömt die Spannung der Gegensätze in den mittleren Ausdruck ein und verteidigt ihn gegen den alsbald an ihm und in ihm beginnenden Kampf der Gegensätze, welche beide versuchen, den neuen Ausdruck in ihrem Sinne aufzulösen. Die Geistigkeit will aus dem Ausdruck des Unbewußten etwas Geistiges machen, die Sinnlichkeit aber etwas Sinnliches, die eine will

Wissenschaft oder Kunst, die andere sinnliches Erleben daraus schaffen. Die Auflösung des unbewußten Produktes in das eine oder andere gelingt, wenn das Ich nicht völlig zerspalten war, sondern mehr auf dieser als auf jener Seite stand. Gelingt nun der einen Seite die Auflösung des unbewußten Produktes, so fällt nicht nur das unbewußte Produkt an diese Seite, sondern auch das Ich, wodurch eine Identifikation des Ich mit der meistbegünstigten Funktion (siehe *minderwertige Funktion*) entsteht. Infolgedessen wird sich der Zerspaltungsprozeß später auf einer höheren Stufe wiederholen.

Gelingt es infolge der Festigkeit des Ich weder der Thesis noch der Antithesis, das unbewußte Produkt aufzulösen, so ist damit dargetan, daß der unbewußte Ausdruck sowohl der einen wie der andern Seite überlegen ist. Die Festigkeit des Ich und die Überlegenheit des mittleren Ausdruckes über Thesis und Antithesis scheinen mir Korrelate zu sein, die einander gegenseitig bedingen. Bisweilen will es scheinen, als ob die Festigkeit der angeborenen Individualität das Ausschlaggebende wäre, bisweilen auch, als ob der unbewußte Ausdruck eine überlegene Kraft besäße, welche das Ich zur unbedingten Festigkeit veranlaßt. In Wirklichkeit dürfte es aber vielleicht so sein, daß die Festigkeit und Bestimmtheit der Individualität einerseits und die überlegene Kraft des unbewußten Ausdruckes nichts als Zeichen eines und desselben Tatbestandes sind.

Bleibt der unbewußte Ausdruck dermaßen erhalten, so bildet er einen nicht aufzulösenden, sondern zu formenden Rohstoff, der zum gemeinsamen Gegenstand für Thesis und Antithesis wird. Er wird dadurch zu einem neuen, die ganze Einstellung beherrschenden Inhalt, der die Zerspaltung aufhebt und die Kraft der Gegensätze in ein gemeinsames Strombett zwingt. Damit ist der Stillstand des Lebens aufgehoben, und das Leben kann weiter fließen mit neuer Kraft und neuen Zielen.

Ich habe diesen eben beschriebenen Vorgang in seiner Totalität als *transzendente Funktion* bezeichnet, wobei ich unter »Funktion« nicht eine Grundfunktion, sondern eine komplexe, aus andern Funktionen zusammengesetzte Funktion verstehe, und mit »transzendent« keine metaphysische Qualität bezeichnen will, sondern die Tatsache, daß durch diese Funktion ein Übergang von der einen Einstellung in eine andere geschaffen wird. Der von Thesis und Antithesis bearbeitete Rohstoff, der in seinem Formungsprozeß die Gegensätze vereinigt, ist das lebendige S. In seinem für eine lange Epoche nicht aufzulösenden Rohstoff liegt sein Ahnungsreiches, und in der Gestalt, die sein Rohstoff durch die Einwirkung der Gegensätze empfängt, liegt seine Wirkung auf alle psychischen Funktionen. Andeutungen der Grundlagen des symbolbildenden Prozesses finden sich in den spärlichen Berichten über die Initiationsperioden der Religionsstifter, zum Beispiel Jesus und Satan, Buddha und Mara, Luther und der Teufel, Zwingli und seine weltliche Vorgeschichte, die Erneuerung des Faust durch den Kontrakt mit dem Teufel bei Goethe. In ›Zarathustra‹ finden wir gegen den Schluß ein treffliches Beispiel für die Unterdrückung der Antithese in der Gestalt des »häßlichsten Menschen«.

Synthetisch siehe *konstruktiv.*

Transzendente Funktion[75] siehe *Symbol.*

Trieb. Wenn ich in dieser oder in anderen Arbeiten von T. spreche, so meine ich damit dasselbe, was gemeinhin unter diesem Wort verstanden ist: nämlich *Nötigung* zu gewissen Tätigkeiten. Die Nötigung kann hervorgehen aus einem äußeren oder inneren Reiz, der den Mechanismus des T. psychisch auslöst, oder aus organischen Gründen, die außerhalb der Sphäre psychischer Kausalbeziehungen liegen. *Triebmäßig* ist jede psychische Erscheinung, die aus keiner durch Willensabsicht gesetzten Verursachung hervorgeht, sondern aus dynamischer Nötigung, ob nun diese Nötigung aus organischen, also außerpsychischen Quellen direkt abstammt, oder wesentlich bedingt ist von durch Willensabsicht bloß ausgelösten Energien; in letzterem Fall mit der Einschränkung, daß das hervorgebrachte Resultat die durch die Willensabsicht bezweckte Wirkung übersteigt. Unter den Begriff des T. fallen meines Erachtens alle diejenigen psychischen Vorgänge, über deren Energie das Bewußtsein nicht disponiert.[76] Nach dieser Auffassung gehören also die *Affekte* (siehe dort) ebensowohl zu den T.-Vorgängen wie auch zu den Gefühlsvorgängen (siehe *Fühlen*). Psychische Vorgänge, die unter gewöhnlichen Umständen Willensfunktionen sind (das heißt also gänzlich der Bewußtseinskontrolle unterstellt), können abnormerweise zu T.-Vorgängen werden dadurch, daß sich ihnen eine unbewußte Energie zugesellt. Diese Erscheinung tritt überall da ein, wo die Sphäre des Bewußtseins entweder durch Verdrängungen inkompatibler Inhalte eingeschränkt wird, oder wo infolge von Ermüdung, Intoxikationen oder überhaupt pathologischen Gehirnvorgängen ein »abaissement du niveau mental«

---

[75] Vgl. Die transzendente Funktion, GW 8.

[76] Vgl. ›Instinkt und Unbewußtes‹, in: Über psychische Energetik und das Wesen der Träume, 1948, S. 259 ff. (leicht revidierte Fassung von ›Über die Energetik der Seele‹, GW 8).

(Janet) stattfindet, wo also mit einem Wort das Bewußtsein die stärkstbetonten Vorgänge nicht mehr oder noch nicht kontrolliert. Ich möchte solche Vorgänge, die einstmals bei einem Individuum bewußt waren, sich aber mit der Zeit *automatisiert* haben, nicht als T.-Vorgänge bezeichnen, sondern als automatische Vorgänge. Sie verhalten sich auch normalerweise nicht als T., indem sie unter normalen Umständen niemals als Nötigungen auftreten. Sie tun das nur, wenn ihnen eine Energie zufließt, die ihnen fremd ist.

Typus. T. ist ein den Charakter einer Gattung oder Allgemeinheit in charakteristischer Weise wiedergebendes Beispiel oder Musterbild. In dem engeren Sinne der vorliegenden Arbeit ist der T. ein charakteristisches Musterbild einer in vielen individuellen Formen vorkommenden allgemeinen *Einstellung* (siehe dort). Von den zahlreichen vorkommenden und möglichen Einstellungen hebe ich in der vorliegenden Untersuchung im ganzen *vier* heraus, nämlich diejenigen, die sich hauptsächlich nach den vier psychologischen Grundfunktionen orientieren (siehe *Funktion*), also nach Denken, Fühlen, Intuieren und Empfinden. Insofern eine solche Einstellung *habituell* ist und dadurch dem Charakter des Individuums ein bestimmtes Gepräge verleiht, spreche ich von einem psychologischen T. Diese auf die Grundfunktionen basierten T., die man als *Denk-, Fühl-, Intuitions-* und *Empfindungs-*T. bezeichnen kann, lassen sich gemäß der Qualität der Grundfunktionen in zwei Klassen scheiden: in die *rationalen* und in die *irrationalen* T. Zu den ersteren gehören der Denk- und der Fühl-T., zu den letzteren der intuitive und der Empfindungs-T. (siehe *rational, irrational*). Eine weitere Unterscheidung in zwei Klassen erlaubt die vorherrschende Libidobewegung, nämlich die *Introversion* und *Extraversion* (siehe dort). Alle Grundtypen können sowohl der einen wie der andern Klasse angehören, je nach ihrer vorherrschenden mehr introvertierten oder mehr extravertierten Einstellung. Ein Denk-T. kann zur introvertierten oder zur extravertierten Klasse gehören, ebenso irgendein anderer T. Die Unterscheidung in rationale und irrationale T. ist ein anderer Gesichtspunkt und hat mit Introversion und Extraversion nichts zu tun.

Ich habe in zwei vorläufigen Mitteilungen der Typenlehre[77] den Denk- und den Fühl-T. nicht vom introvertierten und extravertierten T. unterschieden, sondern den Denk-T. mit dem introvertierten und den Fühl-T. mit dem extravertierten T. identifiziert.

[77] Zur Frage der psychologischen Typen, GW 6, ferner: Die Psychologie der unbewußten Prozesse, 1917 (Neuausgabe: Über die Psychologie des Unbewußten, GW 7).

Bei der völligen Durcharbeitung des Materials habe ich aber einge-
sehen, daß man den Introversions-T. sowohl wie den Extraver-
sions-T. als den Funktions-T. übergeordnete Kategorien behandeln muß. Diese Trennung entspricht auch durchaus der Erfahrung, indem es unzweifelhaft zum Beispiel zweierlei Fühl-T. gibt,
von denen der eine mehr auf sein Gefühlserlebnis, der andere mehr
auf das Objekt eingestellt ist.

Unbewußte, das. Der Begriff des U. ist für mich ein *ausschließlich
psychologischer* Begriff, und kein philosophischer im Sinne eines
metaphysischen. Das U. ist meines Erachtens ein psychologischer
Grenzbegriff, welcher alle diejenigen psychischen Inhalte oder
Vorgänge deckt, welche nicht bewußt sind, das heißt nicht auf das
Ich in wahrnehmbarer Weise bezogen sind. Die Berechtigung,
überhaupt von der Existenz unbewußter Vorgänge zu reden, ergibt sich mir einzig und allein aus der Erfahrung, und zwar zunächst aus der psychopathologischen Erfahrung, welche unzweifelhaft dartut, daß zum Beispiel in einem Falle von hysterischer
Amnesie das Ich von der Existenz ausgedehnter psychischer Komplexe nichts weiß, daß aber eine einfache hypnotische Prozedur
imstande ist, im nächsten Moment den verlorenen Inhalt vollkommen zur Reproduktion zu bringen. Aus den Tausenden von Erfahrungen dieser Art leitet man die Berechtigung ab, von der Existenz
unbewußter psychischer Inhalte zu reden. Die Frage, in welchem
Zustande sich ein unbewußter Inhalt befindet, solange er nicht ans
Bewußtsein angeschlossen ist, entzieht sich jeder Erkenntnismöglichkeit. Es ist daher ganz überflüssig, darüber Vermutungen an-
stellen zu wollen. Zu solchen Phantasien gehört die Vermutung
der Cerebration, des physiologischen Prozesses und so weiter. Es
ist auch ganz unmöglich anzugeben, welches der Umfang des U.
sei, das heißt welche Inhalte es in sich fasse. Darüber entscheidet
bloß die Erfahrung. Vermöge der Erfahrung wissen wir zunächst,
daß bewußte Inhalte durch Verlust ihres energetischen Wertes unbewußt werden können. Dies ist der normale Vorgang des Verges-
sens. Daß diese Inhalte unter der Bewußtseinsschwelle nicht einfach verloren gehen, wissen wir durch die Erfahrung, daß sie gelegentlich noch nach Jahrzehnten aus der Versenkung auftauchen
können unter geeigneten Umständen, zum Beispiel im Traum, in
der Hypnose, als Kryptomnesie[78] oder durch Auffrischung von
Assoziationen mit dem vergessenen Inhalt.

[78] Vgl. Flournoy: Des Indes à la Planète Mars, 1900. Ders: Nouvelles observations sur
un cas de somnambulisme avec glossalalie, in: Archives de Psychologie, Bd. 1, 1901,
S. 101. Jung: Zur Psychologie und Pathologie sogenannter occulter Phänomene, GW 1.
Vgl. ferner den Aufsatz über ›Kryptomnesie‹, GW 1.

Des ferneren belehrt uns die Erfahrung, daß bewußte Inhalte ohne allzu erhebliche Werteinbuße durch intentionelles Vergessen – was Freud als *Verdrängung* eines peinlichen Inhaltes bezeichnet – unter die Bewußtseinsschwelle geraten können. Eine ähnliche Wirkung entsteht durch Dissoziation der Persönlichkeit, das heißt eine Auflösung der Geschlossenheit des Bewußtseins infolge heftigen Affektes oder infolge eines nervous shock oder durch Persönlichkeitszerfall in der Schizophrenie (Bleuler).

Ebenso wissen wir aus Erfahrung, daß Sinnesperzeptionen infolge ihrer geringen Intensität oder infolge Ablenkung der Aufmerksamkeit keine bewußte Apperzeption erreichen und doch zu psychischen Inhalten werden durch unbewußte Apperzeption, was wiederum zum Beispiel durch Hypnose nachgewiesen werden kann. Das gleiche kann der Fall sein für gewisse Schlüsse und sonstige Kombinationen, die wegen zu geringer Wertigkeit oder wegen Ablenkung der Aufmerksamkeit unbewußt bleiben. Schließlich belehrt uns die Erfahrung auch, daß es unbewußte psychische Zusammenhänge gibt, zum Beispiel mythologische Bilder, welche niemals Gegenstand des Bewußtseins waren, die also ganz aus unbewußter Tätigkeit hervorgehen.

Soweit gibt uns die Erfahrung Anhaltspunkte zur Annahme der Existenz unbewußter Inhalte. Sie kann aber nichts aussagen darüber, was *möglicherweise* unbewußter Inhalt sein kann. Es ist müßig, darüber Vermutungen anzustellen, weil es ganz unabsehbar ist, was alles unbewußter Inhalt sein könnte. Wo ist die unterste Grenze einer subliminalen Sinnesperzeption? Gibt es irgendeine Maßbestimmung für die Feinheit oder Reichweite unbewußter Kombinationen? Wann ist ein vergessener Inhalt total ausgelöscht? Auf diese Fragen gibt es keine Antwort.

Unsere bisherige Erfahrung von der Natur unbewußter Inhalte erlaubt uns aber eine gewisse allgemeine Einteilung derselben. Wir können ein *persönliches* U. unterscheiden, welches alle Akquisitionen der persönlichen Existenz umfaßt, also Vergessenes, Verdrängtes, unterschwellig Wahrgenommenes, Gedachtes und Gefühltes. Neben diesen persönlichen unbewußten Inhalten gibt es aber andere Inhalte, die nicht aus persönlichen Akquisitionen, sondern aus der ererbten Möglichkeit des psychischen Funktionierens überhaupt, nämlich aus der ererbten Hirnstruktur stammen. Das sind die mythologischen Zusammenhänge, die Motive und Bilder, die jederzeit und überall ohne historische Tradition oder Migration neu entstehen können. Diese Inhalte bezeichne ich als *kollektiv unbewußt*. So gut wie die bewußten Inhalte in einer bestimmten Tätigkeit begriffen sind, so sind es auch die unbewußten Inhalte, wie uns die Erfahrung lehrt. Wie aus der bewußten psychischen Tätigkeit gewisse Resultate oder Produkte hervorgehen, so gehen auch aus der unbewußten Tätigkeit Produkte hervor, zum Beispiel Träume und Phantasien. Es ist müßig, darüber zu spekulieren, wie groß der Anteil des Bewußtseins zum Beispiel an den Träumen sei. Ein Traum stellt sich uns dar, wir erschaffen ihn nicht bewußt. Gewiß verändert die bewußte Reproduktion oder gar schon die Wahrnehmung vieles daran, ohne aber die Grundtatsache der produktiven Regung von unbewußter Provenienz aus der Welt zu schaffen.

Das funktionelle Verhältnis der unbewußten Vorgänge zum Bewußtsein dürfen wir als ein *kompensatorisches* (siehe dort) bezeichnen, indem der unbewußte Vorgang erfahrungsgemäß das subliminale Material, das durch die Bewußtseinslage konstelliert ist, zutage fördert, also alle diejenigen Inhalte, welche, wenn alles bewußt wäre, am bewußten Situationsbilde nicht fehlen könnten. Die kompensatorische Funktion des Unbewußten tritt um so deutlicher zutage, je einseitiger die bewußte Einstellung ist, wofür die Pathologie reichliche Beispiele liefert.

Wille. Als W. fasse ich die dem Bewußtsein disponible psychische Energiesumme auf. Der Willensvorgang wäre demnach ein energetischer Prozeß, der durch bewußte Motivation ausgelöst wird. Ich würde also einen psychischen Vorgang, der durch unbewußte Motivation bedingt wird, nicht als Willensvorgang bezeichnen. Der W. ist ein psychologisches Phänomen, das seine Existenz der Kultur und der sittlichen Erziehung verdankt, der primitiven Mentalität aber in hohem Maße fehlt.

Schlußwort zu ›Psychologische Typen‹ (1921)

In unserer Zeit, in der sich aus den Errungenschaften der Französischen Revolution, der »Liberté, Egalité, Fraternité«, eine weitverbreitete soziale Geistesströmung entwickelt hat, welche nicht etwa nur die politischen Rechte auf ein allgemeines und gleiches Niveau herunterdrückt oder heraufhebt, sondern auch das Unglück durch äußere Regulierungen und Gleichmachungen beheben zu können meint, in einer solchen Zeit ist es wohl eine undankbare Aufgabe, von der völligen Ungleichartigkeit der Elemente, welche die Nation zusammensetzen, zu reden. Obschon es gewiß eine schöne Sache ist, daß jeder vor dem Gesetze gleich sei, daß jeder seine politische Stimme habe und daß keiner durch ererbte Standesvorrechte ungerechterweise seinen Bruder überrage, so wird dieselbe Sache weniger schön, wenn man diesen Gleichheitsgedanken noch auf andere Gebiete des Lebens ausdehnt. Es muß jemand schon einen sehr getrübten Blick haben oder aus einer sehr nebelhaften Distanz die menschliche Gesellschaft anschauen, wenn er meinen sollte, daß durch gleichmäßige Regulierungen des Lebens eine gleichmäßigere Verteilung des Glücks erzielt werden könne. Er müßte schon etwa im Wahne befangen sein, daß zum Beispiel der gleiche Betrag an Einkommen respektive an äußerer Lebensmöglichkeit für alle ungefähr dieselbe Bedeutung besitzen müsse. Was tut ein solcher Gesetzgeber aber mit allen jenen, deren größere Lebensmöglichkeit innen liegt anstatt außen? Er müßte, wenn er gerecht wäre, dem einen etwa doppelt soviel geben wie dem andern, denn dem einen bedeutet es viel und dem anderen wenig. Über die psychologische Verschiedenheit der Menschen, diesen notwendigsten Faktor der Lebensenergie einer menschlichen Gesellschaft, wird keine soziale Gesetzgebung hinwegkommen. Darum ist es wohl nützlich, von der Verschiedenartigkeit der Menschen zu reden. Diese Unterschiede bedingen derartig verschiedene Glücksansprüche, daß keine auch noch so vollkommene Gesetzgebung ihnen jemals auch nur annähernd genügen könnte. Es wäre auch keine noch so billig und gerecht erscheinende allgemeine äußere Lebensform zu erdenken, welche nicht für den einen oder andern Typus eine Ungerechtigkeit bedeuten würde. Daß trotzdem allerhand Schwärmer politischer, sozialer, philosophischer und religiöser Natur am Werke sind, jene allgemeinen und gleichartigen äußeren Bedingungen, welche eine allgemeine größere Glücksmöglichkeit bedeuten sollen, ausfindig zu machen, scheint mir an der zu sehr am Äußeren orientierten allgemeinen

Einstellung zu liegen. Wir können diese ins Weite gehenden Fragen hier nur streifen, da wir uns ja nicht zur Aufgabe gesetzt haben, sie zu behandeln. Wir haben uns hier nur mit dem psychologischen Problem zu beschäftigen. Und die Tatsache der verschiedenen typischen Einstellungen ist ein Problem erster Ordnung, nicht nur für die Psychologie, sondern auch für alle jene Gebiete der Wissenschaft und des Lebens, in denen die menschliche Psychologie eine ausschlaggebende Rolle spielt. Es ist zum Beispiel eine dem gewöhnlichen Menschenverstande ohne weiteres einleuchtende Tatsache, daß jede Philosophie, die nicht gerade nur Geschichte der Philosophie ist, auf einer persönlichen psychologischen Vorbedingung beruht. Diese Vorbedingung kann rein individueller Natur sein, und gewöhnlich wurde sie auch als solche aufgefaßt, wenn überhaupt eine psychologische Kritik stattfand. Man hielt damit den Fall für erledigt. Man übersah aber dabei, daß das, was man als individuelles praeiudicium betrachtete, keineswegs unter allen Umständen ein solches war, indem nämlich der Standpunkt jenes Philosophen eine oft ansehnliche Gefolgschaft aufwies. Ihr sagte dieser Standpunkt zu, und zwar nicht bloß, weil sie ihn gedankenlos nachgebetet hätte, sondern weil sie ihn völlig verstehen und anerkennen konnte. Ein solches Verständnis wäre unmöglich, wenn der Standpunkt des Philosophen bloß individuell bedingt wäre, denn dann könnte er gar nicht völlig verstanden oder auch nur gebilligt werden. Die von der Gefolgschaft verstandene und anerkannte Eigenart des Standpunktes muß also vielmehr einer *typischen* persönlichen Einstellung, welche noch mehrere Vertreter in der Gesellschaft in gleicher oder ähnlicher Form besitzt, entsprechen. In der Regel bekämpfen sich die Parteien rein äußerlich, indem sie auf Lücken in der individuellen Rüstung des Gegners zielen. Ein solcher Streit ist in der Regel von geringer Fruchtbarkeit. Von erheblich höherem Werte wäre es, wenn der Gegensatz auf das psychologische Gebiet verschoben würde, woher er auch ursprünglich stammt. Die Verschiebung ließe bald erkennen, daß es verschiedenartige psychologische Einstellungen gibt, von denen jede ein Anrecht auf Existenz besitzt, obschon ihre Existenz zur Aufstellung inkompatibler Theorien führt. Solange man versucht, den Streit durch äußerliche Kompromißbildungen zu schlichten, genügt man nur den bescheidenen Ansprüchen seichter Köpfe, die sich noch nie an Prinzipien zu erhitzen vermochten. Eine wirkliche Verständigung aber kann meines Erachtens nur dann erreicht werden, wenn die Verschiedenheit der psychologischen Vorbedingungen anerkannt wird.

Es ist eine Tatsache, die mir in meiner praktischen Arbeit immer wieder überwältigend entgegentritt, daß der Mensch nahezu unfähig ist, einen anderen Standpunkt als seinen eigenen zu begreifen und gelten zu lassen. In kleineren Dingen hilft die allgemeine Oberflächlichkeit, eine nicht gerade häufige Nachsicht und Toleranz und ein seltenes Wohlwollen, eine Brücke über den Abgrund der Verständnislosigkeit zu schlagen. In wichtigeren Dingen aber und besonders in solchen, wo die Ideale des Typus in Frage kommen, scheint eine Verständigung meist zu den Unmöglichkeiten zu gehören. Gewiß wird Streit und Unfrieden immer zu den Requisiten der menschlichen Tragikomödie gehören, aber es ist doch nicht zu leugnen, daß der Fortschritt der Gesittung vom Faustrecht zur Gesetzesbildung geführt hat und somit zur Bildung einer Instanz und eines Maßstabes, die den streitenden Parteien übergeordnet sind. Eine Basis zur Schlichtung des Streites der Auffassung könnte nach meiner Überzeugung die Anerkennung von Typen der Einstellung sein, aber nicht nur der Existenz solcher Typen, sondern auch der Tatsache, daß jeder in seinem Typus bis zu dem Grade befangen ist, daß er des völligen Verständnisses eines anderen Standpunktes unfähig ist. Ohne Anerkennung dieser weitgehenden Forderung ist eine Vergewaltigung des anderen Standpunktes so gut wie sicher. Ebenso wie die streitenden Parteien, die sich vor Gericht zusammenfinden, auf direkte Gewalttat am andern verzichten und ihre Ansprüche der Gerechtigkeit des Gesetzes und des Richters anvertrauen, so muß sich der Typus der Beschimpfung, Verdächtigung und Herunterreißung des Gegners enthalten im Bewußtsein seiner eigenen Befangenheit. Durch die Auffassung des Problems typischer Einstellungen und durch ihre Darstellung im Umriß bestrebe ich mich, den Blick meines Lesers auf dieses Gemälde vielfacher Möglichkeiten der Auffassungsbildung zu lenken, in der Hoffnung, dadurch wenigstens ein Kleines beizutragen zur Kenntnis der fast unendlichen Variationen und Abstufungen der individuellen Psychologien. Ich hoffe, daß aus meinen Typenbeschreibungen niemand den Schluß ziehen wird, daß ich der Meinung sei, mit den vier oder acht Typen, die ich beschreibe, seien alle erfaßt, die überhaupt vorkommen. Das wäre ein Mißverständnis. Ich zweifle nämlich keineswegs an der Möglichkeit, die vorkommenden Einstellungen auch unter anderen Gesichtspunkten zu betrachten und zu klassifizieren. Es gibt in dieser Untersuchung einige Andeutungen von anderen Möglichkeiten, wie zum Beispiel eine Einteilung sub specie der Aktivität. Was aber auch immer als Kriterium einer Aufstellung von Typen dienen möge, eine Vergleichung der verschiedenen Formen habitueller Einstellungen wird zur Aufstellung von ebenso vielen psychologischen Typen führen.

So leicht es wohl sein wird, die vorkommenden Einstellungen

unter anderen Gesichtswinkeln zu betrachten, als es hier geschehen ist, so schwer dürfte es sein, Beweise gegen die Existenz von psychologischen Typen beizubringen. Ich zweifle zwar nicht daran, daß meine Gegner sich bemühen werden, die Typenfrage aus der wissenschaftlichen Traktandenliste zu streichen, denn für jede Allgemeingültigkeit prätendierende Theorie komplexer psychischer Vorgänge muß das Typenproblem ein zum mindesten sehr unwillkommenes Hindernis sein. Jede Theorie komplexer psychischer Vorgänge setzt eine gleichartige menschliche Psychologie voraus, nach Analogie jeder naturwissenschaftlichen Theorie, welche als Grundlage auch ein und dieselbe Natur voraussetzt. Mit der Psychologie aber hat es die eigenartige Bewandtnis, daß bei ihrer Begriffsbildung der psychische Vorgang nicht bloß Objekt, sondern zugleich auch Subjekt ist. Wenn nun angenommen wird, daß das Subjekt in allen individuellen Fällen eines und dasselbe sei, so kann man auch annehmen, daß der subjektive Prozeß der Begriffsbildung auch überall einer und derselbe sei. Daß dem aber nicht so ist, erweist sich am eindrücklichsten aus der Existenz der verschiedenartigsten Auffassungen vom Wesen komplexer psychischer Vorgänge. Natürlich setzt eine neue Theorie gewöhnlich voraus, daß alle anderen Ansichten unrichtig gewesen seien, und zwar meistens nur aus dem Grunde, weil der Autor subjektiv anders sieht als seine Vorgänger. Er berücksichtigt nicht, daß die Psychologie, die er sieht, seine Psychologie und höchstens noch die Psychologie seines Typus ist. Er erwartet daher, daß es für den psychischen Vorgang, der ihm Objekt des Erkennens und Erklärens ist, nur eine wahre Erklärung geben könne, nämlich eben die, die seinem Typus zusagt. Alle anderen Auffassungen – ich möchte fast sagen, alle sieben andern Auffassungen, die in ihrer Art ebenso wahr sind wie die seine, gelten ihm als Irrtum. Im Interesse der Gültigkeit seiner eigenen Theorie wird er also einen lebhaften und menschlich verstehbaren Widerwillen gegen eine Aufstellung von Typen menschlicher Psychologie empfinden, denn damit verlöre seine Auffassung beispielsweise sieben Achtel ihres Wahrheitswertes; es müßte denn sein, daß er neben seiner eigenen Theorie noch sieben andere Theorien desselben Vorganges als gleich wahr denken könnte – oder sagen wir: wenigstens noch eine zweite Theorie als vollwertig neben der seinigen.

Ich bin ganz überzeugt, daß ein Naturvorgang, der in hohem Maße von der menschlichen Psychologie unabhängig ist und ihr daher nur Objekt sein kann, nur einerlei wahre Erklärung haben kann. Ebenso bin ich auch überzeugt, daß ein komplexer psychischer Vorgang, der in keine objektiv registrierenden Apparate eingespannt werden kann, notwendigerweise nur diejenige Erklärung

erhalten kann, die er als Subjekt selber erzeugt, das heißt, der
Autor des Begriffes kann nur einen solchen Begriff erzeugen, welcher zu dem psychischen Vorgang, den er zu erklären trachtet,
stimmt. Der Begriff wird aber nur dann stimmen, wenn er mit dem
zu erklärenden Vorgang im denkenden Subjekt selbst übereinstimmt. Wenn der zu erklärende Vorgang beim Autor selber gar
nicht vorkäme und auch keine Analogie davon, so stünde der Autor vor einem völligen Rätsel, welches zu erklären er dem überlassen müßte, der den Vorgang selber erlebt. Wie eine Vision zustande kommt, kann ich durch objektive Apparate niemals in Erfahrung bringen; ich kann ihr Zustandekommen also nur erklären,
wie ich es mir denke. In diesem »wie ich es mir denke« steckt aber
die Befangenheit, denn bestenfalls geht meine Erklärung daraus
hervor, wie der Vorgang einer Vision sich in mir darstellt. Wer
aber gibt mir das Recht anzunehmen, daß in jedem anderen der
Vorgang der Vision sich gleich oder auch nur ähnlich darstelle?

Man wird mit einem Anschein von Recht die universelle Gleichartigkeit der menschlichen Psychologie in allen Zeiten und Zonen
als Argument zugunsten dieser Verallgemeinerung des subjektiv
bedingten Urteils anführen. Ich bin von dieser Gleichartigkeit der
menschlichen Psyche so tief überzeugt, daß ich sie sogar in den
Begriff des kollektiven Unbewußten gefaßt habe, als eines universellen und gleichartigen Substratums, dessen Gleichartigkeit so
weit geht, daß man dieselben Mythen- und Märchenmotive in
allen Winkeln der weiten Erde findet, daß ein Neger der amerikanischen Südstaaten in Motiven der griechischen Mythologie
träumt und ein schweizerischer Handelslehrling in seiner Psychose
die Vision eines ägyptischen Gnostikers wiederholt. Von dieser
fundamentalen Gleichartigkeit hebt sich aber eine ebenso große
Ungleichartigkeit der bewußten Psyche ab. Welche ungemessenen
Distanzen liegen zwischen dem Bewußtsein eines Primitiven, eines
themistokleischen Atheners und eines heutigen Europäers! Welcher Unterschied besteht zwischen dem Bewußtsein des Herrn
Professors und dem seiner Gattin! Wie sähe überhaupt unsere
heutige Welt aus, wenn eine Gleichartigkeit der Geister bestünde?
Nein, der Gedanke einer Gleichartigkeit der bewußten Psychen ist
eine akademische Chimäre, welche die Aufgabe eines Dozenten
vor seinen Schülern vereinfacht, die aber vor der Wirklichkeit in
nichts zusammenfällt. Ganz abgesehen von der Verschiedenheit
der Individuen, deren innerstes Wesen durch Gestirnsweite geschieden ist vom Nachbarn, sind schon die Typen als Klassen von
Individuen in sehr hohem Maße voneinander verschieden, und
ihrer Existenz sind die Verschiedenheiten allgemeiner Auffassungen zuzuschreiben. Um die Gleichartigkeit der menschlichen Psy-

chen aufzufinden, muß ich schon in die Fundamente des Bewußtseins hinuntersteigen. Dort finde ich das, worin alle einander gleichen. Gründe ich eine Theorie auf das, was alle verbindet, so erkläre ich die Psyche aus dem, was an ihr Fundament und Ursprung ist. Damit aber erkläre ich nichts von dem, was an ihr historische oder individuelle Differenzierung ist. Mit einer solchen Theorie übergehe ich die Psychologie der bewußten Psyche. Ich leugne damit eigentlich die ganze andere Seite der Psyche, nämlich ihre Differenzierung von der ursprünglichen Keimanlage. Ich reduziere gewissermaßen den Menschen auf seine phylogenetische Vorlage, oder ich zerlege ihn in seine Elementarvorgänge, und wenn ich ihn aus dieser Reduktion rekonstruieren wollte, so käme im ersteren Fall ein Affe heraus und in letzterem eine Anhäufung von Elementarvorgängen, deren Zusammenspiel eine sinn- und zwecklose Wechselwirkung ergäbe. Zweifellos ist die Erklärung des Psychischen auf der Grundlage der Gleichartigkeit nicht nur möglich, sondern auch völlig berechtigt. Will ich aber das Bild der Psyche zu seiner Vollständigkeit ergänzen, so muß ich mir die Tatsache der Verschiedenartigkeit der Psychen vor Augen halten, denn die bewußte individuelle Psyche gehört ebensowohl in ein allgemeines Gemälde der Psychologie wie ihre unbewußten Fundamente. Ich kann daher mit demselben Recht in meiner Begriffsbildung von der Tatsache differenzierter Psychen ausgehen und denselben Vorgang, den ich vorhin unter dem Gesichtswinkel seiner Gleichartigkeit betrachtete, nunmehr vom Standpunkt der Differenzierung aus betrachten. Dies führt mich natürlicherweise zu einer der früheren gerade entgegengesetzten Auffassung. Alles was für jene Auffassung als individuelle Variante außer Betracht fiel, wird hier bedeutsam als Ansatz zu weiteren Differenzierungen, und alles, was dort als gleichartig einen besonderen Wert erhielt, erscheint mir jetzt als wertlos, weil bloß kollektiv. Bei dieser Betrachtungsweise sehe ich immer darauf, wohin etwas zielt, und niemals darauf, woher es kommt, während ich mich bei der vorherigen Betrachtungsweise nie um ein Ziel, sondern bloß um den Ursprung kümmerte. Ich kann daher einen und denselben psychischen Vorgang durch zwei gegensätzliche Theorien, die sich gegenseitig ausschließen, erklären, wobei ich weder von der einen noch von der andern Theorie behaupten kann, sie sei unrichtig, denn die Richtigkeit der einen ist bewiesen durch die Gleichartigkeit und die der anderen durch die Ungleichartigkeit der Psychen.

Hier aber beginnt nun die große Schwierigkeit, welche dem Laien sowie dem wissenschaftlichen Publikum die Lektüre meines früheren Buches über ›Wandlungen und Symbole der Libido‹ so sehr erschwert hat, daß viele sonst fähige Köpfe darob in Verwirrung geraten sind. Ich habe nämlich dort am konkreten Material die eine wie die andere Ansicht darzustellen versucht. Da nun die Wirklichkeit bekanntlich weder aus Theorien besteht, noch nach solchen geht, so ist in ihr beides, was wir getrennt denken müssen, in einem beisammen, und jedes lebendige Etwas in der Seele schillert in mehreren Farben. Jedes ist Hergekommenes und meint Zukünftiges, und von keinem ist mit Sicherheit auszumachen, ob es bloß Ende und nicht auch schon ein Anfang wäre. Jemandem, der meint, für einen psychischen Vorgang könne es nur *eine* wahre Erklärung geben, ist diese Lebendigkeit des psychischen Inhaltes, die zu zwei gegensätzlichen Theorien nötigt, eine Sache zum Verzweifeln, besonders noch, wenn er ein Liebhaber einfacher und unkomplizierter Wahrheiten und etwa unfähig sein sollte, sie zugleich zu denken.

Ich bin wiederum nicht der Überzeugung, daß mit zwei Betrachtungsweisen, der reduzierenden und der konstruktiven – wie ich sie einmal genannt habe[1] –, die Möglichkeiten der Betrachtung erschöpft wären. Ich glaube im Gegenteil, daß für den psychischen Vorgang noch einige andere ebenso »wahre« Erklärungen beigebracht werden können, und zwar ebenso viele als es Typen gibt. Und diese Erklärungen werden sich miteinander ebenso gut oder schlecht vertragen, wie die Typen selber in ihren persönlichen Beziehungen. Falls also die Existenz von typischen Verschiedenheiten der menschlichen Psychen zugegeben werden sollte – ich gestehe, daß ich keinen Grund sehe, warum dies nicht geschehen könnte –, so sieht sich der wissenschaftliche Theoretiker vor das unangenehme Dilemma gestellt, entweder mehrere einander widersprechende Theorien desselben Vorganges nebeneinander bestehen zu lassen, oder dann den von vornherein hoffnungslosen Versuch einer Sektengründung zu machen, welche die allein richtige Methode und die allein wahre Theorie für sich beansprucht. Erstere Möglichkeit verstößt nicht nur gegen die schon erwähnte außerordentliche Schwierigkeit einer doppelten und innerlich gegensätzlichen Denkoperation, sondern auch gegen einen der ersten Grundsätze intellektueller Moral: principia explicandi non sunt multiplicanda – praeter necessitatem. Die necessitas einer Mehrheit von Erklärungen ist aber im Falle einer psychologischen Theorie entschieden gegeben, denn im Unterschied zu irgendeiner naturwissenschaftlichen Theorie ist das Objekt der Erklärung in der Psychologie von gleicher Natur wie das Subjekt: Ein psychologischer Vorgang soll den andern erklären. Diese bedenkliche Schwierigkeit hat schon lange denkende Köpfe zu merkwürdigen

---

[1] Der Inhalt der Psychose, GW 3, 2. Aufl.

Ausflüchten genötigt, wie zum Beispiel zur Annahme eines »objektiven Geistes«, der jenseits des psychologischen Vorganges stünde und darum objektiv seine ihm unterstellte Psyche denken könne, oder zur ähnlichen Annahme, daß der Intellekt ein Vermögen sei, das sich auch noch außerhalb seiner selbst stellen und sich selber denken könne. Mit diesen und ähnlichen Ausflüchten soll jener archimedische Punkt außerhalb der Erde geschaffen werden, mittels dessen der Intellekt sich selber aus den Angeln heben soll. Ich begreife das tiefgehende menschliche Bedürfnis nach Bequemlichkeit, aber ich begreife nicht, daß die Wahrheit sich diesem Bedürfnis beugen sollte. Ich begreife auch, daß es ästhetisch viel befriedigender wäre, wenn man, statt der Paradoxie einander widersprechender Erklärungen, den psychischen Vorgang auf irgendeine möglichst einfache Instinktgrundlage reduzieren und sich dabei beruhigen, oder wenn man ihm ein metaphysisches Erlösungsziel unterlegen und sich in dieser Hoffnung zur Ruhe begeben könnte.

Was aber immer wir mit unserem Intellekt zu ergründen streben, wird mit Paradoxie und Relativität endigen, wenn es ehrliche Arbeit und nicht eine der Bequemlichkeit dienende petitio principii ist. Daß die intellektuelle Erfassung des psychischen Vorganges zur Paradoxie und Relativität führen *muß*, ist sicher, schon aus dem Grunde, weil der Intellekt nur eine unter verschiedenen psychischen Funktionen ist, welche von Natur aus dem Menschen zur Konstruktion seiner Objektbilder dient. Man gebe sich nicht den Anschein, als ob man die Welt nur aus dem Intellekt begreifen würde; man begreift sie ebenso sehr auch aus dem Gefühl. Darum ist das Urteil des Intellektes höchstens die Hälfte der Wahrheit und muß, wenn es ehrlich ist, auch zum Eingeständnis seines Ungenügens gelangen.

Die Existenz von Typen zu leugnen, hilft nichts gegen die Tatsache ihres Daseins. In Ansehung ihrer Existenz muß daher jede Theorie über psychische Vorgänge es sich gefallen lassen, selber wieder als psychischer Vorgang zu gelten, und zwar als Ausdruck eines bestehenden und daseinsberechtigten Typus menschlicher Psychologie. Aus diesen typischen Darstellungen erst ergeben sich die Materialien, deren *Kooperation* eine höhere Synthese ermöglicht.

Bibliographie der genannten Werke

Verweise auf Werke C. G. Jungs beziehen sich in der Regel auf die Ausgabe ›Gesammelte Werke‹ (siehe dazu die Übersicht der Ausgabe ›Gesammelte Werke‹ von C. G. Jung, S. 207–211) mit Bandzahl und Absatzzählung (§). Bibliographische Hinweise auf Werke C. G. Jungs, die nicht in den ›Gesammelten Werken‹ enthalten sind, finden sich in der folgenden Bibliographie der genannten Werke.

Adler, Alfred: Über den nervösen Charakter. Wiesbaden 1912.

Archiv für die gesammte Physiologie des Menschen und der Thiere. Herausgegeben von E. W. F. Pflüger. Band 45. Bonn 1889.

Avenarius, Richard: Der menschliche Weltbegriff. Leipzig 1905.

Azam, C. M. Etienne Eugène: Hypnotisme, double conscience et altérations de la personnalité. Paris 1887.

Binswanger, Ludwig: Über das Verhalten des psychogalvanischen Phänomens beim Assoziationsexperiment. In: Diagnostische Assoziationsstudien. Beiträge zur experimentellen Psychopathologie. Herausgegeben von Carl Gustav Jung. Band 2. Leipzig 1910. S. 113–196.

Bleuler, Eugen: Affektivität, Suggestibilität, Paranoia. Halle 1906.

Bleuler, Eugen: Die negative Suggestibilität. Ein psychologischer Prototyp des Negativismus. In: Psychiatrisch-neurologische Wochenschrift. Band 6. Halle 1904. S. 249–269.

Bleuler, Eugen: Zur Theorie des schizophrenen Negativismus. In: Psychiatrisch-neurologische Wochenschrift. Band 12. Halle 1910–1911. S. 171–176, 184, 189, 195.

Cohen, Hermann: Logik der reinen Erkenntnis. Berlin 1902.

Dessoir, Max: Geschichte der neueren deutschen Psychologie. Zwei Bände. Berlin 1894.

Diels, Hermann: Die Fragmente der Vorsokratiker. Zwei Bände. Dritte Auflage. Berlin 1912.

Ebbinghaus, Hermann: Grundzüge der Psychologie. Zwei Bände. Leipzig 1905–1913.

Eisler, Rudolf: Wörterbuch der philosophischen Begriffe. Dritte Auflage. Berlin 1910.

Féré, Charles: Note sur des modifications de la résistance électrique sous l'influence des excitations sensorielles et des émotions. In: Comptes rendus hébdomadaires des Séances et Memoires de la Société de Biologie. Série 8/V. Paris 1888. S. 217–219.

Ferenczi, Sandor: Introjektion und Übertragung. In: Jahrbuch für psychoanalytische und psychopathologische Forschungen. Band 2. Wien 1910.

Ferrero, Guglielmo: Les lois psychologiques du symbolisme. Paris 1895.

Flournoy, Théodore: Des Indes à la Planète Mars. Etude sur un cas de Somnambulisme avec Glossolalie. Dritte Auflage. Paris und Genf 1900.

Flournoy, Théodore: Nouvelles Observations sur un cas de Somnambulisme avec Glossolalie. In: Archives de Psychologie. Band 1. Genf 1910. S. 101 ff.

Freud, Sigmund: Die Traumdeutung. Leipzig und Wien 1900.

Gomperz, Theodor: Griechische Denker. Eine Geschichte der antiken Philosophie. Zwei Bände. Leipzig 1911/1912.

Gross, Otto: Die zerebrale Sekundärfunktion. Leipzig 1902.

Hartmann, Eduard von: Die moderne Psychologie. In: Ausgewählte Werke. Band 13. Leipzig 1901.

Hegel, Georg Friedrich Wilhelm: Vorlesungen über die Ästhetik. Band 1. In: Sämtliche Werke. Jubiläumsausgabe in 20 Bänden. Herausgegeben von Hermann Glockner. Band 12. Stuttgart 1927.

Hegel, Georg Friedrich Wilhelm: Wissenschaft der Logik. In: Sämtliche Werke. Jubiläumsausgabe in 20 Bänden. Herausgegeben von Hermann Glockner. Band 4 und 5. Stuttgart 1928.

Jung, Carl Gustav: Wandlungen und Symbole der Libido. Wien 1912.

Jung, Carl Gustav: Die Psychologie der unbewußten Prozesse. Ein Überblick über die moderne Theorie und Methode der analytischen Psychologie. Zürich 1917.

Jung, Carl Gustav: Über psychische Energetik und das Wesen der Träume. Zürich 1948.

Jung, Carl Gustav: Von den Wurzeln des Bewußtseins. Studien über den Archetypus. Zürich 1954.

Kant, Immanuel: Kritik der reinen Vernunft. Herausgegeben von Karl Kehrbach. Halle 1878.

Kant, Immanuel: Logik. In: Werke. Herausgegeben von Ernst Cassirer. Band 8. Berlin 1922.

Külpe, Oswald: Grundriß der Psychologie. Leipzig 1893.

Landmann, S. Die Mehrheit geistiger Persönlichkeiten in einem Individuum. Stuttgart 1894.

Laßwitz, Kurd: Wirklichkeiten. Beiträge zum Weltverständnis. Leipzig 1900.

Lehmann, Alfred: Die Hauptgesetze des menschlichen Gefühlslebens. Zweite Auflage. Leipzig 1914.

Lévy-Bruhl, Lucien: Les fonctions mentales dans les sociétés inférieures. Paris 1912.

Lipps, Theodor: Leitfaden der Psychologie. Zweite, völlig umgearbeitete Auflage. Leipzig 1909.

Maeder, Alfons: Über das Traumleben. In: Jahrbuch für psychoanalytische und psychopathologische Forschungen. Band 5. Leipzig und Wien 1913. S. 647–686.

Mueller, G. E./F. Schumann: Über die psychologischen Grundlagen der Vergleichung gehobener Gewichte. In: Archiv für die gesammte Physiologie des Menschen und der Thiere. Band 45. Bonn 1889.

Nahlowsky, Joseph Wilhelm: Das Gefühlsleben in seinen wesentlichsten Erscheinungen und Beziehungen. Dritte Auflage. Leipzig 1907.

Natorp, Paul: Einleitung in die Psychologie nach kritischer Methode. Freiburg i. Br. 1888.

Philosophische Studien. Zwanzig Bände. Herausgegeben von Wilhelm Wundt. Leipzig 1883–1917.

Prince, Morton: The Dissociation of a Personality. New York, London und Bombay 1906.

Ribot, Théodule Armand: Die Persönlichkeit. Pathologisch-psychologische Studien. Berlin 1894.

Ribot, Théodule Armand: Psychologie der Gefühle. Altenburg 1903.

Riehl, Alois: Zur Einführung in die Philosophie der Gegenwart. Vierte Auflage. Leipzig und Berlin 1913.

Schopenhauer, Arthur: Die Welt als Wille und Vorstellung. Zwei Bände. In: Sämmtliche Werke in sechs Bänden. Band 1. Herausgegeben von Eduard Grisebach. Leipzig 1891.

Semon, Richard: Die Mneme als erhaltendes Prinzip im Wechsel des organischen Geschehens. Leipzig 1904.

Silberer, Herbert: Probleme der Mystik und ihrer Symbolik. Wien und Leipzig 1914.

Stobaeus, Johannes: Eclogarum libri duo. Lyon 1609.

Sully, James: The Human Mind. Zwei Bände. London 1892.

Veraguth, Otto: Das psychogalvanische Reflexphänomen. In: Monatsschrift für Psychologie und Neurologie. Band 21. Berlin 1907.

Villa, Guido: Einleitung in die Psychologie der Gegenwart. Leipzig 1902.

Wulfen, Willem van: Der Genußmensch. Ein Cicerone im rücksichtslosen Lebensgenuß. München 1911.

Wundt, Wilhelm: Logik. Eine Untersuchung der Prinzipien der Erkenntnis und der Methoden wissenschaftlicher Forschung. Drei Bände. Dritte Auflage. Stuttgart 1906–1908.

Wundt, Wilhelm: Grundriß der Psychologie. Fünfte Auflage. Leipzig 1902.

Wundt, Wilhelm: Grundzüge der physiologischen Psychologie. Drei Bände. Fünfte Auflage. Leipzig 1902/1903.

Wundt, Wilhelm u. a.: Allgemeine Geschichte der Philosophie. Leipzig 1909.

Zeller, Eduard: Die Philosophie der Griechen in ihrer geschichtlichen Entwicklung. Fünf Bände. Zweite Auflage. Tübingen 1856–1868.

Quellennachweis

Einleitung zu ›Psychologische Typen‹ (1921): Einleitung zu dem 1921 im Verlag Rascher, Zürich, erschienenen Werk.

Psychologische Typologie (1936): Erstdruck in ›Süddeutsche Monatshefte‹, 23. Jahrgang, Heft 5 (Februar 1936).

Allgemeine Beschreibung der Typen (1921): Kapitel X des 1921 im Verlag Rascher, Zürich, erschienenen Werks ›Psychologische Typen‹.

Psychologische Typen (1923): Vortrag 1923 auf dem Internationalen Kongreß für Erziehung in Territet/Montreux; Erstdruck in ›Zeitschrift für Menschenkunde‹, 1. Jahrgang, Heft 1 (Mai 1925).

Definitionen (1921): Kapitel XI des 1921 im Verlag Rascher, Zürich, erschienenen Werks ›Psychologische Typen‹.

Schlußwort zu ›Psychologische Typen‹ (1921): Schlußwort zu dem 1921 im Verlag Rascher, Zürich, erschienenen Werk.

Die Texte der Taschenbuchausgabe folgen:
Gesammelte Werke (GW), Band 6, herausgegeben von Marianne Niehus-Jung, Lena Hurwitz-Eisner, Franz Riklin, 15. Auflage, Olten 1986, S. 1–5, 587–601, 357–443, 552–567, 444–528, 529–537.

Übersicht der Ausgabe ›Gesammelte Werke‹ von C. G. Jung,
erschienen im Walter-Verlag, Olten 1971–1990

Die mit * gekennzeichneten Texte sind enthalten in der C. G. Jung-Taschenbuchausgabe,
Deutscher Taschenbuch Verlag, München. (** = Auszüge.)

1. Band (1966, 3. Aufl. 1981): Psychiatrische Studien
Zur Psychologie und Pathologie sogenannter okkulter Phänomene (1902) *
Über hysterisches Verlesen (1904)
Kryptomnesie (1905)
Über manische Verstimmung (1903)
Ein Fall von hysterischem Stupor bei einer Untersuchungsgefangenen (1902)
Über Simulation von Geistesstörung (1903)
Ärztliches Gutachten über einen Fall von Simulation geistiger Störung (1904)
Obergutachten über zwei widersprechende psychiatrische Gutachten (1906)
Zur psychologischen Tatbestandsdiagnostik (1905)

2. Band (1979, 2. Aufl. 1987): Experimentelle Untersuchungen
Experimentelle Untersuchungen über die Assoziationen Gesunder (Mit Franz
Riklin) (1904)
Analyse der Assoziationen eines Epileptikers (1905)
Über das Verhalten der Reaktionszeit beim Assoziationsexperimente (1905)
Experimentelle Beobachtungen über das Erinnerungsvermögen (1905)
Psychoanalyse und Assoziationsexperiment (1905)
Die psychologische Diagnose des Tatbestandes (1905)
Assoziation, Traum und hysterisches Symptom (1906)
Die psychopathologische Bedeutung des Assoziationsexperimentes (1906)
Über die Reproduktionsstörungen beim Assoziationsexperiment (1907)
Die Assoziationsmethode (1910)
Die familiäre Konstellation (1910)
Über die psychophysischen Begleiterscheinungen im Assoziationsexperiment (1907)
Psychophysische Untersuchungen mit dem Galvanometer und dem Pneumographen
bei Normalen und Geisteskranken (Mit Frederick Peterson) (1907)
Weitere Untersuchungen über das galvanische Phänomen, Pneumographen und die
Respiration bei Normalen und Geisteskranken (Jung und Ricksher) (1907)
Statistisches von der Rekrutenaushebung (1906)
Neue Aspekte der Kriminalpsychologie (1908)
Die an der psychiatrischen Klinik in Zürich gebräuchlichen psychologischen
Untersuchungsmethoden (1910)
Ein kurzer Überblick über die Komplexlehre (1911)
Zur psychologischen Tatbestandsdiagnostik (1937)

3. Band (1968, 3. Aufl. 1985): Psychogenese der Geisteskrankheiten
Über die Psychologie der Dementia praecox (1907)
Der Inhalt der Psychose (1908)
Kritik über E. Bleuler: Zur Theorie des schizophrenen Negativismus (1911)
Über die Bedeutung des Unbewußten in der Psychopathologie (1914)
Über das Problem der Psychogenese bei Geisteskrankheiten (1919)
Geisteskrankheit und Seele (1928)
Über die Psychogenese der Schizophrenie (1939)
Neuere Betrachtungen der Schizophrenie (1956)
Die Schizophrenie (1958)

4. Band (1969, 3. Aufl. 1985): Freud und die Psychoanalyse
   Die Hysterielehre Freuds (1906)
   Die Freudsche Hysterietheorie (1908)
   Die Traumanalyse (1909)
   Ein Beitrag zur Psychologie des Gerüchtes (1910)
   Ein Beitrag zur Kenntnis des Zahlentraumes (1910)
   Morton Prince ›The Mechanism and Interpretation of Dreams‹ (1911)
   Zur Kritik über Psychoanalyse (1910)
   Zur Psychoanalyse (1912)
   Versuch einer Darstellung der psychoanalytischen Theorie (1913)
   Allgemeine Aspekte der Psychoanalyse (1913)
   Über Psychoanalyse (1916)
   Psychotherapeutische Zeitfragen (Briefwechsel mit R. Loy) (1914)
   Vorreden zu ›Collected Papers on Analytical Psychology‹ (1916)
   Die Bedeutung des Vaters für das Schicksal des Einzelnen (1909)
   Einführung zu W. M. Kranefeldt ›Die Psychoanalyse‹ (1930)
   Der Gegensatz Freud und Jung (1929, 1969)*

5. Band (1973, 5. Aufl. 1988): Symbole der Wandlung (1952)
   (Neubearbeitung von ›Wandlungen und Symbole der Libido‹, 1912*)

6. Band (1960, 15. Aufl. 1986): Psychologische Typen (1921)**

7. Band (1964, 4. Aufl. 1989): Zwei Schriften über die analytische Psychologie
   Über die Psychologie des Unbewußten (1943, 1966)
   Die Beziehungen zwischen dem Ich und dem Unbewußten (1928, 1966)*
   Anhang: Neue Bahnen der Psychologie (1912), Die Struktur des Unbewußten (1916)

8. Band (1967, 15. Aufl. 1987): Die Dynamik des Unbewußten
   Über die Energetik der Seele (1928)
   Die transzendente Funktion (1916)
   Allgemeines zur Komplextheorie (1934)
   Die Bedeutung von Konstitution und Vererbung für die Psychologie (1929)
   Psychologische Determinanten des menschlichen Verhaltens (1936)
   Instinkt und Unbewußtes (1928)
   Die Struktur der Seele (1928)*
   Theoretische Überlegungen zum Wesen des Psychischen (1947)
   Allgemeine Gesichtspunkte zur Psychologie des Traumes (1928)*
   Vom Wesen der Träume (1945)*
   Die psychologischen Grundlagen des Geisterglaubens (1928)*
   Geist und Leben (1926)*
   Das Grundproblem der gegenwärtigen Psychologie (1931)*
   Analytische Psychologie und Weltanschauung (1931)*
   Wirklichkeit und Überwirklichkeit (1933)
   Die Lebenswende (1931)*
   Seele und Tod (1934)*
   Synchronizität als ein Prinzip akausaler Zusammenhänge (1952)*
   Über Synchronizität (1952)

9/I. Band (1976, 6. Aufl. 1985): Die Archetypen und das kollektive Unbewußte
   Über die Archetypen des kollektiven Unbewußten (1935)*
   Der Begriff des kollektiven Unbewußten (1936)*
   Über den Archetypus mit besonderer Berücksichtigung des Animabegriffes (1936)*
   Die psychologischen Aspekte des Mutterarchetypus (1939)*

Über Wiedergeburt (1940)
Zur Psychologie des Kindarchetypus (1940)*
Zum psychologischen Aspekt der Korefigur (1941)*
Zur Phänomenologie des Geistes im Märchen (1946)
Zur Psychologie der Tricksterfigur (1954)*
Bewußtsein, Unbewußtes und Individuation (1939)
Zur Empirie des Individuationsprozesses (1934)
Über Mandalasymbolik (1938)
Mandalas (1955)

9/II. Band (1976, 6. Aufl. 1985): Aion. Beiträge zur Symbolik des Selbst (1951)
Das Ich
Der Schatten
Die Syzygie: Anima und Animus
Das Selbst
Christus, ein Symbol des Selbst
Das Zeichen der Fische
Die Prophezeiung des Nostradamus
Über die geschichtliche Bedeutung des Fisches
Die Ambivalenz des Fischsymbols
Der Fisch in der Alchemie
Die alchemistische Deutung des Fisches
Allgemeines zur Psychologie der christlich-alchemistischen Symbolik
Gnostische Symbole des Selbst
Die Struktur und Dynamik des Selbst
Schlußwort

10. Band (1974, 3. Aufl. 1986): Zivilisation im Übergang
Über das Unbewußte (1918)
Seele und Erde (1931)*
Der archaische Mensch (1931)*
Das Seelenproblem des modernen Menschen (1928)*
Das Liebesproblem des Studenten (1928)
Die Frau in Europa (1927, 1965)
Die Bedeutung der Psychologie für die Gegenwart (1933)*
Zur gegenwärtigen Lage der Psychotherapie (1934)
Vorwort zu ›Aufsätze zur Zeitgeschichte‹ (1946)
Wotan (1936)
Nach der Katastrophe (1945)
Der Kampf mit dem Schatten (1946)
Nachwort zu ›Aufsätze zur Zeitgeschichte‹ (1946)
Gegenwart und Zukunft (1957)
Ein moderner Mythus: Von Dingen, die am Himmel gesehen werden (1958)
Das Gewissen in psychologischer Sicht (1958)
Gut und Böse in der analytischen Psychologie (1959)
Vorrede zu: Toni Wolff ›Studien zu C. G. Jungs Psychologie‹ (1959)
Die Bedeutung der schweizerischen Linie im Spektrum Europas (1928)
Der Aufgang einer neuen Welt (1930)
Ein neues Buch von Keyserling ›La Révolution mondiale et la responsabilité de
l'esprit‹ (1934)
Komplikationen der amerikanischen Psychologie (1930)
Die träumende Welt Indiens (1939)
Was Indien uns lehren kann (1939)
Verschiedenes (Neun kurze Beiträge 1933-1938)

11. Band (1963, 5. Aufl. 1988): Zur Psychologie westlicher und östlicher Religion
     Psychologie und Religion (1940)*
     Versuch einer psychologischen Deutung des Trinitätsdogmas (1942)
     Das Wandlungssymbol in der Messe (1942)*
     Geleitwort zu Victor Withe: Gott und das Unbewußte (1952)
     Vorrede zu Zwi Werblowsky: Lucifer und Prometheus (1952)
     Bruder Klaus (1933)
     Über die Beziehung der Psychotherapie zur Seelsorge (1932)*
     Psychoanalyse und Seelsorge (1928)*
     Antwort auf Hiob (1952)*
     Psychologischer Kommentar zu: Das tibetische Buch der großen Befreiung (1955)
     Psychologischer Kommentar zum Bardo Thödol (1935)
     Yoga und der Westen (1936)
     Vorwort zu Daisetz Teitaro Suzuki: Die große Befreiung (1939)
     Zur Psychologie östlicher Meditation (1943)
     Über den indischen Heiligen. Einführung zu Heinrich Zimmer: Der Weg zum Selbst
     (1944)
     Vorwort zum I Ging (1950)

12. Band (1972, 5. Aufl. 1987): Psychologie und Alchemie (1944)**

13. Band (1978, 2. Aufl. 1982): Studien über alchemistische Vorstellungen
     Kommentar zu ›Das Geheimnis der goldenen Blüte‹ (1929)
     Die Visionen des Zosimos (1938)
     Paracelsus als geistige Erscheinung (1942)
     Der Geist Mercurius (1943)
     Der philosophische Baum (1945)

14/I. Band (1968, 4. Aufl. 1984): Mysterium Coniunctionis (1955)
     Die Komponenten der Coniunctio
     Die Paradoxa
     Die Personifikationen der Gegensätze

14/II. Band (1968, 4. Aufl. 1984): Mysterium Coniunctionis (1955)
     Rex und Regina
     Adam und Eva
     Die Konjunktion

14/III. Band (1971, 3. Aufl. 1984): Mysterium Coniunctionis, Ergänzungsband
     (Herausgegeben und kommentiert von Marie-Louise von Franz)
     Aurora Consurgens

15. Band (1971, 4. Aufl. 1984): Über das Phänomen des Geistes in Kunst und
     Wissenschaft
     Paracelsus (1929)*
     Paracelsus als Arzt (1941)
     Sigmund Freud als kulturhistorische Erscheinung (1932)*
     Sigmund Freud (1939)
     Zum Gedächtnis Richard Wilhelms (1930)
     Über die Beziehung der Analytischen Psychologie zum dichterischen Kunstwerk
     (1922)*
     Psychologie und Dichtung (1930)
     ›Ulysses‹ (1932)
     Picasso (1932)*

16. Band (1958, 4. Aufl. 1984): Praxis der Psychotherapie
Grundsätzliches zur praktischen Psychotherapie (1935)
Was ist Psychotherapie? (1935)
Einige Aspekte der modernen Psychotherapie (1930)
Ziele der Psychotherapie (1929)*
Die Probleme der modernen Psychotherapie (1929)*
Psychotherapie und Weltanschauung (1943)
Medizin und Psychotherapie (1945)
Die Psychotherapie in der Gegenwart (1945)
Grundfragen der Psychotherapie (1951)
Der therapeutische Weg des Abreagierens (1921)
Die praktische Verwendbarkeit der Traumanalyse (1934)*
Die Psychologie der Übertragung (1946)*

17. Band (1972, 5. Aufl. 1985): Über die Entwicklung der Persönlichkeit
Über Konflikte der kindlichen Seele (1910)
Einführung zu Frances G. Wickes ›Analyse der Kinderseele‹ (1931)
Die Bedeutung der Analytischen Psychologie für die Erziehung (1923)
Analytische Psychologie und Erziehung (1926)
Der Begabte (1943)
Die Bedeutung des Unbewußten für die individuelle Erziehung (1928)
Vom Werden der Persönlichkeit (1934)*
Die Ehe als psychologische Beziehung (1925)*

18/I. Band (1981): Das symbolische Leben
Über Grundlagen der analytischen Psychologie (1935)
Symbole und Traumdeutung (1961)*
Das symbolische Leben (1939)
Ergänzungen zu GW 1, 3, 4**

18/II. Band (1981): Das symbolische Leben**
Ergänzungen zu GW 5, 7–17

19. Band (1983): Bibliographie
Die veröffentlichten Schriften von C. G. Jung (Originalwerke und Übersetzungen)
Die Gesammelten Werke von C. G. Jung
Die Seminare von C. G. Jung

20. Band: Gesamtregister
(noch nicht erschienen)

Supplementband (1987): Kinderträume
(Herausgegeben von Lorenz Jung und Maria Meyer-Grass)
Vorlesungen 1936–1941

Namenregister

Adler, Alfred 58, 76, 155 f., 159, 172
Anton 155
Aristoteles 7
Augustinus, Aurelius 109 f.
Avenarius, Richard 151
Azam, C. M. Etienne Eugène 172
Baldwin, James Mark 140
Bergson, Henri 152
Blake, William 29
Bleuler, Eugen 122 ff., 132, 193
Blumhardt, Johann Christoph (der Ältere) 17
Buddha 189
Burckhardt, Jacob 74, 127
Cohen, Hermann 145
Cuvier, Georges 80
Darwin, Charles 80
Dessoir, Max 136
Diels, Hermann 139
Ebbinghaus, Hermann 133
Eisler, Rudolf 144
Empedokles 13
Féré, Charles 122
Ferenczi, Sandor 151
Ferrero, Guglielmo 182
Flournoy, Théodore 17, 192
Freud, Sigmund 17, 35 f., 58, 132, 138, 159, 162, 166, 172, 179, 186, 192
Galenus, Claudius 13, 105
Goethe, Johann Wolfgang von 8, 10, 51, 143
Gomperz, Theodor 138
Gross, Otto 155
Hartmann, Eduard von 136
Hegel, Georg Friedrich Wilhelm 145
Heine, Heinrich 7
Heraklit 138 f.
Hippokrates 105
Hoeffding, Harald 140
James, William 17, 41
Janet, Pierre 17, 164, 190
Jesus Christus 166, 189
Kant, Immanuel 80, 97, 122, 130, 144
Kerner, Justinus 17
Kubin, Alfred 80

Külpe, Oswald 133, 140
Landmann, S. 172
Laßwitz, Kurd 145
Lehmann, Alfred 140
Lévy-Bruhl, Lucien 154 f., 163
Lipps, Theodor 124
Lullius, Raymundus 139
Luther, Martin 189
Maeder, Alfons 159
Meyrink, Gustav 80
Moleschott, Jakob 51, 158
Moltzer, M. 153
Mueller, G. E. 133
Nahlowsky, Joseph Wilhelm 121, 140
Natorp, Paul 125
Nietzsche, Friedrich Wilhelm 15, 75, 80, 139, 143, 158
Paulus (Apostel) 139, 164 ff., 168, 183
Petrus (Apostel) 166, 168
Platon 7, 15, 144
Prince, Morton 172
Ribot, Théodule Armand 17, 140, 172
Riehl, Alois 125
Saulus siehe Paulus
Schiller, Friedrich 23, 147, 164
Schopenhauer, Arthur 129 f., 145, 171
Schumann, F. 133
Semon, Richard 74, 127
Silberer, Herbert 159
Spinoza, Baruch 152
Spitteler, Carl 32, 143, 180
Stobaeus, Johannes 138
Sully, James 121
Swedenborg, Emanuel 139
Taine, Hippolyte 17
Villa, Guido 136, 140
Vischer, Friedrich Theodor 77
Wagner, Richard 139
Weininger, Otto 71, 73
Wulfen, Willem van 61
Wundt, Wilhelm 17, 122–125, 134, 136, 140, 144
Zeller, Eduard 138
Zwingli, Huldreich 189

C.G. Jung – Taschenbuchausgabe

Herausgegeben von Lorenz Jung
11 Bände in Kassette
ISBN 3-423-59049-1
Auch einzeln erhältlich

Die Beziehungen zwischen dem Ich und dem Unbewußten

ISBN 3-423-35170-5

Ein Überblick über die Grundlagen der Analytischen Psychologie.

Antwort auf Hiob

ISBN 3-423-35171-3

In diesem Spätwerk wirft Jung Grundfragen der religiösen Befindlichkeit des Menschen auf.

Typologie

ISBN 3-423-35172-1

Die vier "Funktionen" der Jungschen Typenlehre – Denken, Fühlen, Empfinden und Intuition.

Traum und Traumdeutung

ISBN 3-423-35173-X

Synchronizität, Akausalität und Okkultismus

ISBN 3-423-35174-8

Jungs Beschäftigung mit dem Okkulten, auf der Suche nach den Tiefendimensionen des Unbewußten

Archetypen

ISBN 3-423-35175-6

Wirklichkeit der Seele

ISBN 3-423-35176-4

Eine Aufsatzsammlung.

Psychologie und Religion

ISBN 3-423-35177-2

C.G. Jung beschreibt Religion als eine der ursprünglichsten Äußerungen der Seele gegenüber dem Göttlichen.

Die Psychologie der Übertragung

ISBN 3-423-35178-0

Die Übertragung, ein Zentralbegriff der Analytischen Psychologie.

Seelenprobleme der Gegenwart

ISBN 3-423-35179-9

Eine Aufsatzsammlung.

Wandlungen und Symbole der Libido

ISBN 3-423-35180-2

Das zentrale Werk, mit dem sich C.G. Jung von Sigmund Freud löste.

Bitte besuchen Sie uns im Internet: www.dtv.de

Verena Kast im dtv

Verena Kast verbindet auf einfühlsame und auch für Laien verständliche Weise die Psychoanalyse C. G. Jungs mit konkreten Anregungen für ein ganzheitliches, erfülltes Leben.

Der schöpferische Sprung
Vom Umgang mit Krisen
ISBN 3-423-35009-1

Wir sind immer unterwegs
Gedanken zur Individuation
ISBN 3-423-35158-6

**Imagination als Raum
der Freiheit**
Dialog zwischen Ich und
Unbewußtem
ISBN 3-423-35088-1

Die beste Freundin
Was Frauen aneinander haben
ISBN 3-423-35091-1

Die Dynamik der Symbole
Grundlagen der Jungschen
Psychotherapie
ISBN 3-423-35106-3

Freude, Inspiration, Hoffnung
ISBN 3-423-35116-0

Neid und Eifersucht
ISBN 3-423-35152-7

Der Schatten in uns
Die subversive Lebenskraft
ISBN 3-423-35160-8

**Vom Interesse und dem Sinn
der Langeweile**
ISBN 3-423-35162-4

Märcheninterpretationen

Vom gelingenden Leben
Märcheninterpretationen
ISBN 3-423-35157-8

**Mann und Frau im
Märchen**
Eine psychologische Deutung
ISBN 3-423-35001-6

Wege zur Autonomie
ISBN 3-423-35014-8

**Wege aus Angst und
Symbiose**
Märchen psychologisch
gedeutet
ISBN 3-423-35020-2

Märchen als Therapie
ISBN 3-423-35021-0

**Familienkonflikte im
Märchen**
Eine psychologische Deutung
ISBN 3-423-35034-2

Glückskinder
Wie man das Schicksal überlisten kann
ISBN 3-423-35154-3

Bitte besuchen Sie uns im Internet: www.dtv.de

Erich Fromm im <u>dtv</u>

»Nicht als ob man meinte, die Liebe sei nicht so wichtig. Die Menschen hungern geradezu danach; sie sehen sich unzählige Filme an, die von glücklichen oder unglücklichen Liebesgeschichten handeln, sie hören sich Hunderte von kitschigen Liebesliedern an – aber kaum einer nimmt an, daß man etwas tun muß, wenn man es lernen will zu lieben.«
Erich Fromm

Wege aus einer kranken Gesellschaft
Eine sozialpsychologische Untersuchung
Übers. v. L. u. E. Mickel
ISBN 3-423-**34007**-X

Den Menschen verstehen
Psychoanalyse und Ethik
Übers. v. P. Stapf u. I. Mühsam
ISBN 3-423-**34077**-0

Die Seele des Menschen
Ihre Fähigkeit zum Guten und zum Bösen
Übers. v. L. u. E. Mickel
ISBN 3-423-**35005**-9

Die Furcht vor der Freiheit
Übers. v. L. u. E. Mickel
ISBN 3-423-**35024**-5

Es geht um den Menschen
Tatsachen und Fiktionen in der Politik
Übers. v. L. u. E. Mickel
ISBN 3-423-**35057**-1

Psychoanalyse und Religion
Übers. v. E. Rotten
ISBN 3-423-**34105**-X

Die Kunst des Liebens
Übers. v. L. u. E. Mickel
ISBN 3-423-**36102**-6

Haben oder Sein
Die seelischen Grundlagen einer neuen Gesellschaft
Übers. v. B. Stein
ISBN 3-423-**34234**-X

Erich Fromm heute
Zur Aktualität seines Denkens
Hg. v. Rainer Funk u. a.
ISBN 3-423-**36166**-2

Erich Fromm Gesamtausgabe in zwölf Bänden
Hg. v. Rainer Funk
ISBN 3-423-**59043**-2

Bitte besuchen Sie uns im Internet: www.dtv.de

Konrad Lorenz im dtv

»Es gibt keinen erfolgreichen und guten Biologen, der nicht aus
inniger Freude an den Schönheiten der lebendigen Kreatur zu
seinem Lebensberufe gelangt wäre.«
Konrad Lorenz

Das sogenannte Böse
Zur Naturgeschichte der Aggression
ISBN 3-423-33017-1

Konrad Lorenz behandelt einen gefährlichen Grundantrieb
menschlichen Verhaltens: die Aggression, das heißt den auf den
Artgenossen gerichteten Kampftrieb bei Mensch und Tier. Das
Buch hat eine fruchtbare und nützliche Diskussion über die natürlichen Grundlagen des menschlichen Daseins in Gang gesetzt, die
so rasch nicht wieder verstummen wird. Ein Schlüsselwerk von
epochalem Rang.

Er redete mit dem Vieh, den Vögeln und den Fischen
ISBN 3-423-20225-4

Das Haus von Konrad Lorenz in Altenberg bei Wien glich einer
Arche Noah: Es war bevölkert von allen möglichen Tieren, die mit
großer Liebe an ihrem Herrn und Meister hingen. Humorvoll und
selbstironisch schildert Lorenz seine Erlebnisse mit den Tieren
und berichtet dabei viel Wissenswertes über deren differenzierte
Lebensgewohnheiten und Verhaltensweisen.

So kam der Mensch auf den Hund
ISBN 3-423-20113-4

Aus uralten Instinkten erklärt Lorenz das Verhalten unseres vier-
beinigen Hausgenossen, das manchmal fast menschlich anmutet,
dem Hundeliebhaber allerdings oft unverständlich und sogar
unheimlich erscheint. Jede Hunderasse, aber auch jeder einzelne
Hund hat einen eigenen (und oft eigensinnigen) Charakter, den
nur entschlüsseln kann, wer die Entwicklungsgeschichte und
Verhaltensformen dieser Tierart kennt.

Bitte besuchen Sie uns im Internet: www.dtv.de

Märchen – psychologisch gedeutet

Eugen Drewermann
Schneewittchen ·
Die zwei Brüder
Grimms Märchen tiefenpsy-
chologisch gedeutet
ISBN 3-423-34020-7

Lieb Schwesterlein, laß mich
herein
Grimms Märchen tiefen-
psychologisch gedeutet
ISBN 3-423-35050-4

Rapunzel, Rapunzel, laß
dein Haar herunter
Grimms Märchen tiefen-
psychologisch gedeutet
ISBN 3-423-35056-3

Hänsel und Gretel ·
Aschenputtel · Der Wolf und
die sieben jungen Geißlein
Grimms Märchen tiefen-
psychologisch gedeutet
ISBN 3-423-35163-2

Gerlinde Ortner
Märchen, die Kindern helfen
Geschichten gegen Angst und
Aggression und was man beim
Vorlesen wissen sollte
ISBN 3-423-36107-7

Neue Märchen, die
Kindern helfen
Geschichten über Streit, Angst
und Unsicherheit, und was
Eltern wissen sollten
ISBN 3-423-36154-9

Verena Kast
Mann und Frau im
Märchen
Märchen psychologisch
gedeutet
ISBN 3-423-35001-6

Wege zur Autonomie
Märchen psychologisch
gedeutet
ISBN 3-423-35014-8

Wege aus Angst und
Symbiose
Märchen psychologisch
gedeutet
ISBN 3-423-35020-2

Märchen als Therapie
ISBN 3-423-35021-0

Familienkonflikte im
Märchen
Märchen psychologisch
gedeutet
ISBN 3-423-35034-2

Vom gelingenden Leben
Märcheninterpretationen
ISBN 3-423-35157-8

Sylvia Zwettler-Otte (Hg.)
Von Robinson bis
Harry Potter
Kinderbuch-Klassiker
psychoanalytisch
ISBN 3-423-36278-2

Bitte besuchen Sie uns im Internet: www.dtv.de

Die Entdeckung der weiblichen Psyche

Cheryl Benard
Edit Schlaffer
Die Physik der Liebe
Warum selbstbewusste Frauen
glücklichere Beziehungen haben
ISBN 3-423-34091-6

Jean Shinoda Bolen
Feuerfrau und Löwenmutter
Ein spiritueller Leitfaden
Übers. v. M. Klostermann
und P. Carstens
ISBN 3-423-34205-6

Joan Borysenko
Das Buch der Weiblichkeit
Der 7-Jahres-Rhythmus im
Leben einer Frau
Übers. v. B. Stein
ISBN 3-423-36214-6

Lyn M. Brown
Carol Gilligan
Die verlorene Stimme
Wendepunkte in der Entwick-
lung von Mädchen
Übers. v. B. Thieleke und
W. Fuchs
ISBN 3-423-35133-0

Eugen Drewermann
Die Botschaft der Frauen
Das Wissen der Liebe
ISBN 3-423-36023-2

Germaine Greer
Die ganze Frau
Körper-Geist-Liebe-Macht
Übers. v. S. Althoetmar-
Smarczyk
ISBN 3-423-24204-3

Der weibliche Eunuch
Aufruf zur Befreiung
der Frau
Übers. v. M. Dommermuth
ISBN 3-423-36196-4

Arno Gruen
Der Verrat am Selbst
Die Angst vor Autonomie bei
Mann und Frau
ISBN 3-423-35000-8

Verena Kast
Mann und Frau im Märchen
Märchen psychologisch
gedeutet
ISBN 3-423-35001-6

Die beste Freundin
Was Frauen aneinander haben
ISBN 3-423-35091-1

Ann G. Thomas
Frauen, die wir werden
Vorbilder in Märchen und
Mythen für das Leben, das
noch vor uns liegt
Übers. v. S. Dahmann
ISBN 3-423-36263-4

Bitte besuchen Sie uns im Internet: www.dtv.de

Peter Schellenbaum im dtv

»Wer sich verändern will, muß sich bewegen!«
Peter Schellenbaum

Im Einverständnis mit dem Wunderbaren
Was unser Leben trägt
ISBN 3-423-34015-0

Gottesbilder
Religion, Psychoanalyse,
Tiefenpsychologie
ISBN 3-423-34079-7

Die Wunde der Ungeliebten
Blockierung und Verleben-
digung der Liebe
ISBN 3-423-35015-6
Der Autor erläutert, wie es
uns gelingen kann, unsere
Liebesfähigkeit lebendig wer-
den zu lassen.

Abschied von der Selbstzerstörung
Befreiung der Lebensenergie
ISBN 3-423-35016-4
Wie kann der Einzelne dem
Teufelskreis von blockierten
Gefühlen und selbstzerstöreri-
schem Verhalten entkommen?

Das Nein in der Liebe
Abgrenzung und Hingabe in
der erotischen Beziehung
ISBN 3-423-35023-7
In der Liebe ist der Wunsch
nach Abgrenzung notwendig
für die Selbstverwirklichung.

Tanz der Freundschaft
ISBN 3-423-35067-9
Eine ungewöhnliche Annähe-
rung an das Wesen der Freundschaft.

Nimm deine Couch und geh!
Heilung mit Spontanritualen
ISBN 3-423-35081-4
Eine Therapiemethode der
Psychoenergetik.

Aggression zwischen Liebenden
Ergriffenheit und Abwehr in
der erotischen Beziehung
ISBN 3-423-35109-8
Warum Aggression einen
wichtigen Impuls für Erotik
und Lebendigkeit in jeder
Beziehung darstellt.

Die Spur des verborgenen Kindes
Heilung aus dem Ursprung
ISBN 3-423-35144-6

Träum dich wach
Lebensimpulse aus der
Traumwelt
ISBN 3-423-35156-X

Bitte besuchen Sie uns im Internet: www.dtv.de

Liebe – Ehe – Partnerschaft

Peter Angst
Ehen zerbrechen leise
Ein Frühwarnsystem für Paare
ISBN 3-423-34028-2

Cheryl Benard, Edit Schlaffer
Die Physik der Liebe
Warum selbstbewusste Frauen
glücklichere Beziehungen haben
ISBN 3-423-34091-6

Alexandra Berger
Andrea Ketterer
Warum nur davon träumen?
Was Frauen über Sex wissen
wollen
ISBN 3-423-20017-0

Deepak Chopra
Lerne lieben, lebe glücklich
Der Weg zur spirituellen Liebe
ISBN 3-423-36170-0

Karin Freymeyer
Manfred Otzelberger
In der Ferne so nah
Lust und Last der Wochen-
endbeziehungen
ISBN 3-423-36303-7

Klaus Fritz
**Ein Sternenmantel voll
Vertrauen**
Märchenhafte Lösungen für
alltägliche Probleme
ISBN 3-423-36120-4

Erich Fromm
Die Kunst des Liebens
ISBN 3-423-36102-6

Arno Gruen
Der Verrat am Selbst
Die Angst vor Autonomie bei
Mann und Frau
ISBN 3-423-35000-8

Eva Jaeggi
Liebe lieber ungewöhnlich
ISBN 3-423-34165-3

Mathias Jung
Das sprachlose Paar
Wege aus der Krise
ISBN 3-423-34053-3

Verena Kast
Neid und Eifersucht
Die Herausforderung durch
unangenehme Gefühle
ISBN 3-423-35152-7

Klaus Koch
Bärbel Schwertfeger
Zu zweit am Ende
Phasen der Trennung
ISBN 3-423-36084-4

Arnold Lazarus
Fallstricke der Liebe
Vierundzwanzig Irrtümer
über das Leben zu zweit
Übers. v. S. Behrens
ISBN 3-423-36185-9

Bitte besuchen Sie uns im Internet: www.dtv.de

Liebe – Ehe – Partnerschaft

Joseph LeDoux
Das Netz der Gefühle
Wie Emotionen entstehen
Übers. v. F. Griese
ISBN 3-423-36253-7

Heike Olbrich, Jörg Schmidt
Die Verflossenen
Risiken und Nebenwirkungen
ISBN 3-423-36230-8

John Selby
Die Liebe finden
Wie Sie Ihrem Wunschpartner
begegnen
Übers. v. B. Lemke
ISBN 3-423-24479-8

Anne Wilson Schaef
Die Flucht vor der Nähe
Warum Liebe, die süchtig
macht, keine Liebe ist
Übers. v. B. Jakobeit
ISBN 3-423-35054-7

Christine Schmid-Fahrner
Spielregeln der Liebe
Integrativ systemische Paar-
therapie
ISBN 3-423-35143-8

Peter Schellenbaum
**Die Wunde der
Ungeliebten**
Blockierung und Verleben-
digung der Liebe
ISBN 3-423-35015-6

Das Nein in der Liebe
Abgrenzung und Hingabe in
der erotischen Beziehung
ISBN 3-423-35023-7

**Aggression zwischen
Liebenden**
Ergriffenheit und Abwehr in
der erotischen Beziehung
ISBN 3-423-35109-8

Gerlinde Unverzagt
Patchwork
Familienform mit Zukunft
ISBN 3-423-36289-8

John Welwood
Durch Liebe reifen
Partnerschaft als spiritueller
Weg
Übers. v. K. Petersen
ISBN 3-423-36284-7

Bitte besuchen Sie uns im Internet: www.dtv.de

Klug mit Gefühlen umgehen

Daniel Goleman
EQ. Emotionale Intelligenz
Übers. v. F. Griese
ISBN 3-423-36020-8

EQ²
Der Erfolgsquotient
Übers. v. F. Griese und
T. Schmidt
ISBN 3-423-36211-1

Dialog mit dem Dalai Lama
Wie wir destruktive Emotio-
nen überwinden können
Übers. v. F. Griese
ISBN 3-423-34207-2

**Die heilende Kraft der
Gefühle**
Hg. v. Daniel Goleman
Übers. v. F. R. Glunk
ISBN 3-423-36178-6

Verena Kast
Neid und Eifersucht
Die Herausforderung durch
unangenehme Gefühle
ISBN 3-423-35152-7

Der Schatten in uns
Die subversive Lebenskraft
ISBN 3-423-35160-8

Ute Lauterbach
LiebesErklärungen
Sterne und Stürme der Liebe
200 Ansichten und 1000 Fragen
ISBN 3-423-34199-8

Eva Jaeggi
Liebe lieber ungewöhnlich
ISBN 3-423-334165-3

Joseph LeDoux
Das Netz der Gefühle
Wie Emotionen entstehen
Übers. v. F. Griese
ISBN 3-423-36253-7

Peter Schmidt
**Die Kraft der positiven
Gefühle**
Mit neuen Mentaltechniken
innerlich frei werden
ISBN 3-423-36256-1

Peter Uffelmann
Verzeih dir selbst
Die sieben Schritte zum
Selbstwertgefühl
ISBN 3-423-34086-X

Bärbel Wardetzki
Ohrfeige für die Seele
Wie wir mit Kränkung und
Zurückweisung besser umge-
hen können
ISBN 3-423-34057-6

**Mich kränkt so schnell
keiner!**
Wie wir lernen, nicht alles
persönlich zu nehmen
ISBN 3-423-34173-4

Bitte besuchen Sie uns im Internet: www.dtv.de